KB069513

정답이 없는 4차 산업혁명 시대

창의적 리더십이
교육과 세상을
바꾼다

조영호·장경원·고수일

학지사

머리말

우리 아이를 어떻게 교육시켜야 해요?

인공지능 알파고가 한국의 이세돌 구단에 이어 중국의 커제 구단을 이겼다. 바둑 두는 인공지능만이 아니다. 진료하는 인공지능 '왓슨'의 진단실력이 전문 의사를 능가하고 있다. 거동이 불편한 노인의 말동무가 되는 로봇이 등장했고, 신문기사도 로봇이 쓰는 시대가 되었다. 이제 통역도 기계가 한다. 세상이 달라지고 있는 것이다. 달라도 크게 달라지고 있다. 자동차도 스스로 달리고, 냉장고도 스스로 재고관리를 할 거란다. 에너지원도 바뀌고, 은행도 전혀 다른 모습이 될 것이다. 20년 후가 되면 지금 직업의 50%가 사라진다고 한다. 사람들은 이런 시대를 4차 산업혁명 시대라고 부르고 있다.

매스컴에서도 온통 4차 산업혁명 이야기이고, 이를 주제로 한 책도 쏟아지고 있으며 강연도 많다. 저자들도 이런 이야기를 하고 다닌다. 그런데 이런 이야기를 접하는 사람들이 던지는 질문이 있다. "그럼 어떻게 살아야 해요?" 대체로 이게 첫 번째 질문이다. 사실 앞으로 살아갈 일이 막막하다. 인간의 편의를 위해 개발된 그것들이 인간의 일자리를 빼앗아 가고 있기 때문이다. 바둑도 기계가 두고, 진료도 컴퓨터가 하고, 간병도 인공지능 로봇이 하고, 작곡도, 미술도 '저절로' 된다면 대체 인간이 설 자리는 어디란 말인가?

그러고선 우리나라 사람들이 던지는 두 번째 질문이 재미있다. "그럼 우리 애들을 어떻게 가르쳐야 해요?" 맞다. 우리나라 사람들은 교육열이 높지 않

은가? 자식 사랑이 어느 나라보다 뜨겁지 않은가? 부모들은 이제껏 그럭저
럭 살아왔는데 4차 산업혁명 시대를 본격적으로 살아가게 된 '아이들'이 걱
정이 아닐 수 없다. 10년 후, 20년 후 직업생활을 하게 될 아이들은 어떤 것
을 공부해야 하나? 어떤 전공을 해야 하나? 어떤 역량을 갖추어야 하나? 부
모 입장에서는 걱정이 태산이다. 의사도, 변호사도, 공무원도 답이 아니라
면……, 농사를 짓게 해야 하나? 컴퓨터 전공을 하라고 해야 하나? 그런데 전
문가들에게 아무리 물어봐도 답이 없다고 하는데 그것이 더욱 답답한 노릇
이다.

　답이 없는 것이 4차 산업혁명의 진짜 특징인지 모른다. 앞으로의 시대는
답이 없는 시대이다. 앞으로의 시대는 표준이 없고, 정규와 비정규도 구분이
없어지는 시대가 되는 것이다. 뒤집어 이야기하면 모든 것이 답이 되는 시대
이고, 선택지가 무궁무진해지는 시대인 것이다. 그래서 만들어 나가는 능력,
스스로 배워 나가는 능력, 창조해 가는 능력이 필요한 사회인 것이다. 무정
형의 시대이고 혼란의 시대이고 불확실성의 시대이지만, 그것은 바로 창조
와 개척의 시대를 의미하기도 한다. 우리 아이들에게 그런 시대를 살아갈 능
력을 길러 주어야 하지 않을까?

　지금의 교육 체계는 답이 있다고 전제를 하고 만들어진 것이다. 그래서 학
교에서는 '가르치는 것'이 지상의 과제이다. 그러나 미래 사회를 위해서는
'가르치는 것'을 포기해야 한다. 우리 아이들이 스스로 시도해 보고, 스스로
실패해 보고 또 성공해 보고 하는 '자기주도적'인 학습 능력을 길러야 한다.
과거의 교육 모델을 '기계적 모델'이라고 한다면 이제 필요한 교육 모델은
'유기적 모델'이어야 한다.

　유기적 모델의 교육은 누가 해야 하는가? 국가 정책이 물론 중요하다. 그
러나 국가의 역할은 기계적 모델에서보다 유기적 모델에서 덜 중요해진다.
국가에서는 기계적 모델을 완화할 수는 있어도 유기적 모델의 교육이 제대

로 되게 할 수는 없다. 그래서 교육부 폐지론도 나온다. 이제는 교육 일선의 교사와 학교 경영자가 중요하다. 그중에서도 학교경영자의 리더십이 중요하다. 학교장의 리더십, 교사들의 리더십이 단위 학교에서 문화를 만들고 학생들에게 직접 영향을 끼치기 마련이다. 그러나 우리는 그 '리더십'에 대해 크게 관심을 기울이지 않았다. 현실적으로 그 리더십이 무척 중요하다고 느끼면서도 말이다.

저자들이 교육현장의 리더십에 대해 본격적으로 관심을 갖기 시작한 것은 2014년 중앙교육연수원으로부터 의뢰를 받아 연수원의 브랜드 교육과정으로서 '창의적 리더십' 교육 프로그램 개발에 대한 정책연구를 하게 된 때부터이다. 교수·학습을 전공하는 교육공학 교수와 리더십과 조직 문화를 전공하는 경영학 교수들이 콜라보레이션을 하게 된 것이다. 보고서를 작성하면서 저자들은 문헌연구를 하는 것은 물론이고 현장에서 뛰고 있는 많은 교장·교감선생님을 만나 인터뷰했으며 함께 심도 깊은 토의도 했다. 심지어는 학교에 가서 며칠 기숙을 하면서 학교가 돌아가는 모습, 리더의 역할 등에 대한 참여형 관찰도 하였다. 또한 실제로 중앙교육연수원에서 교장·교감선생님과 장학관, 장학사분들을 대상으로 리더십 교육과정을 운영하면서 저자들이 개발한 모델을 테스트하고 또 정교하게 다듬을 기회도 가졌다.

또한 저자들은 2016년 대구교육청에서 시범 운영한 교장 역량 평가에 참여하면서 학교 현장의 많은 데이터를 얻고, 실천적인 가이드라인도 찾았다. 저자 중 한 사람은 이 책을 집필하는 사이 미국의 교육현장을 견학하면서 해외 선진국의 학교가 새로운 변화의 물결에 어떻게 적응해 나가고 있는지, 또 그 과정에서 리더의 역할이 무엇인지를 살피고 많은 것을 느꼈다.

결론은 학교의 리더십, 단위 조직의 리더십이다. 학교장의 리더십이 커져야 하고, 단위 조직, 단위 부서의 리더십이 확장되어야 한다. 그런데 그 리더십은 옛날 리더십이 되어서는 안 된다. 틀에 가두는 리더십, 표준을 강요하는 리더십, 답을 가르쳐 주는 리더십이어서는 안 된다. 구성원과 조직을 성장시키는 리더십은 이들이 창의적으로 사고하고 행동할 수 있도록 비전은 공유하되, 코칭을 해야 하고, 임파워링을 해야 하고, 네트워킹을 해야 하고……, 그리고 무엇보다 자리와 권한이 아니라 인품에 기초한 신뢰를 줄 수 있어야 한다. 노자가 이상으로 삼고 있는, 백성들이 겨우 존재하고 있다고만 인식하는 리더, 물과 같이 자연스러운 리더가 되어야 한다. 스탠포드대학교의 짐 콜린스(Jim Collins) 교수가 주장한 '의지가 강하면서도 겸허한' 리더가 되어야 한다. 우리는 그런 리더십을 '창의적인 리더십'이라고 부르고 영어로 ViCMEN(Visioning, Coaching, Modeling, Empowering, & Networking) 모델이라고 칭한다.

사실 저자들은 우리 교육현장이 이미 엄청나게 바뀌었다는 것을 알고 있다. 곳곳에 선구적인 리더가 있었던 것이다. 이제 그런 리더십을 많은 사람과 공유하고 싶다. 그들이 교육현장을 바꾸고 또 세상을 바꾸기 때문이다. 대통령의 리더십은 물론 중요하다. 그러나 대통령만 쳐다보고 있어서는 안된다. 대통령의 리더십은 옛날만큼 중요하지 않다. 현장의 작은 리더십, 단위 조직의 보이지 않는 리더십이 중요하다. 창의적인 리더십은 조직 전체에, 사회 전반에 공유되어야 한다. 저자들은 이 책이 이런 인식 전환에 기여할 수 있기를 바란다.

이 책을 쓰기 위해 우리는 많은 분에게 신세를 졌다. 우선 창의적 리더십에 대해 연구할 기회를 준 중앙교육연수원과 연구 진행 당시 많은 질문과 고민을 함께해 준 이연우 부장님, 김화중 연구관님, 이현주 연구관님, 정소영 사무관님, 양서윤 연구사님, 김종승 연구사님, 연구에 함께 참여한 청강문화산업대학교 장선영 교수님, 중앙대학교 김연경 박사님, 서울시립대학교 김주영 선생님께 감사드린다. 창의적 리더십을 몸소 실천하고 계신 사례를 들려주시고, 교육에 함께 참여해 주신 양재고등학교 민병관 교장선생님께도 깊은 감사를 드린다. 이 책에 소개된 많은 사례는 경기대학교 대학원 박사과정 교육정책학과에서 공부하신 여러 교장·교감선생님과 교육청과 교육연수원의 장학사님과 연구사님들의 직간접적인 경험에서 나온 것이다. 경기대학교 대학원 교육정책학과의 경혜영 교장선생님, 이종미 교장선생님, 고희정 교장선생님, 김희정 교감선생님, 서준일 선생님, 이륜 선생님, 정유진 선생님, 서울시교육청 장경아 장학사님, 대구광역시교육청 김동석 장학관님, 정강욱 장학사님, 대구교육연수원 박윤자 부장님, 정은순 부장님을 비롯한 연수원의 모든 연구사님께 진심으로 감사드린다. 또한 창의적 리더십의 실천 사례를 직접 제시해 주신 홍덕고등학교에 계셨던 이범희 교장선생님, 시흥고등학교 강호경 교장선생님, 충남삼성고등학교 박하서 교장선생님, 이우학교 이광호 교장선생님, 남한산초등학교 김우석 교장선생님, 대구교육연수원 한원경 원장님, 미래교육연구원 김태완 원장님, KDI 이주호 교수님, 박윤수 박사님, 대구 새론중학교 손태복 교장선생님, 대구 남대구초등학교 안영자 교장선생님께 감사드린다. 이분들은 귀중한 시간을 내서 인터뷰를 해 주셨고, 창의적 리더십을 발휘하는 장면과 사례를 공유해 주셨다. 그 외 다양한 기회에 학교의 밝은 모습과 어두운 모습을 저자들에게 들려주셨던 교장·교감선생님 그리고 일선 선생님들에게 진심으로 감사드린다.

정답이 없는 시대이다. 그러나 선택은 많다. 표준이 없는 시대이다. 그러나 길은 많다. 리더는 그런 선택을 돕고, 그런 길을 함께 가는 사람이다. 교육현장뿐만이 아니라 기업과 공조직도 마찬가지이다. 창의적인 리더십이 교육현장을 바꾸고 나아가 세상을 바꿀 것이다.

2017년 10월
저자 일동

차례

- 이 책은 세 사람의 공저이다. 그러나 본문에서 저자를 언급하고자 할 때는 저자 중 한 사람을 지칭하거나 저자 모두를 지칭하거나 할 것 없이 편의상 '저자'라는 단수로 언급했다.
- 이 책에서 특정한 학교나 자연인을 거명할 경우가 있는데, 가능한 한 실명을 거론하고자 하였으나 그러기 어려운 경우 알파벳 머리글자로 이를 대신했고 가끔은 가명을 썼다.
- 교장이나 교감을 언급할 때 가능한 한 '교장선생님' '교감선생님'이라고 했다.
- 학문적 관심이 높은 독자를 위해서 주장의 출처나 근거를 책 말미에 미주(尾註)로 가급적 소상히 밝혔다.

제1장
학교가 바뀌고 있다
Schools are changing

기술의 진보로 현재의 직업이 50% 이상 사라지고, 의술이 발달하여 인간의 수명이 100세 이상으로 늘어나는 시대를 살아가야 하는 우리 아이들은 어떤 역량을 지녀야 할까? 미래사회에서 우리 아이들이 제대로 인생을 살아가려면 표준화에 기반을 둔 지금의 학교는 바꿔야 한다.

1. 교육현장의 변화 소용돌이

학교에 부는 교실 파괴 바람

1990년대 중반, 별안간 우리나라 대학사회에 인턴십이 화두로 떠올랐다. 학생들이 기업현장에 나가 실무를 익히고 이걸 수업으로 인정하자는 것이었다. 물론 의과대학에서는 인턴십이 애초부터 중요한 교육프로그램으로 자리를 잡고 있었지만, 다른 분야에서는 낯선 개념이었다. 미국 마이크로소프트사에서는 산학협력 프로그램이 잘되어 있는 캐나다의 워털루대학교 학생들을 선호한다는 이야기가 화제가 된 것도 그때였다. 워털루대학교 학생들은 산업체에서 체계적인 실무훈련을 받기 때문에 회사에 취직하면 현업에 바로 투입되어 제 몫을 할 수 있다. 이에 비해 우리나라는 대학에서 아무리 좋은 성적을 받은 학생이라도 실무능력이 부족하여 취업 후 현업에 투입되기 전 다시 교육을 시켜야 할 형편이다.

그러나 대학 입장에서는 그때나 지금이나 기업체에서 학습하는 인턴십을 교과목으로 인정하여 학점을 부여하는 것이 쉽지 않다. 많은 교수가 기업체에 나가 현장 업무를 익히는 것이 과연 '공부'라고 할 수 있는지에 의문을 가지고 있었다. 현장 인턴십은 교수가 진행하는 수업과는 달리 잘 짜인 학습과정이 아니고, 자칫하다가는 인턴십 기간 중 학생들이 잡일이나 하고 오는 경우가 있지 않을까 하는 걱정 때문이다.

인턴십이 학점 과목?

교수들의 이런 우려와 논란에도 불구하고 이제 인턴십은 버젓이 교육과정의 하나로 자리를 잡았다. 학생들이 인턴십을 받는 산업체는 일반 기업뿐만

이 아니라, 사회적 기업이나 NGO로까지 확대되었으며, 국내뿐만 아니라 해외로까지 확장되고 있다.

최근에는 창업 열기가 대학가에 번지고 있다. 많은 대학이 창업 관련 과목을 다수 개설하고, 창업실습이나 캠프를 개최하며, 창업을 지원하는 재정이나 공간 그리고 인적 인프라를 구축하였다.

창업교육에 대해서도 교수들은 불만이 크다. 창업교육이라 해 보았자 학문적 고민을 하는 것이 아니라 '기껏' 아이디어를 찾고 이것저것 시행착오를 하는 것이 고작 아니냐고 보는 교수가 많기 때문이다. 이런 교수들은 개인적으로나 비교과활동으로 해야 하는 그런 것을 했다고 학점을 주는 것이 썩 내키지 않는다. 그리고 창업이라는 것이 그렇게 한다고 해서 되는 것이 아니라고 생각하는 사람도 많다. 교수들의 이러한 우려와 저항에도 불구하고 창업교육은 대학교육의 중요한 축으로 자리를 잡아 가고 있으며, 창업에 관심을 갖는 학생들의 숫자도 크게 늘어나고 있다.

인턴십이나 창업보다 더한 자유학기제가 대학에 도입됨으로써 교수들의 당혹감이 더욱 커지고 있다. 자유학기제는 학생들이 시험 부담에서 벗어나서 '꿈과 끼를 발산하는' 자유로운 학습을 한 학기 동안 할 수 있도록 하는 중등학교 교육과정으로서 2013년부터 시험적으로 운영하다가 2016년부터 전면적으로 시행하는 새로운 교육과정이다. 우선 중학교 1학년에서 실시하고 이를 초등학교와 고등학교에도 확산시키겠다는 것이 정부의 복안이다. 경직적인 교육과정을 운영하는 우리나라 중등교육에 획기적인 사건이 아닐 수 없다.

자유학기제가 대학에도

이 자유학기제가 대학에도 '자율적으로' 도입되고 있다. 이화여자대학교, 한동대학교, 아주대학교가 그 선두에 있는 것 같다. 아주대학교에서는 '파란

학기(破卵學期)'[1]라는 이름으로 2016학년도 1학기에 처음 실시했는데, 65개 팀 164명의 학생이 지원했다. 그중 심사를 거쳐 42개 팀 120명이 허가를 받아 한 학기 동안 자기주도적 프로그램을 운영하였다. 이 중에는 영화를 제작하겠다는 팀도 있고, 경주용 자동차를 제작하겠다는 팀도 있고, 해외에 나가 봉사활동을 하겠다는 팀도 있다. 학생들은 교수나 전문가로부터 지도를 받고 또 활동비도 일부 지원을 받는다.

자유학기에 대해서도 교수들은 걱정이 많다. "학생들이 도전적인 과제를 가지고 자기주도학습을 하는 건 좋지만, 그렇다고 과외활동으로 해야 할 일들에 학점을 준다는 말인가." 하며 볼멘소리다. 교수들의 걱정에도 불구하고 자유학기 역시 시위를 떠난 화살이 되었다.

인턴십, 창업교육, 자유학기 등 일련의 새 프로그램은 대학교육의 기본 틀을 뒤흔들고 있다. 교육은 교수에 의해 교실에서 이루어져 왔다. 그런데 새로운 시도들은 교실을 파괴하고 있으며 심지어 교수 체제를 상당히 부정하고 있다. 교실 밖에서 학습이 이루어지고, 교수가 아닌 사람들이 학생들을 지도한다. 그래서 '교육이란 무엇인가' 하는 근본적인 물음을 던지지 않을 수 없다.

다빈치 연구소를 운영하고 있는 미래학자 토머스 프레이(Thomas Frey)는 더욱 도발적인 주장을 하였다. 미래사회에서는 교실 파괴나 교수 중심 체제의 붕괴 정도가 아니라 아예 대학이 사라진다는 것이다. 대학 강의는 인터넷을 통해 공개되고 공유될 것이며(MOOC라 불리는 온라인 공개수업), 거창한 교육을 하고 공룡과 같은 시스템으로 운영되는 전통적인 대학이 소형 대학(Micro-College)으로 대체될 것이라는 예측이다.[2]

학습 집중도를 높여라

　저자는 몇 해 전 놀라운 경험을 하였다. 국내 굴지의 기업연수원에서 특강을 의뢰했는데, 그 회사 직원이 아니라 고등학교 학생들을 위한 교육이었다. 국내 과학고등학교 학생들을 초청하여 회사의 연구시설을 보여 주고 기업의 현실도 알려 주면서 학생들의 시야를 넓혀 주는 시간을 만들었다고 했다. 저자가 맡은 강연 주제는 디지털혁신에 대한 것이었는데, 강연을 청탁하는 직원이 좀 멋쩍은 목소리로 참고사항을 일러 주었다.

　　"교수님, 그런데 학생들이 교수님 강연 때 좀 졸 수도 있습니다."
　　"걱정 마세요. 제가 강연을 한두 번 했습니까? 제가 안 졸게 하는 재주가
　좀 있지 않습니까?"
　　"그건 저희가 잘 알지요. 하지만 이번엔 좀 다를 수 있습니다."

　교육을 운영하는 직원이 미리 이런 이야기를 해 주는 데는 그만한 이유가 있겠지만 저자는 그래도 그리 걱정하지 않고 강단에 올라갔다. 100명 이상의 학생이 강연장에 앉아 있었고, 처음 연사를 환영하는 박수 소리는 요란했다. 그러나 강연 시작 10분이 채 지나지 않아 책상에 고개를 떨구고 졸기 시작하는 학생들이 나타나더니 잠시 후 반 이상이 대놓고 자는 것이었다. 강의 진행자들이 중간중간 다니면서 주의를 주었지만 아무런 효과가 없었다. 이런 광경을 처음 접한 저자는 당황하다 못해 정신을 잃고 말았다. 90분 특강 시간이 너무나 길게 느껴졌으며 허둥지둥 강의를 마무리하였다. 그런데 실의에 빠져 있는 있는 저자를 위로하는 진행자의 코멘트가 걸작이었다. "교수님 강의가 졸리는 강의라 그런 게 아니고요, 아이들이 시험에 안 나오는 것에 대해서는 도통 관심을 보이지 않아서 그런 겁니다. 우리도 애들 깨우느라

애를 먹고 있습니다."

저자는 '내가 왜 이런 수모를 당해야 하나?' 하는 생각이 들었지만, 이내 이런 아이들과 하루 종일 씨름하는 중·고등학교 선생님들 얼굴이 떠올랐다. "그분들은 오죽할까?" 교실이 '초토화'되고 있다는 매스컴의 보도가 있을 때마다 '도대체 교사들은 뭘 하는 거야.' 하는 생각을 했었는데 막상 직접 겪어 보니 그게 아니었다.

'거꾸로 교실'이 답인가

부산의 동평중학교에서도 수업시간에 애들이 졸거나 딴짓하기는 마찬가지였다. 아이들의 수업 집중도를 높이기 위해 교사들이 백방으로 노력을 하였으나 효과가 없어 역부족을 느끼고 있었다. 그러다 2013년 2학기에는 교사들이 좀 색다른 시도를 하기로 했다. KBS의 지원으로 '거꾸로 교실'이라고 하는 '플립트 러닝(Flipped Learning)'을 도입한 것이다.[3] 국어, 영어, 수학을 담당하는 세 분의 선생님이 국내에서 최초라고 할 수 있는 거꾸로 교실 실험 학습에 참여했다. 그 방법은 대략 이렇다.

우선 선생님이 교실에서 강의할 내용을 10분짜리 동영상으로 제작하고 이를 사전에 학생들에게 보게 한다. 그리고는 수업시간에 교실에서는 선생님이 강의를 하지 않고 미리 보고 온 내용과 관련한 문제를 풀거나, 게임을 하거나, 토의 활동을 하면서 학생들이 서로 가르쳐 주고 질문하면서 시간을 보내게 한다. 여기서 교사는 단지 조력자 역할을 할 뿐이다. 전통적인 수업방식은 수업시간에 강의를 듣고 집에서 숙제를 하는 방식인데, 이 수업방식은 집에서 강의를 듣고 수업시간에 숙제를 하는 방식이라 이를 '거꾸로 수업' 또는 '역진행 수업'이라고 부르는 것이다.

이 실험에 참가한 교사들은 10분짜리 강의 영상 제작부터 수업시간에 학생들이 활동할 내용을 준비하는 것이 막막하였으나 전문가와 동료교사들이 코치 역할을 해 주어 큰 도움을 얻을 수 있었다.

　결과는 어땠을까? 우선 학생들이 10분짜리 동영상을 집에서 다 보고 왔을까? 처음에는 3분의 2 이상의 학생들이 예습을 하지 않고 왔다. 이들을 위해 수업시간 초에 동영상을 볼 시간을 따로 줄 수밖에 없었다. 그러나 시간이 흐르자 거의 모든 학생이 예습을 해 왔다. 이 수업방식의 최대 효과는 수업시간에 졸거나 딴짓하는 학생들이 없어졌다는 것이다. 물리적으로 졸 수 없는 게 이 수업의 특징이다. 학생들은 팀별로 활동을 해야 하고, 함께 문제를 풀고 토의해야 한다. 물론 교사가 곁에서 돕기는 하지만, 학생들끼리 묻고 가르쳐 주고 상의하는 것이 주가 된다.

　성적도 많이 올랐다. 수학은 중간고사와 비교하여 기말고사가 보통 때의

◆ 거꾸로 교실

　'거꾸로 교실' 또는 '역진행 수업' 등으로 번역되는 '플립트 러닝'은 교사가 동영상을 제작하거나 또는 컴퓨터를 이용하여 교실에서 자신이 할 강의를 미리 학생들이 학습하게 하고, 수업시간에는 문제를 풀거나, 실습을 하거나, 토의를 하게 하면서 교사는 코치 역할을 하는 학습방법이다.

　1990년대 중반부터 하버드대학교 교수들을 중심으로 교실에서 학생들끼리 학습하는 peer instruction에 대해 이야기되다가 2000년대 들어서 flipped classroom이라는 용어가 등장되고 본격적으로 사례가 소개되었다. 그러다 2004년 MIT 출신의 증권분석가 살만 칸(Salman Khan)이 자신의 조카를 가르치면서 비디오 자료를 만들게 되었고, 이것이 주위의 인기를 끌자 칸은 직업을 바꾸어 칸 아카데미(Khan Academy)를 설립하여 교육사업에 본격 투신하게 되었다.

　칸의 아이디어와 인기가 교육계에 확산되면서 비디오 학습을 통한 플립트 러닝이 2000년대 후반 미국 교육계에 급속도로 확산되었다. 우리나라에서는 거꾸로 교실이 2013년 KBS에서 보도되기 전에는 일부 외국인 학교나 대학에서 부분적으로 시도되었을 뿐 별로 활용되지 않았다.

상승분을 제하고도 8.8점이 올랐고, 국어는 학기말고사가 직전 학기에 비해
평균 12점이나 올랐다.[4] 특이한 점은 평소 모범학생이라고 여겨지던 학생들
보다 다소 부진하거나 문제가 있다고 여겨졌던 학생들이 이 수업을 통해 많
은 변화를 보였다는 점이다. 그리고 왕따 현상도 줄고, 컴퓨터 게임하는 시
간도 줄어들었다.

　거꾸로 교실은 미국에서는 2000년대 후반 그리고 우리나라에서는 2013년
이후 교육계에서 새로운 운동으로 번지고 있다. 거꾸로 교실뿐만이 아니다.
교육을 새로 디자인하고, 학교를 혁신하는 물결이 소용돌이치고 있다.

2. 미래가 던지는 질문

미래의 충격은 계속된다

　외국 여행을 하다 보면 전혀 다른 삶을 보고 놀란다. 저자가 1970년대 중
반 대학생 때 프랑스를 방문하였는데, 학생식당 앞에 펼쳐진 광경은 충격이
었다. 식당 입구에 학생들이 자신의 짐을 모두 두고 식사 장소로 올라가는
것이었다. 거기에는 감시 카메라도, 지키는 사람도 없었다. 도난 염려 때문
에 개인 사물을 일일이 들고 다니던 우리의 모습과 대조적이었다. 1990년대
말 중국 여행을 갔을 때 천안문 광장에서 접했던 광경도 잊을 수 없다. 천안
문 광장에 있는 공중화장실을 가게 되었는데 대변을 보는 화장실에 앞문이
없었다. 화장실에서 용변을 보는 사람을 밖에서 훤히 볼 수 있었다. 이는 한
번도 상상해 보지 못한 광경이었다. 이렇게 이문화(異文化)에서 경험하는 차
이를 '문화 충격(culture shock)'이라고 한다. 이 용어는 캐나다 인류학자 칼레
르보 오버그(Kalervo Oberg)가 1954년 처음 사용한 것이다.

그런데 문명연구가 앨빈 토플러(Alvin Toffler)는 1970년, 문명의 충격에 빗대어 '미래충격(future shock)'이라는 개념을 소개했다.[5] 문명의 충격은 다른 사회 또는 다른 공간으로 이동하면서 경험하게 되는 충격인 데 비해, '미래충격'은 과거와 다른 시간적 변화에서 오는 충격을 말한다. 나이 든 어르신들은 자신이 살던 젊은 시절에 비해 요즘 젊은이의 행동을 보고 놀라움을 금치 못한다. 보통은 개탄스러워 하는데 바로 그런 것이 미래충격이다. 토플러는 세상이 급격히 달라지기 때문에, 사람들이 새로운 세상에서 충격을 느낄 것이라고 이야기했다. 이때 변화의 핵심은 기술의 발전이라고 했다. 그는 이러한 주장을 발전시켜 1980년 『제3의 물결』이라는 책에서 오늘날 우리가 살고 있는 정보화사회의 모습을 구체적으로 묘사하였다.

현재의 충격

우리 사회는 이미 농업사회와 산업사회를 거쳐 정보화사회에 들어와 있으나 사회변화에서 오는 충격은 끝나지 않은 것 같다. 미래충격은 여전히 진행형이며 기술변화에서 오는 새로운 사회의 모습은 여전히 우리에게 도전이며 적응의 대상이다. 미디어 이론가 더글러스 러시코프(Douglas Rushkoff)는 한 걸음 더 나아가 '현재의 충격(present shock)'이라는 표현을 썼다.[6] 지금 우리가 살고 있는 디지털 사회는 우리 인류가 이미 습득해 온 아날로그 시대의 체질과 너무 달라 매일매일의 삶이 새롭고 불안하고 또 충격이라는 것이다. 그 말도 참 일리가 있다. 5년 후, 10년 후가 문제가 아니라 오늘의 사회에 적응하는 것이 어려운 게 현실이다.

흔히 교육은 백년대계(百年大計)라고 한다. 그만큼 교육은 미래를 향한 일이고 멀리 내다보고 해야 하는 일인 것이다. 이 말은 국가나 사회의 미래를 위해 교육을 중요시해야 한다는 뜻으로 쓰이지만, 개인을 기준으로도 같은 말을 할 수 있다. 지금 초등학교에 들어가는 아이들은 대학까지 16년 학교를 다녀야 하고 직장생활을 하려면 거의 20년 후가 된다. 한 분야의 전문가로서 역할을 하려면 직장에서 또 10년 정도 경력을 쌓아야 하니 30년 후가 되어야 그들에게 제대로 직장생활의 꽃이 핀다고 할 수 있다. 따라서 초등학교에 입학하는 이 아이를 제대로 교육하려면 20년 후, 30년 후의 사회가 어떻게 돌아갈지 예측해 보아야 한다. 고도 정보화사회가 펼쳐지는 미래는 오늘과 크게 다를 것이다. 그런데 단순히 다른 게 문제가 아니라 어떤 변화가 펼쳐질지 제대로 감을 잡을 수 없는 불확실성이 더 큰 문제가 된다. 그 어떤 과학자나 미래학자도 미래의 모습을 정확하게 그릴 수 없다. 낮이 지나면 밤이 오고, 겨울이 지나면 봄이 오는 그런 예측된 미래가 아닌 것이다.

따라서 미래가 우리에게 던지는 첫 번째 질문은 불확실성이 증대되고 있는 미래 사회를 살기 위해 우리 아이들은 어떤 능력을 가져야 할까? 그런 사회를 대비하여 현재 어떤 교육을 시켜야 할까? 하는 것이다.

초지능사회, 4차 산업혁명

사회변화를 주도하는 것은 기술발전이다. 우버택시 스토리를 잠시 살펴보자. 최상, 최고를 의미하는 우버(Uber)라는 이름의 택시회사가 등장한 것은 2009년이다.[7] 고객에게 웹사이트를 찾아 주는 인터넷사업을 하던 캐나다의 젊은 사업가 개릿 캠프(Garrett Camp)와 개인 간 파일공유 서비스 사업을 하던 미국의 젊은 사업가 트래비스 캘러닉(Travis Kalanick)이 의기투합하여 샌프란시스코에서 스마트폰 앱을 기반으로 하는 택시회사를 운영하기로 했다. 이 두 사람은 2008년 눈 내리는 어느 날 파리에서 택시가 잡히지 않아 애를 먹었는데 '버튼 한 번만 눌러 택시를 잡을 수 있다면' 하는 바람에서 아이디어를 떠올렸고, 사업을 구상하게 되었다. 2010년 시험운영을 거쳐 2011년 본격 서비스를 개시한 이 회사는 시작과 함께 세계의 택시업계를 뒤흔들어

놓았다.

스마트폰 앱에서 택시를 신청하면 가까운 거리에 있는 기사가 도착하는 데 걸리는 시간과 함께 뜬다. 택시를 타고 내릴 때 요금은 미리 등록된 신용카드로 계산되는데 카드 리더기에 카드를 댈 필요도 없이 자동으로 결제되고 그 내역은 휴대전화의 문자로 전송된다. 손님은 스마트폰으로 기사의 친절도에 대한 평점을 매기고 또 기사 역시 손님에 대한 평점을 매긴다. 이 점수를 스마트폰에서 보고 손님은 기사를 거절할 수 있고, 기사도 손님을 거절할 수 있다.

우버는 자체 차량을 가지고도 있지만, 일반인을 파트너로 등록받아 운영한다. 바로 이 파트너 제도가 일반 택시회사와 결정적으로 다른 점이고, 우리나라에서 문제가 되는 것이다. 우버는 2013년 서울에도 진출하였으나 택시업계의 반발로 결국 자리를 붙이지 못하고 사업을 접고 말았다. 우리나라에서 택시업을 하려면 시 당국으로부터 허가를 받아야 하는데 우버에 가입하여 차량을 제공하고 운전을 하는 파트너들은 허가를 받지 않고 영업을 하기 때문에 불법 영업이 되는 것이다.

무인자동차가 보편화되면

이 우버 방식이 무인자동차와 결합되면 어떨까? 구글은 2009년부터 무인자동차를 개발하여 도로주행 시험을 했다. 2011년에는 네바다 주를 설득하여 무인자동차가 도로를 주행할 수 있도록 하는 법을 통과시켰으며, 2012년에는 개발한 무인자동차의 도로주행 면허를 획득하였다. 네바다에 이어 구글 본사가 있는 캘리포니아에서도 무인자동차 운행을 허용하는 법이 통과되어 구글 직원 10여 명이 현재 구글 무인차로 출퇴근을 하고 있다. 무인자동차는 구글뿐만 아니라 전기자동차 회사인 테슬러를 비롯한 자동차 회사에서 적극적으로 개발하고 있어 2018년 이후에는 대중이 소유하기 시작할 것으로 내다보고 있다.[8] 정말 머지않은 일이다. 그때가 되면 무인자동차가 일반 자동차와 별 차이가 없는 가격대를 형성한다는 이야기이다.

무인자동차가 대중화된다면, 우버는 운전사 없는 택시회사 영업을 하게 될 것이다. 그러면 우버 택시는 점점 저렴하면서도 고객 친화적인 서비스를 제공할 것이다. 사람들이 우버 택시를 쉽게 이용할 수 있게 된다면 또 어떻게 될 것인가? 사람들은 지금처럼 차를 소유하지 않아도 될지 모른다. 차량을 소유한 사람들이 실제로 차를 쓰는 시간은 얼마나 될까? 미국 미시간 주의 앤 아버(Ann Arbor) 시에서 조사를 했더니 하루에 40~50분밖에 되지 않았다.[9] 필요할 때 저렴한 비용으로 쉽게 차를 이용할 수 있다면 몇 번 쓰지도 않는 비싼 차를 사서 주차장에 두고 놀릴 필요가 있겠는가? 그래서 세계의 80%는 자동차를 사지 않게 되고, 주택가 주변에 주차장도 사라진다는 전망도 있다.[10] 개인을 대상으로 한 자동차보험 상품도 사라질 수밖에 없고 자동차 연관 산업이 이래저래 변모되지 않을 수 없다.

무인자동차 등장을 가능하게 하는 것은 사실 인공지능 기술 덕분이다. 인공지능은 1997년 이미 체스 세계챔피언을 이겼으며, 2016년 3월 한국에서 펼쳐진 이세돌 9단과의 경기에서도 4대 1로 승리한 바 있다.[11] 이제는 컴퓨터가 스스로 학습하는 기능을 갖추고 인간의 두뇌를 거의 따라가고 있다. 미래학자들은 2050년경에는 인간과 거의 같은 로봇이 탄생할 것으로 보고 있다. 과거 자동화는 육체노동이나 단순업무를 대신하는 것이었으나 초지능을 가진 로봇은 지식노동뿐만 아니라 감정노동까지 대체하게 될 것이다. 의사, 법률가, 세무사는 물론이고 간호사나 간병인까지도 대신하게 되는 것이다. 신문기사도 로봇이 쓰고 은행업무도 인공지능이 하게 될 것이다.

따라서 미래가 우리에게 던지는 두 번째 질문은 미래사회를 열어 갈 다양한 기술의 진보를 긍정적으로 활용할 수 있는 능력을 기르는 교육은 어떠해야 하는가이다.

직업세계의 변화

인공지능과 로봇이 중심이 되는 초지능 사회를 어떤 이들은 제4차 산업혁명이라고 부르기도 한다. 제1차 산업혁명은 증기기관과 면사 방적기에 의한 혁명이고, 제2차 산업혁명은 전기발명과 조립공장에 의한 것이고, 제3차 산업혁명은 반도체와 컴퓨터에 의한 것이며, 제4차 산업혁명은 사물인터넷, 모바일, 인공지능 등 디지털에 의한 혁명인 것이다.[12]

제4차 산업혁명이 오면, 당연히 경제와 직업세계도 달라질 수밖에 없다. 그래서 '파괴적 혁신'이라고 하는 것이다. 2025년이 되면 오늘날 존재하지 않은 직종이 출현하여 상위 10개 직종을 차지하게 될 것이고, 이들 직종에서는 아직 개발되지도 않은 기술을 다루게 될 것이다.[13] 영국 옥스퍼드대학교의 칼 베네딕트 프레이(Carl Benedikt Frey) 박사와 마이클 오스본(Michael Osborne) 박사는 2040년대가 되면 현재 미국 직업의 50%가 사라질 것으로 내다보았다. 직업이 바뀌는 것이 문제가 아니라, 직업이 아예 사라지게 된다. 2050년경이 되면 전 세계 실업률은 24%에 이른다는 예측도 있다.[14] 이쯤 되면, 직업의 의미, 노동의 의미 아니 삶의 의미가 달라질 수밖에 없다.

그래서 우리가 답을 찾아야 하는 것은 단지 기술진보에 어떻게 대응해야 할 것인가를 넘어서는 것이다. 바로 다음 세 번째 질문에 우리는 또 답을 해야 한다. "일자리가 사라지고 실업률 20%에 이르는 사회에서 우리 아이들이 어떻게 살아야 할 것인가?" 하는 것이다. 그것도 100세 시대를 살아가는 상황에서 말이다.

100세 시대, 어떻게 살 것인가

통계청 자료에 따르면, 우리나라에서 2016년 1월 현재 100세 이상인 분은 1만 6천 382명이라고 한다. 이 중 여자가 1만 2천 550명으로 남자 3천 832명보다 3.3배 정도 많다. 거슬러 올라가 2010년 1월 100세 넘은 인구는 고작 2천 622명에 불과했다. 불과 6년 사이에 6배 이상 증가한 것이다. 인구 10만 명당 숫자로 환산해 보면, 2010년 5.3명에서 2016년 31.8명이 된 것이다. 고령사회로 유명한 일본의 경우, 인구 10만 명당 100세 이상이 46명 정도 되는데 우리나라도 그 수준이 되는 것이 머지않았다.

일반적으로 65세를 노령으로 보고 전체 인구 중 65세 이상의 비율이 7%가 넘으면 고령화사회, 14%가 넘으면 고령사회, 그리고 20%가 넘으면 초고령사회라고 일컫는다. 우리나라는 이미 2000년도에 고령인구 비율이 7%를 넘었으며, 2015년 말 13%에 이르렀고, 2018년이면 14%를 넘어 고령사회에 진입할 것으로 보고 있다.[15] 2026년이면 20%가 넘어 초고령사회로 접어들고, 2060년이면 고령인구가 40%까지 되어 이때가 되면 국민 10명 중 4명이 65세 이상이 되는 것이다. 이러다 보니 65세는 결코 고령에 속하지 않고 100세 정도 되어야 노인이라고 할 만한 시대가 된다는 이야기다. 영양상태가 좋아지고 의술이 그만큼 발달한 결과일 것이다.

사람의 수명이 늘면 불로장생의 꿈이 이루어졌다고 좋아할 수도 있겠지

◆ 미래가 던지는 질문

- 불확실성이 증가되는 미래 사회를 살아갈 우리 아이들에게 어떤 것을 가르쳐야 하나?
- 기술진보를 이끌어 가고 이를 긍정적으로 활용할 수 있는 능력을 기르는 교육은 어떠해야 하나?
- 과거 일자리가 사라지고 새로운 일자리가 생기며, 실업률이 20%가 넘는 사회에서 어떻게 살도록 인도해야 하나?
- 100세 이상 살아갈 우리 아이들이 생애를 다할 때까지 생산적이고 행복한 삶을 영위하도록 하기 위해서 어떤 교육을 해야 하나?

만, 인류역사상 한 번도 경험해 보지 못한 고령사회가 결코 장밋빛만은 아닐 것이다. 일하는 생산인구는 줄고 '놀고 먹는' 노인만 늘어나니 국가가 이를 어떻게 감당할 것인가? 고령화는 국가의 고민만이 아니다. 국민 한 사람 한 사람에게도 도전과제가 아닐 수 없다. 우리 산업사회는 대체로 60세에 직장에서 은퇴한다는 전제하에 설계되고 운영되고 있는데 사람들이 80~90세까지도 건강을 유지한다면 이제 어떻게 해야 하나?

결국 미래가 우리에게 던지는 네 번째 질문은 앞으로 100세 이상 살게 될 우리 아이들은 어떤 가치관과 어떤 능력을 길러야 할 것인가 하는 것이다. 게다가 기술의 발전으로 일자리가 줄어들고 실업률이 증가되는 상황에서 100세 인생을 어떻게 꾸려 나가야 할 것인가? 심각한 고민이 아닐 수 없다.

3. 학교변화, 어디로 가고 있나

학력평가의 진실

모 일간지에서 2005년부터 2015년까지 대학수학능력시험(수능시험)에 응시한 654만 명의 성적을 분석하여 보도한 적이 있다.[16] 보도 내용에는 문과와 이과 상위 5천 명 이내에 어느 학교 출신이 많이 들어 있는가가 나타나 있다. 이를 보면, 2005년에는 상위 10개 고교 중 외고가 8개나 차지했는데 2015년에는 단 2개만 포함되어 있다. 대학입시에서 절대 강자로 군림하던 외고의 위치가 흔들리고 있다는 이야기다. 반면, 자립형 사립고(자사고)는 과거 10위권 학교에 겨우 한두 개가 포함되는 정도였는데 2015년에는 6개나 포함되었다. 2015년 성적 상위 10개 고교에는 일반고도 2개나 들어 있어 상당한 변화가 있음을 보여 주고 있다. 이런 자세한 분석이 아니어도 언론에는 매년 서울대 합격률에 대한 고교별 성적이 발표되고 있다.

이런 자료가 발표되면 학교는 신경을 안 쓸 수 없으며 학교별로 희비가 엇갈린다. 교육의 결과는 이러한 학생들의 시험성적과 상급학교 진학률로 평가되기 일쑤다. 상위권 학교와 그렇지 않은 학교는 사회에서 대접이 다르다. 학생들의 시험성적 경쟁은 국가 간에도 뜨겁다. OECD에서는 국제학업성취도평가(Program for International Students Assessment: PISA)를 실시하여 학생들의 학력을 국가 간에 비교 평가하고 있다. 2000년부터 3년마다 15세 학생을 대상으로 수학, 읽기, 과학 성적을 평가해 왔으며, 2015년부터는 문제해결 능력도 평가 대상이 되었다. 2015년에는 OECD 회원국 35개국과 비회원국 37개국 총 72개 국가에서 약 54만 명이 PISA 시험에 응시했다. 2015년 성적은 2012년에 비해 모든 영역에서 평균점수와 순위가 다소 떨어졌지만, 우리나라는 2000년부터 줄곧 최상위권에 속해 있다. 2012년 우리나라 학생들의 성적을 보면, OECD 회원국 중 수학은 1위이고, 읽기는 1~2위, 과학은 2~4위에 속한다. 2015년에는 수학이 1~4위, 읽기는 3~8위, 과학은 5~8위에 속한다.[17]

PISA 결과를 분석해 보면

국가비교에서 우리 아이들의 학력순위가 높다는 것은 매우 고무적인 일이다. 그런데 PISA 결과에 대해 국민이나 교육당국이 너무 과도한 반응을 보이고 국가 간 순위에 지나친 관심을 보이는 데 문제가 있다. 국민의 높은 교육열을 반영하는 언론 보도도 그렇지만, 2012년부터 우리나라는 국가 차원에서 '성취평가제'를 도입하여 학력 수준에 신경을 쓰고 있다. 그런데 학업성취도 평가 위주의 교육이 갖는 폐해가 사실 만만치 않다.

중학교에서 사회과목을 가르치고 있는 현직 교사 권재원 씨는 2000년부터 2012년까지 발표된 PISA 보고서를 분석해『그 많은 똑똑한 아이들은 어디로 갔을까?』라는 제목의 책을 썼다.[18] 저자는 그간의 성적을 분석해 볼 때, 우리 나라는 최하위권이 적고 중간층이 두터워 평균 성적이 높을 뿐 최상위권 학생이 많지 않다는 점을 지적하고 있다. 최상위권은 평균이 낮은 미국이 오히려 높았고, 핀란드는 하위권 학생이 적을 뿐만 아니라 최고 등급 학생도 많다는 점을 유의해 볼 필요가 있다고 보았다. 이는 우리나라 학교 교육은 수많은 평균인을 양산할 뿐 고급 인재를 길러 내는 데는 실패하고 있다는 것을 시사하고 있는 것이다. 이러한 분석 예가 보여 주듯이 PISA 보고서 내용을 좀 자세히 들여다봐야지 피상적으로 보아서는 안 된다.

PISA는 사실 학업성취도만을 재는 시험이 아니다. OECD에서 정의한 미

3년마다 15세 학생을 대상으로 OECD에서 실시하는 학력평가에서 우리나라 학생들은 높은 성적을 유지하고 있다. 그런데 학생들의 동기 수준은 안타깝게도 바닥 수준이다.

래를 위한 역량, 즉 ① 도구를 쌍방향으로 잘 활용할 수 있는 역량, ② 이질적인 다양한 사람과 더불어 살 수 있는 역량, ③ 주도적으로 삶을 영위할 수 있는 역량 등을 개발하기 위해 관리 목적으로 측정·수집하는 자료인 것이다. PISA 자료에는 성적 자료뿐만 아니라, 다양한 측면에서 학생들의 인식을 파악한 자료도 포함하고 있다. 2012년도 측정한 PISA 자료에서 우리나라 아이들은 수학 성적은 높지만, 수학을 좋아하는 정도를 나타내는 '내적 동기'는 65개 국가 중 58위를 기록하고 있고, 수학이 자신의 인생에 쓸모가 있다고 생각하는 정도를 재는 '도구적 동기' 또한 62위였다. 이게 무슨 날벼락인가? 우리 아이들은 재미도 없고, 쓸모도 없는 수학을 '맹목적으로' 공부한다는 것일까? 우리 아이들은 단지 공부하는 기계란 말인가? 2015년 PISA에서는 과학에 대한 흥미도를 발표했는데, 과학에 대한 한국 학생들의 흥미도는 72개국 중 63위에 그쳤다. 상황이 별로 달라지고 있지 않다는 이야기이다.

PISA에서 1등 한 상하이의 당혹

중국 상하이는 2009년 PISA에 처음 참여하여 수학, 읽기, 과학 3개 분야에서 모두 1위를 석권하여 세계를 놀라게 했다. 그 뒤에 이루어진 2012년 평가에서도 상하이는 역시 1위를 지켰다. 세계는 또 한 번 놀랐고 한편 중국의 부상을 두려워하기도 했다. 더욱 어리둥절해한 것은 다름 아닌 상하이 교육 당국이었다. 자신들은 교육이 암기식 교육에 치우쳐 있어서 문제가 많다고 생각하고 있는데 뜻밖에 PISA 성적이 높게 나오고 세계에서 부러워하니 혼란스러웠던 것이다. 이런 식의 1위라면 아무런 의미가 없다고 그들은 생각하게 되었고 PISA 평가에서 빠지는 것을 신중히 고려하고 있다 한다.[19]

미국에서는「낙오아동방지법」이후 낙오아동 늘어

시험성적 위주로 교육을 보는 데 문제를 느낀 곳은 한국과 상하이만이 아니다. TED 강연으로 유명해진 교육 전문가 켄 로빈슨(Ken Robinson)은 표준화된 학력평가가 미국 교육을 망치고 있다고 혹평하고 있다. 미국은 전통적으로 주정부가 교육정책을 주관하였는데 미국 학생들의 학력이 낮다는 여론이 일자, 부시 대통령은 집권하자 2001년 「낙오아동방지법(No Child Left Behind Act)」을 제정하여 연방정부가 교육에 직접 개입하기 시작했다. 국가교육성취도평가(National Assessment of Educational Progress: NAEP)가 도입되고 연방정부와 주정부는 수많은 프로그램을 만들고 자금을 쏟아부었다. 그럼 이런 노력이 성과를 거두었는가? 로빈슨은 이런 노력이 거의 효과가 없으며 심지어는 부작용까지 낳고 있다고 진단하고 있다. 미국의 고등학교 졸업자 중 17%가 읽거나 쓰기에 어려움이 있으며, 청소년의 65%는 영국의 위치를 모를 뿐만 아니라, 심지어는 21%가 태평양이 지도에서 어디에 있는지도 모른다. 「낙오아동방지법」에 따라 학교를 평가하면 2014년 80% 이상의 학교가 낙제 학교로 찍힐 가능성이 있다는 것이다.

더욱 심각한 것은 낙오아동을 방지한다는 입법취지와는 달리 미국에서 학업 중도 포기자들이 늘고 있다는 것이다. 1970년대에는 미국 고등학생의 졸업률이 세계 최고였으나, 최근에는 75% 정도로서 OECD 28개 국가 중 23위로 뚝 떨어졌으며, 매일 7천 명가량의 청소년이 고등학교를 중도 포기한다고 한다. 이들 중도 포기자들은 범죄를 저지르고 투옥되는 사례도 많다. 학생들만 학교를 떠나는 것이 아니라 교사들도 학교에 실망하고 학교를 떠나는데, 신규교사의 40%가 5년을 못 넘기고 교직을 그만두고 있다. 교사 이직률이 자그마치 20%에 이른다. 학생들의 학력평가에 따라 학교와 교사에 대한 인센티브를 적용하게 되자 학력평가에 대한 교사들의 부정행위가 발생할 개연성이 크다는 연구도 있다. 시카고대학교 경제학 교수인 스티븐 레빗(Steven Levitt)은 시카고에서 학력평가에 따라 인센티브를 시행하던 1993년부터 2000년까지 공립학교 3학년부터 7학년(중 1) 학생들의 모든 시험점수

에 대한 데이터베이스를 통계적으로 분석해 보았는데 5% 정도가 부정행위로 추정된다는 것을 밝혔다.[20]

기계적 패러다임에서 유기적 패러다임으로

아이들의 학력을 높인다는 대전제를 반대할 사람은 없을 것이다. 그러나 학력에 초점을 맞추는 순간, 평가를 생각하게 되고 시험을 절대시하고 경쟁을 신성시하고, 결과지상주의가 되는 것, 그것이 문제이다. 교육을 국어사전에서 찾아보면, '지식과 기술 따위를 가르치며 인격을 길러 줌'이라고 되어 있다. 보통 사람들이 생각하는 교육도 그런 것이다. 부모가 자식을 교육하고, 교사가 학생을 교육하는 것은 지식과 기술을 전달하고 인격을 길러 주는 것이다. 켄 로빈슨은 교육에 대한 이러한 생각을 기계론, 즉 기계적 모형(mechanistic model)이라고 했다.[21]

기계적 모형에서 교육은 가르치는 자와 배우는 자로 대별되고 가르치는 자가 절대적인 힘을 가지며, 배우는 자는 가르치는 자의 가르침을 충실히 따르면 되는 것이다. 그러나 이러한 기계적 모형으로는 미래지향적인 인재를 기를 수 없다. 기계적 교육론은 표준화를 지향하는 산업시대에는 맞을지 모르지만, 초정보화 시대, 제4차 산업혁명 시대에는 어림도 없는 이야기다. 그래서 오늘날의 교육을 "19세기 교실에서 20세기 교사가 21세기 학생을 교육한다."고 조롱하는 것이다.

교육(敎育)에 대응되는 말은 학습(學習)이다. 학습을 국어사전에서 찾아보면, '배워서 익힘' 그리고 '경험의 결과로 나타나는, 비교적 지속적인 행동의 변화나 그 잠재력의 변화'라고 되어 있다. 학습은 배우는 자에게 일어나는 변화인 것이다. 교육은 배우는 자에게서 변화가 일어나게 하는 것이다. 진정한 교육은 '교육지향'이 아니라 '학습지향'이 되어야 한다. 그런데 학습자는 피동적인 존재가 아니고 빈 그릇도 아니다. 스스로 자유의지를 가지고 취사선택을 하며, 자신의 의지와 노력으로 지식과 기능을 습득하며 자신의 정체성을 만들어 가는 존재인 것이다. 인간은 이미 엄청난 학습역량을 가지고 태어나며 갓난아이때부터 놀랄 만큼 직관력과 창의성과 호기심을 가지고 있다. 이를 인정하며 학습자 중심으로 교육을 하는 것을 유기체론, 즉 유기적 모형(organic model)이라고 한다.

잘 가르치는 교사가 훌륭한 교사인가

흔히 잘 가르치는 교사를 훌륭한 교사라고 생각한다. 아이들의 시선을 칠판에 집중시키면서 교과 내용을 아이들의 귀에 쏙쏙 들어가게 요점만 정리하여 간결하게 설명하는 교사, 그래서 질문거리를 남기지 않는 교사를 훌륭한 교사로 생각한다. 그러나 그것은 기계적인 시각으로 교육을 보는 것이다. 훌륭한 교사는 반대로 학생이 의문을 갖게 하고 질문을 잘 유도하는 사람이다. 민족사관학교 교감과 경기외국어고등학교 교장을 거쳐 현재 충남삼성고등학교 교장을 하고 있는 박하식 교장선생님은 그의 책『학교가 답이다』에서 이를 명확히 하고 있다.

> 교사가 고민해야 할 것은 '내가 무엇을 할 것인가'가 아니라 '아이들에게 무엇을 하게 할 것인가'이다. 어떻게 하면 새로운 깨달음을 얻게 할 것인가, 어떻게 하면 기존의 사고의 틀을 깨고 진보적인 생각을 하도록 도울 것인가에 있다. '어떻게 하면 잘 가르칠 것인가?'라는 교사 중심의 사고에서 '어떻게 하면 아이들을 더 깨닫게 할 것인가?'라는 학생 중심의 사고를 가져야 한다. 한마디로 교실의 주인 자리를 아이들에게 돌려주어야 하는 것이다.[22]

민사고나 일부 외고에는 국내 대학 입시반(국내반)과 해외 유학반(유학반)

명문 사립고의 국내반 아이들은 방과 후에도 책상에 앉아 시험공부에 여념이 없지만 유학반 아이들은 야구를 한다, 악기를 연주한다, 로봇을 만든다 하면서 각자 흩어진다. 무엇이 미래지향적인 교육일까?

이 있다. 이들 두 반 학생들의 공부 방식은 너무 대조적이다. 교육과정에도 차이가 있지만 특히 방과 후 활동이 다르다. 국내반 아이들은 방과 후에도 책상에 앉아 시험공부에 여념이 없다. 그러나 유학반 아이들은 야구를 한다, 악기를 연주한다, 로봇을 만든다 하면서 각자 흩어진다. 이렇게 '펑펑 재미있게 노는' 유학반 아이들이 하버드나 MIT에 척척 붙는 것을 보고 국내반 아이들은 허탈감을 느끼지 않을 수 없다. 어떤 교육이 21세기 교육일까?

미국이 1980년대 초 공교육의 위기를 느끼고 학생들의 학력을 높이기 위해 법을 제정하고 예산을 투입하여 국가시험을 도입하고 학업성취도를 높이기 위해 노력한 것과는 달리 핀란드는 어쩌면 이와 정반대의 길을 걸었다. 핀란드도 1980년대 미국과 비슷한 위기를 느꼈다. 공교육을 받은 아이들의 학력이 낮았던 것이다. 그러나 그들은 표준화된 국가시험을 도입하지 않았다. 핀란드 학생들은 고등학교 3학년 때 딱 한 차례 국가시험을 치를 뿐이다. 국어, 영어, 수학에 치우치지 않고, 과학, 예술, 체육 등을 포함하는 균형 잡힌 교육과정을 운영하고, 실용적 프로그램, 직업훈련 프로그램 그리고 창의적 활동을 늘렸다. 학교의 재량권을 확대하고 교사들의 전문성을 높이기 위해 막대한 투자를 하였다. 교사와 학교 간에는 경쟁보다 협력을 강조했다. 시험성적을 전혀 의식하지 않는 이런 노력에도 불구하고 핀란드는 PISA 성적에서 줄곧 최상위 또는 상위권을 유지하고 있다. 핀란드 방식이 바로 유기적 모형인 것이다. [23)]

미래는 창업가적 역량이 핵심

미래 사회를 살아가는 핵심 역량은 한마디로 창의적, 아니 창업가적 역량이다. 다시 말하면 피동적이 아니라 능동적 또는 자기주도적인 삶의 자세이며, 새로운 것을 학습하고 시도해 보는 행동이고, 다양성을 수용하고 함께 더불어 살아가는 능력이다. 그래서 미래의 인재는 속되게 표현하면, 사고를 막고 피하는 인재가 아니라 '사고를 치는' 인재다. 변화와 불확실성 그리고 글로벌화는 이러한 인재에게는 기회가 되지만 그렇지 않은 사람에게는 불안의 대상이고 위기일 수밖에 없다. 사고도 한 번 치고 끝나는 것이 아니라 지속적으로 쳐야 한다. 그야말로 한 번의 창의가 아니라 창의를 계속 발휘하는 창의적 '역량'이 필요한 것이다. 제4차 산업혁명론을 주창하고 있는 클라우스 슈밥(Klaus Schwab)도 미래에 필요한 인재를 다음과 같이 이야기하고 있다.

제4차 산업혁명이 의미하는 '고직능'이 무엇인지 다시 한 번 생각해 봐야 한다. 기술인력이란 전통적으로 고급 전문교육과 전문직업 또는 전문분야에서 활약할 수 있는 능력을 갖춘 인력을 뜻한다. 그러나 제4차 산업혁명에서는 기술혁신의 빠른 진보 때문에 노동자가 지속적으로 적응해 나가며 새로운 능력을 배우고 다양한 문맥 안에서 접근할 수 있는 능력을 구축하는 것이 더욱 중요하다.[24]

그런데 창의적 인재라고 하면, 흔히 직업 생활에서의 창의적인 활동을 하는 사람, 또는 예술이나 영화 같은 분야에서 일하는 사람을 생각한다. 이제는 그 범위를 넘어서야 한다. 앞서 이야기했듯이 앞으로는 오늘과 같은 모습의 고정된 직업이 없어지는 시대가 온다. 직업도 없고, 일자리도 없고, 정해진 인생길도 없는 상황에서의 창의성, 즉 직업을 만들고(創職), 사업을 일으키고(創業), 나아가서는 인생의 길을 새로 설계하는(創生涯), 지금보다 훨씬 차원이 높은 창의성과 도전정신이 필요하다. '취업만 하면 창의적으로 일할 텐데…….' '일거리만 맡겨 주면 상상력을 발휘할 텐데…….' '은퇴 후는 쉬어야지.' 하는 생각을 가진 사람은 이제 안 된다는 이야기다. 인간은 기본적으로 창업가이다. 사업을 일으킨다는 점에서 창업가가 아니고, 변호사건 의사건 디자이너건 사회사업을 하는 사람이건 기회를 살리고 새로운 시도를 하고, 위험을 무릅쓰고 실패를 극복해야 한다는 점에서 우리 모두 창업가가 되어야 하는 것이다.[25] 인생 저마다의 오디세이아가 쓰여야 한다. 외적 경력만이 아니라 내면의 성숙으로 이어지는 오디세이아 말이다.[26]

기계적 모델을 버려야

기계적 모델에서는 이러한 창의적인 인재를 기를 수 없다. 교사가 바뀌어야 하고, 교실이 바뀌어야 하고, 학교가 바뀌어야 하고, 지역의 교육공동체가 변해야 하고, 나라 전체 교육생태계가 달라져야 한다. 인턴십, 자유학기, 프로젝트 수업, 플립트 러닝 등이 일반화되어야 하고, 학교라는 조직의 운영

원리와 조직문화가 달라져야 한다. 유기적 모형은 창의적 교육을 위한 대전제인 것이다.

어떤 사람들은 교육에서 중요한 것은 아이들의 행복이라고 주장한다. 미래를 위해 인내와 희생만을 요구하는 학창생활이 되어서는 안 되고 학창생활 그 자체도 기쁨을 주어야 한다고 주장한다. 물론이다. 오늘이 행복하지 않으면 내일도 없다. 오늘을 행복하게 설계할 줄 모르는 아이들이 어찌 10년 후, 20년 후에는 행복한 삶을 설계할 수 있다고 하겠는가? 창의적인 역량은 오늘을 행복하게 꾸려 나갈 줄 아는 역량까지 포함하는 것이다. 최근에 부각되고 있는 긍정심리학은 행복에 대해 우리에게 많은 것을 가르쳐 준다. 우선 행복은 단지 재미를 말하지 않는다. 의미가 있으면서 재미가 있어야 행복이 된다. 행복이라는 것이 삶의 목표이기도 하지만 또 성장을 위한 에너지가 된

〈표 1-1〉 교육에 대한 두 모형

구분	기계적 모형	유기적 모형
목표	표준적 학력 성취	개별적인 목표 달성
강조 역량(자질)	순응성/충성심/인내심	자기주도성/문제해결력/창의성
운영논리	결과 중시/효율성 중시/경쟁 중시	과정 중시/효과성 중시/협력 중시
교육 내용과 방법	표준화(정형화)/획일화	개별화/다양화
관리자-교사 관계	수직적	수평적
교사의 역할	강사	촉진자
교사-학생 관계	지시-순응	상호 교류적
학생 간 관계	정서적 동료	학습 파트너
학부모의 역할	의뢰자/평가자	공동설계자/공동운영자
지역사회의 역할	수요자/평가자	학습기회 제공/수요자
정부의 역할	표준 설정과 평가감독	지원과 장애물 제거

* 켄 로빈슨의 주장에 근거하여 저자가 유목화하고 표로 만듦.

다는 것이다. 행복은 호기심을 갖게 하고, 시야를 넓혀 주며, 새로운 것을 받아들이게 한다. 이런 의미에서 행복은 곧 창의성과 동의어이기도 하다. 기계적 모형은 아이들에게 희생을 강요하지만, 유기적 모형은 아이들에게 행복을 찾아가도록 한다.

학교의 조직문화가 달라져야 한다

교육혁명이 어디에서 일어나야 하나? 미래를 위한 창의적인 교육, 오늘을 위한 행복한 학창시절은 어디서 담보되어야 하나? 그것은 학교이다. 교실은 교육의 가장 작은 단위이지만 인체로 치면 장기에 해당하는 것으로서 하나의 독립된 개체가 아니다. 교육청이나 국가는 교육현장이 아니다. 교육행정기구나 국가기관은 정책을 결정하고 학교를 지원하거나 통제하는 외부환경이다. 교육이 학습으로 바뀌고, 교사 중심에서 학생 중심으로 변모되기 위해서는 학교가 변화의 중심에 위치해야 한다. 학교는 하나의 조직으로서 그 나름 정체성과 문화를 가지고 있다. 교사와 학생은 결국 이 학교의 조직문화에 영향을 받을 수밖에 없다. 국가에서 새로운 정책을 편다고 하더라고 단위 학교의 문화가 새 정책을 뒷받침하지 않으면 실효를 거둘 수 없다. 변화가 성공하려면 학교의 운영논리가 바뀌어야 하고, 학교의 조직문화가 변화되어야 한다.[27]

조직문화는 조직의 OS

저자의 제자 중에 여러 학교를 다니면서 금연교육과 진로교육을 하는 사람이 있다. 그는 학교마다 분위기가 그렇게 다를 수 없다고 한다. 어떤 학교는 딱딱하고, 어떤 학교는 부드럽고, 어떤 학교는 학생들이 인사를 잘하고 표정이 밝으며, 어떤 학교는 반대로 아이들이 무뚝뚝하며 어둡다고 한다. 조직 분위기라는 게 있다. 그 조직에 속해 있는 사람들의 감정 상태로서 어떤 이벤트에 따라 달라진다. 가령 월요일은 좀 무겁고 금요일은 좀 여유 있으며, 날씨가 좋으면 밝고, 날씨가 궂으면 어둡다. 그런데 이런 분위기에 일관성이 있고 또 그런 분위기가 조직의 기본 가치관과 공유된 신념에 기반할 때 이를 조직문화라고 한다. 조직문화는 '조직구성원들이 공유하는 공동의 정신과 행동양식'으로서 컴퓨터에 비유하면 운영체계, 즉 OS(operating system)에 해당한다. 학교에 어느 정도 연륜이 쌓이고, 구성원들이 경험을 누적하면 강한 조직문화를 갖게 마련이다. 사고방식, 행동 양식, 대외적인 이미지가 뚜렷해지고, 다른 조직 사람들과 차별화가 된다. 그렇게 되면, 학생들이 바뀌어도 고유의 문화가 유지되고 대를 물리게 된다. 새로운 교사가 오고 심지어는 교장, 교감이 바뀐다고 해도 그 학교의 방식은 큰 변화가 없다. 그래서 어느 학교는 학생 중심으로 가자고 겉으로 구호를 외쳐도 실제에서는 교사 중심적이고, 또 어느 학교는 통합적이고 융합적인 교육과정을 운영하자고 하면서도 교사들 간의 개인주의 문화가 이러한 노력을 방해한다.

우리나라는 정부 주도의 개발정책으로 인해 '압축성장'을 추구해 왔다. 그 과정에서 경제적인 성공을 거두고 어느 정도 문화적인 풍요도 누리게 되었지만, 사회의 운영논리나 문화는 매우 수직적이고 경직적이다. 그렇잖아도 유교적인 전통이 수직적인 데다 말이다. 기업의 운영방식도 그렇고 학교도 그렇다. 다시 말하면 유기적 모형이 아니라 기계적 모형이 대세인 것이다. 그러나 사회체계에는 틈새가 있기 마련이고 그 틈새를 뚫고 변화의 꽃이 피어나기도 한다.

남한산초등학교의 변신

1912년 5월에 개교하여 역사가 100년이 넘은 학교이자, 독립운동가 해공 신익희 선생이 1회로 졸업하여 자부심이 높은 초등학교인 남한산초등학교에는 특별한 일이 있었다. 이 학교는 경기도 성남, 광주, 하남에 걸쳐 있는 아름다운 남한산성 도립공원에 위치하여 경치 좋고 환경은 좋지만, 일자리가 없는 그곳에 인구가 줄고 급기야 2000년에는 전교생이 27명으로 줄어 폐교 위기에 몰리게 되었다. 당시 교장으로 부임한 정연탁 선생님과 지역사회에 오래 근무했던 안순억 선생님이 중심이 되어 생존 전략을 수립하지 않으면 안 되었다.

우선 남한산성이 가지고 있는 장점을 살려 '남한산성 역사이야기 캠프'를 열고 학부모들, 지역사회 인사들과 대화를 나누기 시작했다. 그들은 '새로운 학교'를 구상하며 떠나간 학생들을 다시 불러들이기로 했다. 지금까지 공교육에서 전혀 보지 못했던 새로운 학교, 그것을 만들기로 했다.

우선 관행화된 40분 수업을 보자. 실제로 40분 수업으로 할 수 있는 학습은 극히 제한적이다. 교사가 설명하면 아이들은 듣고, 그런 뒤 숙제를 검사하고 다음 숙제를 내 주는 일이 반복될 수밖에 없다. 강의와 함께 그룹별 토론과 발표가 이뤄지고 다양한 자료를 활용해 아이들의 적극적인 참여를 끌어내는 유연성 있고 생산적인 수업을 하기 위해서는 1교시가 최소한 80분은 되어야 한다. 그래서 80분 블록제를 도입했다.

남한산성은 온갖 동식물이 서식하고 있는 천혜의 아름다운 자연환경을 지니고 있으며, 수많은 유물과 유적이 곳곳에 산재한 문화재의 보고이기도 하다. 이러한 주변 환경조건을 최대한 활용하고, 그에 걸맞게 아름다운 학교를 만들기로 했다. 주차장으로 쓰이던 땅을 농장으로 일구어 농사체험 공간으로 조성했고, 교정의 시멘트 스탠드를 전교생이 벽화작업을 하여 미술작품으로 꾸몄고, 뒷산에 산책로를 만들고 숲속 놀이터를 조성했다. 이런 것은 일부에 불과하다. 생각을 바꾸다 보니 아이디어는 무궁무진 나왔다.

학교와 학부형, 그리고 지역사회 사이에 벽이 완전히 무너졌고, 교사들도 완전히 한가족이 되었다. 교무회의도 일방적인 정보전달이 아니라 모두가 이야기하는 화롯가 모임 같고, 수업도 서로 공개하고 공유하였으며, 학생들도 언제나 스스럼없이 대화하는 공동체가 되었다.

　이런 일을 시작하자 10명, 20명 전입생이 늘었고, 2001년 8월엔 학생이 103명이나 되어 6개 반을 편성할 수 있었다.[28] 새로운 학교를 만들기 시작한 지 18년이 지난 지금까지도 남한산초등학교는 그때의 그 틀을 그대로 유지하면서 조금씩 발전하고 있다.[29]

충남삼성고등학교에서는

　저자가 충남 아산시 탕정면에 위치한 충남삼성고등학교를 방문했을 때,[30] 학생들이 복도에서 공중전화로 통화를 하고 있는 것을 보고 깜짝 놀랐다. 이 학교 학생들은 학교에 휴대전화를 가져오지 않는다. 저자가 학생 7명을 만났는데 그중 5명은 휴대전화를 집에 두고 왔다고 했고 다른 2명은 아예 휴대전화가 없다고 했다. 원래는 있었는데 1학년 때 기숙사 생활을 하면서 휴대전화를 없애기로 했다고 한다. 그 학교는 학교 내에서는 태블릿 PC로 수업을 하는 완전 스마트 학습 환경을 갖추고 있으나 휴대전화 지참은 금지되어 있다.

　2014년 3월에 개교하여 2017년 2월 첫 졸업생을 배출한 이 학교는 삼성그룹에서 운영하고 있는 자사고로서 여러 가지 새로운 시도를 하고 있었다.

　입학 후 66일 동안 기숙사에서 공동생활을 하면서 좋은 습관 들이기 활동을 할 뿐 아니라, 교육과정도 단지 문과·이과로 구분하지 않고 공학, IT, 자연, 생명, 국제·인문, 경제경영, 사회과학, 예술 등 8개 과정으로 세분화하고 각 분야에서 심화수법도 가능하게 하는 디플로마(Diploma) 제도를 운영하고 있다. 1인 1기를 실천할 뿐만 아니라, 1인 1위인을 선정하여 미래를 설계하고 있다. 무엇보다 중요한 것은 이 신설학교에 미소가 많고, 인사를 잘하고, 대화와 스킨십이 많은 학생 중심, 학습 중심의 진정한 공동체가 만들어지고 있다는 것이다.

기계적인 교육 모형을 유기적으로 바꾸려면 학교 조직문화가 유기적으로 바뀌어야 한다. 그러나 문화는 단순하지 않다. 들여다보면 학교마다 제각기 다른 문화를 가지고 있다. 진정한 교육을 위해서는 학교마다 다른 이 조직문화를 변화시켜야 하는 것이다. 그러면 학교문화를 바꾸는 일은 누가 해야 할 것인가? 진정한 리더십이 필요하다.

♣ **체크리스트**

1. 당신은 스스로 미래를 공부하고 준비하고 있는가?
2. 당신은 당신의 학생이나 자식에게 미래지향적인 역량을 길러 주고 있는가?
3. 당신의 학교나 당신이 속한 조직에서는 어떤 변화를 시도하고 있는가?
4. 당신의 학교나 당신이 속한 조직은 기계적인가? 유기적인가?
5. 미래지향적이 되기 위해 무엇부터 파괴해야 할까?

제2장
리더십, 학교변화의 핵심

Leadership, the key factor

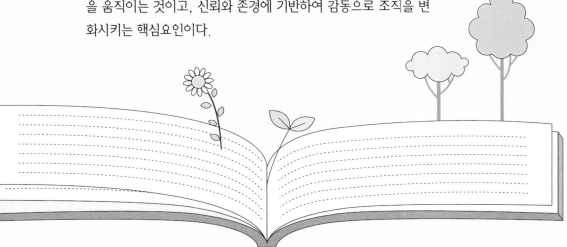

교장과 학교경영자는 학교를 유지하고 교육을 책임지는 관리자로 서 목표를 설정하고, 안전한 환경을 조성하며, 사람을 관리하고, 성과를 개선하는 관리행위를 해야 한다. 그러나 학교의 책임자는 단지 관리행위를 넘어서 리더십을 발휘해야 한다. 리더십은 사람 을 움직이는 것이고, 신뢰와 존경에 기반하여 감동으로 조직을 변 화시키는 핵심요인이다.

1. 학교장은 무엇을 하는가

교장선생님의 역할

경기도 시흥고등학교에서 5년을 근무하고 정년을 맞은 강호경 교장선생님은 교장으로 근무한 5년 동안의 일을 일기로 기록해 학교 홈페이지에 올렸으며, 그중 일부를 추려서 책으로 펴냈다.[1] 『내천단상(來川斷想)』이라 이름 붙여진 그 책은 한 학교가 어떻게 운영되고 있는지, 과연 교장이 무슨 역할을 하는지 소상히 담고 있는 귀중한 자료이다.

그 책에는 3월 1일 입학식을 준비하는 일부터 시작하여, 교육과정을 협의하는 일, 창의서술형 평가와 수능모의평가를 준비하는 일, 외국어 원어민 교사 채용에 관한 일, 학교조직을 교과 중심으로 개편하고 보직자를 임명하는 일 등이 다양하게 소개되어 있다. 그뿐이 아니다. 학부모와 함께 학교운영위원회를 운영하고 학부모 봉사단을 결성하여 지역사회 봉사에 참여하고, 1학년생들이 당진군 난지도 수련장에서 군복을 입고 훈련하는 모습을 격려하기 위해 방문한 자리에서는 격려사 대신 〈You raise me up〉 노래를 부른 이야기도 나온다.

「교육기본법」 제16조에 의하면, "학교와 사회교육시설의 설립자·경영자는 법령으로 정하는 바에 따라 교육을 위한 시설·설비·재정 및 교원 등을 확보하고 운용·관리한다."고 되어 있으며, 「초·중등교육법」 제20조에는 "교장은 교무를 통할하고, 소속 교직원을 지도 감독하며, 학생을 교육한다."고 되어 있다. 교육이 이루어지고, 학교가 돌아가게 하는 모든 일을 총괄적으로 책임지는 것이 교장의 일이라는 것이다.

학교장이 하는 일을 분석적으로 정리해 보자. 교장의 역할과 학습성취도를 오랫동안 연구하던 캐슬린 코튼(Kathleen Cotton)은 여러 연구를 종합하여 교장이 해야 할 일을 무려 25가지나 추렸다.[2] 목록이 좀 길지만, 하나하나 중요하기 때문에 〈표 2-1〉에 그대로 옮겨 본다.

〈표 2-1〉 캐슬린 코튼의 교장이 해야 할 일 25가지

1. 안전하고 질서 있는 환경 유지	13. 수업에 대한 코칭(리더십)
2. 교육성과를 위한 비전과 목표 설정	14. 학습성과 향상을 위한 지속적인 노력
3. 학생들의 학습성과에 대한 높은 기대 제시	15. 지속적인 개선을 위한 규범 설정
	16. 학생지도에 대한 관심과 토론
4. 자신감, 책임감, 끈기 있는 추진	17. 수업참관 및 교사에 대한 피드백 제공
5. 가시성과 접근성: 구성원들이 쉽게 볼 수 있고 만날 수 있게 함	18. 교사의 자율권 보장을 위한 노력
	19. 새로운 것에 대한 도전(위험추구) 장려
6. 긍정적이며 지원적인 분위기 조성	
7. 소통과 상호작용	20. 교직원의 전문역량 개발 기회 제공
8. 감성적이고 개별적인 지원	21. 수업권(수업 시간)의 보장
9. 학부형, 지역사회와의 유대 및 참여	22. 학생 성장에 대한 평가와 성과 공유
10. 의식, 행사, 상징적 활동 수행	23. 학생성과 진척을 반영한 프로그램 개선
11. 리더십의 공유, 참여적 의사결정, 권한 위양	24. 학생과 교직원의 성취에 대한 보상
	25. 솔선수범
12. 협력적 분위기 조성	

* 출처: Cotton, K. (2003). *Principals and Student Achievement: What the Research Says*. Alexandria, VA: Association for Supervision and Curriculum Development.

읽어 보면 하나하나가 일리가 있다. 그러나 너무 많아 좀 어지럽다. 이를 좀 더 정리할 수는 없을까? 그러기 위해서는 관리(management)라는 것부터 따져 볼 필요가 있다.

관리란 무엇인가

사실 조직이라는 것은 여러 사람이 모여 큰일을 도모하는 협력체이다. 여

러 사람이 분업을 하고 있는데, 편의상 단순화시키면 두 부류의 사람들이 있다고 할 수 있다. 한 부류는 조직의 목적 달성을 위해 주로 직접적인 노동을 하는 사람이고, 다른 부류는 직접적인 노동보다는 일의 방향을 잡거나, 환경을 조성하거나, 남이 하는 일을 지원하고 감독하는 역할을 주로 하는 사람이 있다. 첫 번째 부류의 사람들을 작업자(operator)라고 한다면, 두 번째 부류의 사람들을 관리자(manager)라고 할 수 있다. 자동차 회사에서 작업자는 공장에서 자동차를 만드는 사람들, 그리고 매장에서 자동차를 파는 사람들이다. 관리자는 작업자에게 일을 지시하거나 감독하는 사람들 그리고 본사에서 기획을 하거나 중요한 의사결정을 하는 높은 분들이다. 마찬가지로 학교에서 작업자는 교직원이고, 관리자는 교장과 교감이 될 것이다. 부장이나 실장은 어느 한 부분에서의 관리자라고 할 수 있을 것이다.

작업자가 무엇을 하는가는 대개 쉽게 파악할 수 있다. 보통은 눈에 보이는 일을 하기 때문이다. 그런데 관리자가 하는 일에 대해서는 한참 동안 오리무중이었다. 20세기 초 프랑스의 앙리 파욜(Henri Fayol)이 자신의 경험을 통해 관리의 실체를 정리하였다.[3]

앙리 파욜에 따르면 조직이 존속하기 위해서는 여섯 가지 기능이 수행되어야 한다. 그는 영리 기관이든 비영리 기관이든 기술적 기능이나 영업적 기능 등 〈표 2-2〉에 있는 6대 기능이 수행되어야 하는데, 이 중 특히 중요한 것은 관리(administration 또는 management)라고 강조했다.

그럼 관리는 구체적으로 어떤 일인가? 앙리 파욜은 관리의 5대 활동을 또 정리했다. 즉, 계획수립(prévoyance: planning)[4], 조직화(organisation: organizing), 명령(commandement: commanding), 조정(coordination: coordinating), 통제(contrôl: controlling)가 그것이다.

계획수립은 미래를 탐색하고 미래에 대한 방향 설정을 하는 것이다. 조직화는 조직의 물적·인적 자원을 확보·양성 및 배치하고(분업체계), 단위들

간 유기적인 관계를 설정하는 것이다. 명령은 구성원들이 자신의 직능을 수행할 수 있도록 독려하고 동기부여를 하는 것이다. 조정은 모든 행위와 노력을 통합하고 조화를 이루게 하며 특히 예기치 않은 일을 처리하고, 갈등을 해결하는 것이다. 마지막으로 통제는 모든 것이 규칙대로 또는 지시대로 되고 있는지 점검하고, 어긋난 것에 대해 조치를 취하며, 필요에 따라 보상을 하거나 책임을 추궁하는 것을 말한다. 그동안 경영학이 크게 발전하였지만, 관리의 기본 기능은 앙리 파욜의 이 견해에서 크게 벗어나지 않고 있다.

〈표 2-2〉 앙리 파욜이 정리한 조직의 여섯 가지 기능

기능	기업	학교
1. 기술적 기능	생산, 제조, 가공 등 기업의 핵심 활동	교육과 학생지도 등 학교의 기본 활동
2. 영업적 기능	구매, 판매, 교환 등 외부와의 거래 활동	학생 유치, 진학/사회 진출 및 각종 물품의 거래
3. 재무적 활동	자금의 조달과 관리(재정)	자금의 조달과 관리(재정)
4. 보호안전 기능	재산과 구성원의 보호	재산과 구성원의 보호
5. 회계적 기능	자원의 파악, 통계 정리, 장부 정리	자원의 파악, 통계 정리, 장부 정리
6. 관리 기능	기획, 조직화 등 상기 5개 기능을 잘 수행하기 위한 활동	기획, 조직화 등 상기 5개 기능을 잘 수행하기 위한 활동

* 앙리 파욜은 기업에 대해서만 이야기하였으나 저자가 학교 상황을 추가함.

교장은 무엇을 하는 사람인가

앙리 파욜의 개념에 따라 정리해 보면, 교장은 관리자의 정점에 있는 사람으로서 '학교 전체적인 관점에서 교육, 거래, 재정, 안전, 회계에 책임을 지고 이와 관련된 일을 잘 수행하기 위해 계획수립, 조직화, 명령, 조정, 통제하는 일을 하는 사람'이다.

강호경 전 시흥고등학교 교장선생님의 일기에 있는 내용이나 캐슬린 코튼의 25가지 교장 행동이나 결국 앙리 파욜의 계·조·명·조·통(계획수립, 조직화, 명령, 조정, 통제)을 크게 벗어나지 않는다.

그런데 어떻게 하면 관리를 잘할 수 있을까? 사실 계획수립 하나만 하더라도 쉬운 일이 아니다. 미래를 예측하는 일, 목표를 설정하는 일, 액션플랜을 짜는 일, 예산을 편성하는 일, 하나하나가 만만치 않다. 관리를 잘하려면, 전문 분야의 지식도 있어야 하지만, 사람에 대한 식견도 있어야 하고 또 잡다한 세상사도 많이 알아야 한다. 통 크게 결정하고 포용할 줄도 알아야 하지만, 세심하게 챙기기도 해야 한다. 어느 한곳에 집중도 해야 하지만, 전체를 종합적으로 볼 줄도 알아야 한다. 그야말로 'something for everything, everything for something'인 것이다. 그래서 훌륭한 운동선수라고 해서 자동적으로 훌륭한 감독이 될 수 없으며, 훌륭한 교사라고 해서 당연히 훌륭한 학교경영자가 되는 것은 아니다.

2. 관리자에서 리더로

관리자와 리더의 차이

우리 주변에는 관리자로서 역량을 갖추지 못한 관리자가 많다. 도통 계·조·명·조·통의 개념이 없는 사람도 있고, 계·조·명·조·통은 개략적으로 알지만, 구체적으로는 명령도 제대로 못하고 통제에 대한 요령도 없다. 관리자는 자신이 책임 맡고 있는 분야 전체를 보아야 하는데 자신이 잘 아는 특정 세부 분야만 집착하는 사람도 있다. 그래서 관리자가 관리에 대한 역량을 갖추는 것이 무척 중요하다. 하지만 진정한 관리자는 관리역량 그 이상의 무엇을 가지고 있다. 무엇일까? 직장에서 근무하는 성인을 대상으로 강의를 할 때 이런 질문을 던져 본다. "선생님의 상사는 리더에 가깝다고 생각하세요? 아니면 관리자에 가깝다고 생각하세요?"

리더가 뭔지 관리자가 뭔지 특별히 공부를 하지 않았어도 보통 쉽게 답을 한다. 어떤 사람은 자신의 상사가 관리자라고 답하고, 또 어떤 사람은 리더

국가대표팀을 훈련하는 데 있어서 어떤 코치는 차를 타고 앞에 가면서 선수들을 뛰게 하고 또 어떤 코치는 스스로 앞장서서 뛰면서 선수들을 따라오게 한다. 어떤 경우에 좋은 성적을 거둘 수 있을까? 올림픽 금메달을 도맡아 따고 있는 한국 양궁팀은 야간 행군을 하든지 번지점프를 하든지 지도자가 앞장선다고 한다.

에 가깝다고 말한다. 이들의 머릿속에 있는 관리자와 리더의 모습은 무엇일까? 이유를 물어보면, 대체로 관리자를 주어진 '업무'에 초점을 맞추는 사람으로, 그리고 리더를 업무가 아닌 '사람'을 이끄는 사람으로 그린다.

　이러한 생각은 학자들의 견해와 크게 다르지 않다. 리더십 연구의 권위자인 베니스(Bennis)와 동료는 관리와 리더십의 차이를 알아보기 위해 사회적으로 성공한 60명의 CEO와 30명의 유명인사를 대상으로 인터뷰한 후 다음과 같이 정리하였다.[5]

> 　'관리하는 것'은 책임을 완수하거나 목표달성에 이르는 것을 의미하는 반면, '리드하는 것'은 방향, 과정, 행동 그리고 의견을 이끌고 영향력을 행사하는 것을 의미한다는 중요한 차이가 있다. 관리자는 일을 적절하게 하는 사람이고, 리더는 효과적으로 주변 사람들의 동기를 자극하여 올바른 일을 하도록 이끄는 사람이다.[6]

　다시 말하면, 관리를 한다는 것은 일을 강조하는 나머지 사람을 무시하거나 통제하려는 경향이 강한 것이고, 리더십을 발휘하는 것은 사람에 초점을 맞추고 사람을 개발하고 움직여서 결과적으로 목표를 달성해 가는 것이다. 그렇기 때문에 관리자는 자신이 가지고 있는 권한에 의존하지만, 리더는 소통과 신뢰를 바탕으로 한다. 어떤 상사가 다녀가면 목표와 성과는 명백해지지만, 의욕이 떨어지는 경우가 있다. 그는 관리자일지언정 리더는 아닌 것이다. 그럼 리더에게는 관리역량이 필요 없다는 것인가? 그렇지는 않다. 앙리 파욜의 계·조·명·조·통이 모두 필요하다. 그러나 사람을 움직이고, 사람을 감동시키고, 하루하루의 일과가 의미 있고 보람 있다고 느끼게 하는 그런 리더십 위에 발휘되는 계·조·명·조·통이 필요한 것이다.

　관리자는 정량적 목표를 강조하지만, 리더는 꿈과 비전을 강조한다. 관리자는 수직적인 명령체계를 강조하여 조직을 짜지만, 리더는 수평적인 협력을 강조하여 조직을 편성한다. 관리자는 부하의 능력을 최대한 활용하려고 들지만, 리더는 부하의 능력을 개발하고 발전을 지원한다. 관리자는 부하를 통제하려고 하지만, 리더는 부하가 자신의 일을 스스로 통제할 수 있도록 유도한다.

리더가 일하는 방식

관리자는 발령장을 받고 승진하면 바로 된다. 그러나 리더는 발령장을 받았다고 되는 것이 아니다. 리더가 되는 것은 스스로 만들어야 할 자신의 몫이다. 발령장이 없는 지위가 낮은 사람도 리더가 될 수 있다. 사람을 움직이고 그래서 그를 따르는 사람이 있으면 리더인 것이다.

상위직이 리더인가 아니면 단지 관리자에 불과한가에 따라 조직이 활기가 넘치기도 하고 반대로 복지부동이기도 한다. 자유로운 의견 공유와 창의적 발상이 넘쳐 나기도 하고, 주어진 업무만을 마지못해 하며 자신의 생각을 감추는 '죽은 조직'이 되기도 한다. 교육현장에서도 마찬가지다. 교장에 따라 학교와 학생들이 전혀 다른 모습으로 변모한다. 리더십은 그래서 차이를 만드는 요인이다.

리더는 사람에 초점을 맞추고 사람을 움직인다고 했다. 그것이 의미하는 바가 무엇일까?

어떤 사람이 인내를 달라고 기도를 하면 신은 인내를 줄까요? 인내를 발휘할 기회를 줄까요?

용기를 달라고 기도를 하면 신은 용기를 줄까요? 용기를 발휘할 기회를 줄까요?

만일 누군가 가족이 좀 더 가까워지게 해 달라고 기도하면 신이 '뿅' 하고

묘한 감정을 느끼도록 해 줄까요? 아니면 서로 사랑할 기회를 마련해 주실
까요?

영화 〈에반 올마이티(Evan Almighty)〉에 나오는 대사이다. 신은 어떤 방식
으로 일하는가에 대한 답이다. 리더의 역할도 바로 이것이 아닌가 생각한다.
달라는 것을 주는 것이 아니라 원하는 것을 얻을 수 있는 능력과 지혜를 개
발시키는 것이 리더의 역할이 아닐까? 그러한 기회를 주는 것, 그러한 환경
을 마련해 주는 것, 구성원들이 마음껏 놀 수 있는 분위기를 만들어 주는 것,
그것이 어느 조직에서든 필요한 '리더로서의 관리자' 역할이 아닐까?

세계 최고의 가치투자자인 워런 버핏(Warren Buffett)은 투자 여부를 결정할
때, 경영자에 대한 평가를 필수 요소로 꼽는다. 리더의 성향에 따라 기업이나
조직의 운명이 바뀐다는 것을 누구보다 잘 알고 있기 때문이다. 실제로 기업
의 신임 대표이사가 누가 되느냐에 따라 주가가 요동치기도 한다. 2000년대
초반을 풍미한 미국 GE의 CEO였던 잭 웰치(Jack Welch)는 탁월한 리더십을
발휘하여 GE의 주가를 폭등시켰다. 반대로, 빌 게이츠(Bill Gates) 후임이었
던 마이크로소프트의 스티브 발머(Steve Ballmer)는 시장에서 평가를 받지 못
했다. 그래서 그가 은퇴한다는 소식이 전해지자 주가가 폭등하였다.

당신이 관리자의 위치에 있다면 스스로 이런 질문을 던져 보면 어떨까?
"나로 인해 나의 조직의 주가가 올라가고 있는가, 아니면 떨어지고 있는가?"
"내가 이 조직을 떠난다면 주가가 올라갈까, 아니면 내려갈 것인가?"

리더는 타고난다?

오랜만에 동창회에 가 보면, 나이는 들었지만 학교 때 모습이 대부분 그
대로이다. 그러나 가끔 뜻밖의 모습을 보기도 한다. 학교 다닐 때 전혀 존재

감 없던 친구가 동창회를 주도적으로 이끌어 가기도 한다. 분위기를 확 다잡고 포용력과 자신감을 보여 준다. 그때 우리는 "아니, 저 녀석에게 저런 모습이?" 하고 놀란다.

100년 전만 해도 위대한 리더는 타고난다고 믿었다. 리더들은 태어나면서부터 다른 사람들을 이끌어 갈 수 있는 특별한 자질을 가진 것으로 인식되었다. 그들은 뭐가 다를까? 위대한 리더들이 가진 자질들을 분석한 후 그 자질들을 바로 리더의 조건이라 믿었다. 예컨대, 신체적인 특성(신장, 외모, 힘), 성격(자신감, 정서적 안정성, 지배성향), 능력(지능, 언어적 유창성, 독창성, 통찰력) 등이다. 이러한 접근법은 '위대한 인물 이론(Great Man Theory)'이라 불린다. 저런! 키가 작고 지배성향이 없으며 지능이 낮은 사람은 리더가 될 자격을 포기해야 한단 말인가? 그럴 수도 있다. 그러나 키에 한해서 볼 때 키 작은 나폴레옹이 듣는다면 헛웃음을 칠 일이다.[7]

게다가 위대한 인물 이론의 문제점은 상황이 무시되었다는 데 있다. 주어진 환경이나 상대하는 사람들에 따라 각기 다른 역량이 필요한데, 모든 상황에 다 통하는 리더의 특성을 말한다는 것은 적절해 보이지 않는다. 리더에게 어떤 특성이 가장 중요한가는 상황에 따라 다르다. 위대한 업적을 이룬 스포츠팀 감독이 종종 다른 팀에서는 무능한 감독으로 전락한다. 강력한 리더십이 어떤 집단에게는 통하지만, 다른 집단에게는 안 통할 수 있는 것이다.

언제나 통하는 유일한 리더십은 없다. 100년 전에 통했던 리더십, 20세기에 통했던 리더십이 오늘날까지 통하지는 않는다. 세상이 변했고 사람들도 변했다. 그래서 리더십도 끊임없이 개발되고 다듬어져야 하는 것이다. 그래서 타고난 자질보다는 후천적인 경험과 훈련이 중요하다.

흔히 리더십 스타일을 말한다. 리더의 행동양식을 일컫는 것이다. 직설적인 언어를 좋아하는가 하면 간접적인 언어를 선호하기도 한다. 사람들에게 일일이 지시해야 직성이 풀리는 사람도 있고, 큰 방향만 제시하고 나머지는 맡기는 사람도 있다. 과업 중심일 수도 있고 사람 중심일 수도 있다. 어떤 스타일이 좋을까? 절대적인 정답은 없다. 답이 있다면, 자신의 스타일을 제대로 자각할 줄 알고, 상황을 분석하고 평가할 줄 알며, 자신의 특성과 상황을 잘 맞추어 나가는 메타인지적 기능일 수도 있다. 그래서 우리에게 주어진 과제는 새로운 학교를 만드는 그 리더십이 과연 어떤 것이냐 하는 것이다.

학교장의 리더십이 학교를 바꾼다

미국 서부 오리건 주 세일럼(Salem)의 하일랜드(Highland) 초등학교에서 있었던 일이다.[8] 이 학교는 유치원과 초등학교 5학년까지 운영하는 학교인데 지역사회 주민들의 소득이 낮아 학생들의 94%가 점심을 무료로 제공받거나 보조대상이었다. 59%가 남미계로서 영어가 서툴고, 전입학률도 34%나 기록하고 있었다. 아이들의 학력 수준이 낮아 최고 학년인 5학년의 경우 읽기와 쓰기에서는 11%, 수학에서는 8%만이 주에서 설정한 기준을 통과하는 정도였다. 그런데 이는 1998년도 상황일 뿐, 2001년에는 모든 것이 달라진다. 같은 5학년의 읽기성적은 56%가, 쓰기성적은 40%가 그리고 수학성적은 55%가 주 기준을 넘어섰다.

무슨 일이 있었던 것일까? 많은 것이 달라졌다. 아니 모든 것이 달라졌다고 해야 할 것이다. 첫째는 학생들의 학습향상을 최우선의 과제로 설정했고, 둘째는 모든 교직원이 하나가 되어 온갖 노력을 다 기울였다. 그리고 셋째는 루비 프라이스(Ruby Price)라는 교장이 이 모든 변화를 주도했고,[9] 영감을 불어넣었으며 새로운 공동체를 만들었다. 1997년에 부임한 프라이스는 우선 교사들이 사명감을 갖도록 설득하고 그들의 수업과 학생 지도 방식에 대해 함께 협의하고 새로운 시도를 찾았다. 학생들의 영어실력을 향상시키기 위해 교사들이 스페인어를 공부하기 시작했다. 그러고는 학부형과 지역사회를 참여시켰다. 프라이스 교장선생님은 학교에 모토를 만들었다. 아이들에게 유행했던 노래 〈Reach for the Stars〉를 모토로 설정했는데 '과거를 버리고 미래와 꿈을 향해 높이 높이 오르자'는 그 가사를 외치게 했으며, 별의 다섯 꼭짓점에 하일랜드만의 특별한 의미를 담았다. 존경(respectful), 책임(responsible), 안전(safe), 자부심(proud of their personal best), 긍정(positive)이 그것이다. 학생들은 어디서든지 이 별을 볼 수 있었고 그것이 그들의 정신적 구심체가 되었다.

리더십의 매력은 바로 이런 것이다. 리더십이 사람에 초점을 맞춘다고 해서 성과를 등한시한다거나 단지 사람들에게 편하게 대하는 것이 아니다. 오히려 그 반대이다. 매너리즘에 빠진 사람들에게 사명감을 일깨우고, 피상적인 성과에 만족하지 않고 근본적인 기여를 추구하고, 적당주의나 좌절을 털어 내고 변화와 도전을 시도하게 하는 것이 리더십이다.

엘리어트 총장의 개혁

찰스 윌리엄 엘리어트(Charles William Eliot)는 미국 하버드대학교에서 수학과 화학을 가르치는 교수였다. 학과장 선거에 출마하여 낙방하는 바람에 그는 몹시 실망하여 학교에 사표를 제출하고 잠시 유럽으로 가 대학교육에 대해 공부할 기회를 가졌다. 그는 유럽에서 대학이 산업체와 밀접한 관계를 갖고 국가발전에 기여하고 있는 것을 보고 큰 인상을 받았다. 그러고는 미국으로 돌아와 미국 대학이 개혁되어야 한다는 글을 신문에 실어 큰 호평을 얻었다. 그 이후 새로이 설립된 MIT에 교수직을 얻었다.

그러던 중 하버드대학교에서 새 총장을 뽑는 절차가 진행되었다. 엘리어트 교수는 학과장 선거에서도 낙방한 주제에 좀 과분하다고 생각했지만, 총장초빙에 원서를 냈다. 당시 하버드대학교 총장이 되겠다고 원서를 낸 사람 중에는 화려한 경력을 가진 사람이 많았다. 그들에 비해 엘리어트 교수의 경력은 초라하기 이를 데 없었다. 그런데 총장선출위원회에서는 다른 사람을 다 제치고 엘리어트 교수를 총장으로 선임했다. 그때가 1869년, 엘리어트 교수는 35세의 소장교수에 불과했다.[10]

당시 대학은 성직자들이 운영하고 있었는데, 급격히 산업화되고 경제발전을 이루고 있는 사회의 요구를 따라가지 못하고 있었다. 고리타분한 전통적 교육과정을 고수하는 바람에 과학이나 정치경제 같은 과목이 없었고, 전문가를 양성하는 대학원도 부족했다. 엘리어트 총장은 대학은 사회의 요구에 부응해야 하고 사회를 이끄는 견인차 역할을 해야 한다고 생각하고 하버드대학교를 개혁하기 시작했다. 새로운 교과목을 개설하고, 교수의 급여 수준을 높여 우수 교수를 유치하며, 교수업적 평가를 도입했다.

엘리어트 총장은 특히 지금은 너무나 보편화되었지만 당시는 생소했던 선택과목제를 도입하고 이를 발전시키는 데 심혈을 기울였다. 사실 학생들에게 선택의 폭을 넓혀 준다는 것은 단지 실용적인 이유에서만이 아니었다. 그의 인간관이었고 종교적 신념이었다. 물론 그는 재임 중 원하는 것을 모두 이룬 것은 아니었다. 너무 격렬하다는 이유로 없애려고 했던 대학 축구팀을 없앨 수 없었으며, MIT를 하버드대학교에 흡수하려는 시도도 수차례 하였으나 성공하지 못했다.

하여튼 엘리어트의 리더십하에서 하버드대학교는 고등교육의 위상을 높였으며, 대학교육의 선구자가 되었다. 엘리어트 총장의 등장 이전 하버드대학교는 역사가 좀 오래되었다 뿐이지 프린스턴대학교나 예일대학교와 같은 다른 대학과 별 차이가 없는 그저 그런 대학이었다.

엘리어트 총장은 그리하여 무려 40년간 총장으로 재임했다. 이는 지금까지도 대학총장으로서 최장수 재임 기록으로 남아 있다.

초등학교든 대학이든, 기업이든, 정부든, 스포츠팀이든, 예술단이든 변화는 리더에게서 비롯된다. 하버드 경영대학원의 존 코터(John Kotter)와 제임

◆ 수준 5 리더십

미국 스탠포드 경영대학원의 짐 콜린스(Jim Collins) 교수는 위대한 조직을 연구한 교수로 유명하다. 인류사에 족적을 남긴 조직을 찾아 그들의 특성을 파헤친 책『성공하는 기업들의 8가지 습관(Built to Last)』[11]를 펴내는가 하면, 과거에는 그저 그런 기업이었는데 어느 순간 전환을 이룩하여 지속적인 발전을 이루고 있는 기업을 찾아 그들의 특성을 분석하여『좋은 기업을 넘어 위대한 기업으로(Good to Great)』[12]라는 책을 썼다.

그런데 콜린스 교수 연구팀에 의하면 위대한 조직에 위대한 리더는 없다고 한다. 위대한 조직을 만든 리더는 있었다. 그러나 통상적인 의미에서 유명하고 대단한 리더는 없었다는 것이다. 훌륭한 리더는 놀랍게도 겸손했다. 이들 리더는 높은 성취를 위한 강한 의지를 물론 가졌지만 동시에 겸손함도 지니고 있었다(blend of personal humility and professional will). 이러한 리더를 콜린스 교수팀은 '수준 5 리더십(level 5 executive)'[13]이라고 했다. 리더가 너무 겸손하여 자기 자랑이 없고, 자신이 유명해지는 것을 전혀 바라지 않아 심지어는 언론 인터뷰나 외부 강연도 거의 하지 않는 그런 리더였다.

리더가 성공을 거두면 자연스럽게 유명해진다. 여기저기 불려 다니고 특강도 하며 신문 인터뷰도 하고, 또 방송 출연도 한다. 여기서부터 문제가 생긴다. 서서히 리더의 개인 인기관리에 치중하게 되고 진정성이 사라지게 되는 것이다. 조직을 위해 리더가 봉사를 하는 것이 아니라 리더를 위해 조직이 이용되는 상황이 발생한다. 그래서 의외로 대외적으로 유명한 CEO가 있는 조직에 들어가 보면, 직원들의 불만이 많고, 그 CEO가 떠나기만을 바라는 경우도 있다. 그런 조직에서는 그 CEO가 떠나면 그간 했던 일을 다시 손보기 일쑤고 심지어는 그 흔적까지도 지워 버리려 한다.

노자는『도덕경』에서 제왕을 4단계로 나누고 있다. 마지막 단계는 백성들로부터 모욕을 받는 제왕이고, 그 위는 백성들이 두려워하는 존재이며, 그 위는 백성들로부터 칭송을 받는 단계다. 여기까지만 해도 훌륭한데, 노자는 그 위의 단계를 하나 더 이야기하고 있다. 최상의 단계는 백성들이 그가 존재한다는 것조차도 알지 못하는 그런 제왕이다. 이 단계의 제왕은 칭송조차 받질 못한다.[14] 리더십의 정수를 꿰뚫어 보는 말이 아닌가 싶다.

스 헤스켓(James Heskett) 교수는 변화를 시도한 많은 조직을 연구했다. 조사를 해 보니 아쉽게도 많은 경우 실패였다. 물론 성공 사례도 있었다. 그러면 성공과 실패를 가르는 요인은 무엇인가? 그들이 찾은 것은 리더십이었다. 두 교수는 조직의 정점에 있는 책임자가 어떤 리더십을 보이느냐 하는 것이 결정적인 요인이었다는 결론을 내고 있다. 그들은 이렇게 주장했다.

조직의 문화를 변화시키는 데 있어서 성공과 실패를 가르는 유일하고 가장 돋보이는 요인은 조직의 톱에서 얼마나 유능한 리더십을 발휘하느냐 하는 것이다.

The single most visible factor that distinguish major cultural changes that succeed from that fail is competent leadership at the top.[15]

3. 창의적 리더십의 조건

창의적 리더십

교장선생님들을 대상으로 창의적 리더십을 주제로 워크숍을 진행할 때 곤혹스런 일을 경험했다. 주제를 던져 준 후 자유로운 연상법으로 아이디어를 도출하도록 했더니, 어떤 분이 은근히 불만을 터뜨렸다. "우리 나이에 이런 연습문제를 해야 합니까?" 하기야 나이 드신 교장이나 교감선생님이 학생들을 대상으로 자유연상법 같은 것을 많이 활용하실지 몰라도 스스로 이런 것을 해 본 경우는 많지 않을 것이다. 그러나 이제는 나이 든 사람이라도 이런 상황을 피할 수 없다.

오늘날 세상이 이렇게 변화하고 다양해지고 있는 상황에서 리더는 어떤 자질이 요구될까? 리더십은 복잡한 사회적 현상이고, 상황에 따라 다를 수밖에 없다. 그렇다면 오늘날의 상황, 즉 교육에서 학습으로 축이 바뀌고, 기계적 모형의 학교를 유기적 모형의 학교로 변혁시킬 리더는 어떤 리더여야 하는가? 우리는 이러한 리더를 '창의적 리더'라고 부른다. 다시 말하면, 오늘날 리더십의 핵심은 '창의'다.

리더십은 사람을 움직이는 것이고 집단으로 하여금 목표를 성취하게끔 영향력을 행사하고 이끌어 가는 것이다. 사람들이 말을 좀 안 듣는다고 해서 야단만 치고 강제력을 행사할 수는 없는 것 아닌가? 왜 말을 안 듣는지 분석을 해야 하고, 어떻게 하면 말을 듣게 할지 고민도 하고 아이디어를 내야 한다. 그래서 리더십은 본질적으로 창의적이어야 한다. 기흥고등학교의 강호경 교장선생님께서 학생들이 훈련받고 있는 캠프에 가서 격려사를 한답시고 지루한 연설을 했으면 어땠을까? 그는 연설 대신 〈You raise me up〉이라는 노래를 불렀다. 리더에게는 그런 순발력도 필요하다. 칭찬을 하는 것도, 선물을 하는 것도 창의적이어야 한다. 물론 야단을 치는 것도 감동을 주려면 무지 창의적이어야 하는 것이다. 더 나아가서는 다른 학교와 차별화되는 비전을 만들고 슬로건을 만들려면 어떻해야 할까?

리더의 창의성은 다르다

리더가 아인슈타인(Einstein)처럼 천재성을 발휘하거나 존 레논(John Lennon)처럼 기가 막힌 노래를 불러야 하는 것이 아니다. 스스로 창의적 아이디어를 내는 사람이라기보다는 오히려 다른 사람이 창의성을 발휘하도록 촉진하고 분위기를 만들어 주면서 창의성에 긍정적인 영향을 미치는 사람이 곧 창의적인 리더인 것이다. 스스로 창의성이 뛰어난 리더가 어떤 의미에서는 창의적인 리더가 아닐 수 있다. 스스로 창의성이 뛰어난 사람이 다른 사

람을 무시하거나, 기를 꺾어나, 시도하고 실패할 기회를 주지 않을 수도 있
다. 창의성을 연구하는 많은 학자들은 조직의 창의성을 예측하는 데 결정
적인 것이 리더의 역할이라고 강조한다. 로저 화이어스틴(Roger Firestien)은
『창조경영(Leading on the creative edge)』[16]이란 책에서 조직분위기는 리더들
의 행동과 태도가 반영된 것이라면서 리더가 어떤 행동을 보여 주느냐에 따
라 직원들이 창의성을 발휘하는지를 결정한다고 주장한다. 그에 의하면 리
더의 태도가 창의적 분위기 형성에 67%까지 영향을 미치기도 한다. 그렇다

조선업을 처음 시작할 때 정주영 회장은 배는 다름 아닌 바다에서 움직이는 집이라고 생
각했다. 그렇게 생각하니 건설업을 하던 정회장에게 조선업은 전혀 낯선 것이 아니었다.
관점의 전환, 그것이 곧 창의성이다.

고 리더가 구성원들에게 창의성을 높이려고 온갖 교육을 시키고 창의성을 발휘하라고 강조하라는 것이 아니다. 창의성이라는 말을 하진 않더라도 리더가 창의적이고 새로운 것에 관심을 보이고 다양한 의견을 내고 새로운 것을 시도하는 분위기를 만들면 되는 것이다.

창의성은 별개의 고유특성이라기보다는 관점을 전환하는 지혜에 해당한다. 사람은 사물을 지각하고 판단할 때 생각의 기본 틀인 프레임(frame)을 가지고 있다. 이는 곧 고정관념을 만드는 구실을 한다. 건설업을 하던 현대그룹이 조선업을 시작할 때, 많은 사람이 건설은 건설이고, 조선은 조선이라고 생각했다. 뭍에서 하는 일, 바다에서 하는 일, 서로 전혀 다른 것이었다. 그러나 정주영 회장은 그렇게 생각하지 않았다. 배는 다름 아닌 바다에서 움직이는 집이라고 본 것이다. 그래서 조선업과 건설업은 근본적으로 같은 것이라고 생각했다. 관점을 전환하는 능력이 창의성이고, 다양한 프레임을 가져야 하는 것이 리더의 자질이다.[17]

창의적 리더의 5대 핵심역할

그러면 창의적인 조직분위기는 어떻게 만들어지는가? 새로운 생각이나 아이디어를 이야기할 때 긍정적인 반응을 보이고, 새로운 사고를 할 수 있도록 지적 자극을 보이는 것과 같은 대인관계 기술이 필요하다. 그러나 그것 이상의 무엇이 요구된다.

우리는 리더십과 창의성에 대한 학자들의 연구 그리고 현장에서 뛰고 있는 전문가 인터뷰를 토대로 창의적 리더가 갖추어야 할 핵심역할을 다섯 가지로 정리하고, 다음 그림과 같은 모형을 제시한다.[18]

리더는 한편에서는 조직 내부문제와 외부문제를 잘 처리해야 하고, 또 다른 한편에서는 일과 관련된 문제와 인간관계 문제를 잘 풀어야 한다. 그래

서 모형은 가로축에 '내부-외부', 세로축에 '과업-관계'로 구성된다. '내부'
는 조직 내부(예컨대, 학교)와 관련된 역할을, '외부'는 조직 외부(예컨대 지
역사회)와 관련된 역할을 의미한다. '과업'은 과업(직무)과 관련된 역할을 의
미하고, '관계'는 사람들과의 관계와 관련된 역할을 의미한다. 이 2개의 축
을 조합하면 창의적 리더가 갖추어야 할 역할이 네 가지가 나오고, 이 역할
의 기본이 되는 모델링을 추가하여 다섯 가지가 된다. Modeling(모범보이기),
Visioning(비전공유), Coaching(코칭), Empowering(임파워링), Networking(네
트워킹) 등 다섯 가지 역할인데 이들의 머리글자를 조합하여 ViCMEN 모형이
라고 부를 수도 있을 것이다. 이들에 대해 차례로 살펴보기로 하자.

첫째, 모범보이기(modeling)다. 리더의 영향력은 그가 하는 말이 아니라
그가 보이는 행동에서 나온다. 리더가 스스로 모범을 보임으로써 추종자로
부터 신뢰를 얻게 되고 "이분은 따를 만한 사람이다." 하는 인식을 심어야 한
다. 리더의 태도와 행동은 그 자체로 구성원들에게 상징적 메시지를 가진다.

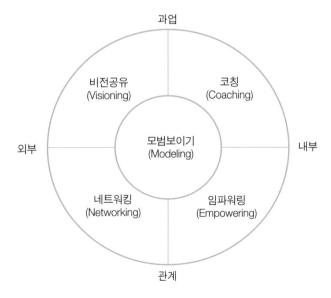

[그림 2-1] 창의적 리더십 모형(ViCMEN 모형)

창의적 조직을 만들기 원한다면 리더 자신부터 창의적인 노력을 기울여 타인에게 모범을 보여야 한다. 자녀에게 책을 많이 읽으라고 강조할 필요가 없다. 부모가 하루 종일 TV 앞에서 뒹굴며 책 한 권 안 읽는다면 아무 소용이 없을 것이다. 모범보이기는 곧 작은 행동으로 신뢰를 얻는 것이다.

둘째, 외부-과업 차원에서 리더가 해야 할 역할은 비전공유(visioning)다. 비전은 외부를 향해 해당 학교의 존재가치와 정체성을 보여 주는 것이며, 과업 측면에서 교육과 학생지도가 어떠해야 하는가를 함축적으로 가이드하는 역할을 한다. 구성원과 함께 비전을 수립하고 공유하여, 비전을 중심으로 모든 구성원이 하나가 되어 열정을 발휘하게 될 때 창의적 조직분위기가 형성될 수 있다. 그런데 많은 사람들이 '비전' 하면 그것을 만드는 것에 초점을 맞추고 좋은 비전을 만들어 놓고 그것으로 만족하는 경향이 있다. 사실은 비전은 설정보다 공유가 핵심이다.

셋째, 내부-과업 차원에서 리더가 해야 할 역할은 코칭(coaching)이다. 멋있는 비전을 세웠다고 해서 일이 저절로 되지는 않는다. 구체적인 액션플랜도 정해야 하고, 실행도 해야 한다. 학교경영자가 지시하고 감독할 일도 많다. 창의적 리더는 이때 지시나 감독을 하는 것이 아니라 코칭을 해야 한다. 코칭은 부하가 스스로 문제를 풀어 갈 수 있도록 조력자 역할을 하는 것이다. 흔히 고기를 잡아 주지 말고 고기를 잡는 법을 가르쳐 주라고 하는데, 바로 이것이 코칭이다. 오늘날 코칭에서 중요한 것은 좋은 질문을 던지는 것이다. 질문이 관점을 전환하게 하고 동시에 주인의식을 갖게도 한다.

넷째, 내부-관계 차원은 임파워링(empowering)이다. 학교경영자가 조직을 편성하고, 지휘체계를 만들어야 하는 경우가 많다. 창의적인 리더는 조직을 수직적인 것이 아니라 수평적으로 만들어 간다. 즉, 하부에 그리고 실무자에 권한부여를 많이 하는 것이다. 그래서 모든 구성원이 "내가 책임자다." "내가 주인공이다." 하고 느끼게 만드는 것이다. 임파워된 조직은 사실 누가 리더인지 불분명해진다. 아니 리더십이 전 조직계층에 공유되어 있다(shared leadership)고도 할 수 있다. 조직구성원에게 힘을 실어 주는 것 그것이 임파워링이다.

다섯째, 외부-관계 차원에서 리더가 해야 할 역할은 네트워킹(networking)이다. 리더는 내부 일만 하는 것이 아니다. 상부기관과 유관단체와 그리고 지역사회와 좋은 관계를 맺어야 하고, 외부에 존재하는 자원을 잘 동원하고 조직에 대한 대변자 역할도 잘해야 한다. 그렇다고 무작정 많은 사람과 교류한다고 좋은 것은 아니다. 창의적 리더는 현명한, 말하자면 스마트 네트워킹(smart networking)을 할 줄 알아야 한다. 리더는 외부에서 백만 지원군을 얻어 올 줄 알아야 한다.

우리가 주장하는 ViCMEN 모형 이외에도 21세기에 요구되는 리더십에 대한 다양한 이론과 모형이 존재한다. 이들 모형에 관심을 갖는 독자를 위해

〈표 2-3〉 다양한 리더십 모형과 ViCMEN 모형

리더십 모형(이론)	특징
변혁적 리더십 (Transformational Leadership)	거래적 리더십과 대응되는 리더십으로서, 이상적 영향력, 영감적 동기부여, 지적 자극, 개인적인 배려를 강조
진정성/윤리적 리더십 (Authentic Leadership/ Ethical Leadership)	리더가 스스로 진정한 가치를 실현하고 윤리적이어야 한다는 점을 강조하는 리더십이론
섬김 리더십 (Servant Leadership)	리더가 스스로를 봉사자로 생각하고, 팔로워를 섬기며 팔로워가 스스로 성장하도록 지원해야 한다는 이론
전략적 리더십 (Strategic Leadership)	리더십은 조직의 중요한 전략과 연결되어야 하며, 전략적 의사결정에 리더십이 발휘되어야 한다는 이론
창의적 리더십 (ViCMEN 모형)	구성원의 창의성 촉진을 위한 역할로서 리더의 개인적인 인품(모범보이기)에서부터 비전공유, 코칭, 임파워링, 네트워킹 등을 강조

〈표 2-3〉에서 ViCMEN 모형과 다른 리더십 모형을 비교하였다. 관심이 있다면 참고하기 바란다.

창의적 리더십은 종합예술

앞에서 소개한 창의적 리더십의 5대 핵심역할을 실제로 현장에서 발휘하려고 할 때 몇 가지 의문이 생길 것이다. 이에 대해 생각해 보자.

- 다섯 가지 핵심역할을 모두 잘해야 하나, 아니면 어느 하나만 잘 해도 되나?
- 다섯 가지 핵심역할은 어디서부터 시작해야 하나?
- 조직의 발전단계에 따라 달라지지는 않나?
- 학교경영자가 직접 나서서 판단하고 독단적으로 할 때는 없는가?

첫 번째 문제를 먼저 생각해 보자. 어떤 사람은 리더십은 결국 솔선수범(모범보이기)이라고 하기도 하고, 경청 하나면 모두 해결된다고 이야기하기도 한다. 그러나 이는 지나치게 단순화한 것이다. 앞에서 이야기한 다섯 가지 핵심역할은 어느 하나 더 중요하고 덜 중요할 것도 없이 모두 조화롭게 실천되어야 한다. 권한 위임만 잘하거나, 비전만 잘 제시해도 조직에 창의적 분위기를 형성하는 데 큰 도움을 줄 것이다. 그러나 이것만으로 창의적 리더십을 발휘했다고 하기 어렵다. 창의적 리더십은 1~2개의 행동을 잘한다고 성공하는 것이 아니기 때문이다. 리더십이 예술이라면, 창의적 리더십은 다양한 예술적 감각을 요구하는 종합예술이다. 물론 자신이 부족한 점에 신경을 더 쓸 수도 있고, 또 조직을 진단해 보니 어느 하나가 취약할 때 이를 보강하기 위해 특별한 노력을 할 수도 있다. 그러나 원칙적으로 5대 핵심역할은 균형 있게 실천되어야 한다.

다섯 가지 역할은 어디서부터 실천되어야 할까

논리적인 순서는 모델링, 비저닝, 코칭, 임파워링, 네트워킹이라고 할 수 있다. 그런데 당장 학교에 문제 학생 처벌과 같은 급한 현안이 있는데 학교의 비전과 장기발전계획 수립한다고 진을 빼는 것은 좋지 않다. 먼저 코칭 방법을 동원하여 급한 문제를 해결한 다음 호흡을 가다듬고 장기적인 문제를 다루는 것이 좋을 것이다. 또한 솔선수범이 중요하다고 해서 모든 것을 다 솔선수범한 후 다른 일을 하는 것도 지혜롭지 않다. 우선 중요한 몇 가지를 상징적으로 보여 준 후 다른 변화를 시도하고 그리고 솔선수범의 단계를 높여 나가도 될 것이다.

조직의 발전단계에 따라 다른가

리더십은 리더와 팔로워 간의 상호교류 과정이다. 서로 잘 알지 못하는 초기 단계에는 리더가 좀 더 주도권을 가지고 주도적으로 해 나갈 수밖에 없다. 그러나 서로 유대가 높아지고 믿음이 깊어지면 당연히 임파워먼트도 심화되고 코칭도 늘어나고 이에 기초하여 비전수립도 정교화될 수 있다. 또 설립 초기에는 대외적인 관계가 중요할 수 있으나 차차 내부적인 일에 몰입할 수도 있다. 반면 역사가 너무 오래되어 안정을 넘어서서 무기력증에 빠진 조직도 있을 수 있다. 이런 때는 리더가 네트워크 역량을 강화하여 대외적인 활동을 늘리고 외적 자극을 내부로 이전하는 전략이 필요하다.

학교경영자는 직접 나서지 말아야 하나

마지막으로 창의적 리더십을 발휘하는 학교장은 스스로 결정하는 일 없이 모든 것을 구성원들의 판단에 맡겨야 하는가 하는 문제이다. 일선에서 활동하는 학교장들은 이런 지적을 한다.

> 학교장이 창의적으로 또는 민주적으로 학교를 운영한다고 하면서 모든 의사결정을 다 교사들에게 미루는 경우도 있는데, 이렇게 되면 오히려 교사들의 부하가 높아져서 창의적으로 일을 할 수가 없습니다.

매우 중요한 지적이라고 생각한다. 교장이나 교감선생님이 금방 결정을 내려 주어야 하는 문제에 대해서는 빨리빨리 결정을 해 주어야 한다. 앞서 논의한 것과 같이 학교장은 매니저로서의 역할과 리더로서의 역할을 동시에 수행하는 자리이다. 매니저로서의 역할을 망각한 채 훌륭한 리더만 되겠다고 하는 것도 답답한 노릇이다.

또한 위기상황에서는 리더가 적극적으로 나서야 하고, 신속하게 결정도 해 주어야 한다. 그러나 위기에서 진정 필요한 것은 리더의 진정성이고 위기를 이겨 낸 후 그 위기의 경험을 발전의 계기로 삼는 것이다. 평소 창의적 리더십(ViCMEN 모형) 발휘가 약하면 위기상황에서 결단력 있는 리더십을 발휘하기도 어려울 것이다. 왜냐하면 구성원들에게 신뢰를 받지 못할 것이기 때문이다.

리더십을 발휘하는 것은 그래서 과학(science)이 아니라 예술(art)이라고 할 수밖에 없다. 그래서 창조적 실천력이 요구되고 또 창의적 리더십은 바로 그런 실천력까지를 포함한다.

♣ 체크리스트

1. 당신은 매니저인가? 리더인가?

2. 당신은 매니저로서 어떤 일을 잘하고 있는가?

3. 당신이 직원들에게 리더로 인식되기 위해서는 무엇이 달라져야 하는가?

4. ViCMEN 모형의 다섯 가지 역할 중 당신에게 현재 어떤 것이 가장 필요한가?

5. 당신이 아는 모범적인 리더는 ViCMEN 모형의 다섯 가지 역할 중 무엇이 뛰어난가?

제3장
작은 행동으로 신뢰를 얻으라

Modeling

모델링이란 리더가 스스로 창의적이 되기 위해 노력하며, 비전과 원칙을 실현하는 데 솔선수범을 보이고 모범을 제시하여 구성원들에게 신뢰를 보이고 열정을 불어넣는 것이다. 구성원의 신뢰는 리더의 거창한 구호나 멋진 연설에서 나오는 것이 아니다. 리더가 무심코 보이는 일상적인 작은 행동에서 결정된다.

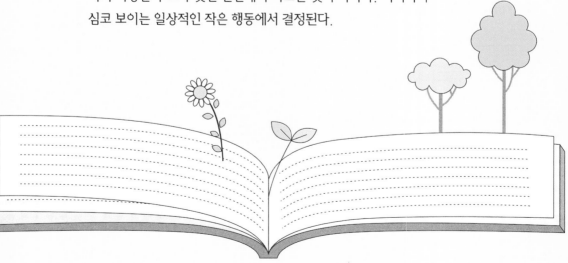

1. 왜 모델링인가

기적을 만든 교장선생님

경기도 용인시 수지구 흥덕지구에 자리한 흥덕고등학교의 이범희 교장선생님. 그는 교문 앞에서 학생들을 맞이한다.[1]

> "영수야, 너네 강아지 새끼 낳았다며. 몇 마리니? 다 기를 거야? 어떡할 거야?"
> "하늘아, 요즘 다이어트 너무 심하게 하는 거 아냐? 살이 너무 빠진 것 같다."

밝은색 점퍼를 걸치고 나온 이 교장선생님은 학생들과 이렇게 말을 걸고 장난도 친다. 그러면 학생들도 교장선생님에게 스스럼없이 대하고 농담을 건넨다.

> "스토커 님, 이제 그만 좀 쫓아다니시죠."

2010년 3월 개교한 이래, 이 교장선생님은 출장 같은 불가피한 일이 없는 한 하루도 빠짐없이 교문 앞에서 학생들을 맞이하고 그들 꽁무니를 따라 다닌다. 그래서 그가 얻은 별명이 '교문 앞 스토커'이다(이범희 교장선생님은 이 제목으로 2014년 책[2]을 냈다). 무더위가 기승을 부리는 여름이나 얼음이 꽁꽁 어는 겨울이나 이 교장선생님의 스토킹은 한결같다.

이 교장선생님의 꿈은 참여와 소통으로 희망과 신뢰를 갖는 배움 공동체를 만드는 것이다. 그 참여와 소통은 하루도 빠짐없이 교문 앞에서 스토킹을 벌이는 것에서 출발한다.

홍덕고등학교 이범희 교장선생님은 매일 아침 교문에서 학생들을 맞이하며 말을 걸고 장난도 친다. 학생들 역시 교장선생님을 스스럼없이 대하고 농담을 건넨다.

미래도 꿈도 없다

비평준화지역인 용인에서 신설 고등학교인 홍덕고에는 '좋은 학생'이 오질 않았다. 다른 곳에 못 간 아이들, 아니 갈 데가 없는 아이들이 왔다. 그들은 공부에는 전혀 취미가 없었다. 미래도 없고, 꿈도 없어 보였다. 지각과 조퇴는 예사고, 수업시간엔 아예 자는 애들이 많았다. 담배 피는 것도 그리 낯선 광경이 아니었다. 교사들은 처음부터 체벌 없이 아이들과 대화했다. 말이 안 통했지만 하고 또 했다. 변화가 없었지만 그래도 하고 또 했다. 수학여행도 홍덕고 방식으로 했다. 전세버스를 빌려 학교가 다 준비해서 떠나는 보통의 방식을 접고, 1학년 한 반 학생 30명을 두 팀으로 나누고, 각 팀에서 스스로 기획을 하게 했다. 행선지, 이동방법, 볼 것, 놀 것도 학생들 스스로 정하게 했다. 선생님은 단지 따라가 주고 함께 놀아 주는 사람이었다.

이런 노력으로 기적이 일어나기 시작했다. 학생들이 스스로 '금연'을 결의하여 금연 스쿨이 되었다. 그리고 첫 졸업생 중 84%가 대학에 들어갔다. 소통과 참여가 그런 기적을 만들었다. 이 교장선생님이 앞장서 그렇게 되었다. 리더십은 뒤에서 미는 것이 아니라, 앞장서서 보여 주는 것이다. 단순히 쇼가 아니라 진정한 모습으로!

솔선수범하는 리더가 차이를 만든다

박정희 대통령은 우리나라가 산업화를 이루려면 철을 만드는 종합제철소가 있어야 한다고 생각했다. 그러나 종합제철소를 건립하는 것은 만만한 일이 아니었다. 기술도 없었을 뿐만 아니라, 투자비가 장난이 아니었다. 건설계획을 발표하자마자 국회와 학계에서 난리가 났다. 한마디로 무모한 일이라는 것이었다. 우여곡절 끝에 대일청구권자금으로 1970년 4월 1일 POSCO(당시 포항종합제철소) 기공식을 갖게 된다.[3]

포스코 사장을 맡은 박태준 씨는 비상한 각오로 이 일에 매달릴 수밖에 없었다. "조상의 피가 담겨 있는 이 돈을 헛되이 해서는 안 된다. 철은 산업의 쌀인데 양질의 철을 값싸게 대량으로 생산하여 국가를 부강시켜야 한다."고 다짐하고 다짐하였다. 포철 초창기 멤버들은 현장 건설사무소를 '롬멜하우스'라 불렀다. 중장비가 늘어서 있는 모습이 마치 사막의 기계화 부대 같았던 것이다. 그들이 하는 일도 바로 전투나 다름없었다. 박태준 회장도 그 롬멜하우스에서 직접 진두지휘하고 직원들과 고락을 같이했다. 그러곤 말했다. "만약 제철소 건설이 실패할 경우 우리가 민족 앞에 져야 할 책임은 몇몇 사람의 사표나 퇴진만으로 끝나는 것이 아니고 우리 전부가 영일만에 빠져 죽어야 한다." 우측에는 바로 영일만이 있었다. 그래서 포철정신의 하나인

'우향우정신'이 탄생하게 되었다.

이렇게 하여 세계적인 기업 포스코가 탄생하였고, 우리가 좋은 철을 갖게 됨으로써 조선업에서 세계 1위가 되고 자동차에서도 세계적인 경쟁력을 갖추게 되었다. 박정희 대통령과 박태준 회장의 리더십을 빼놓고 포스코의 성공을 이야기할 수 있겠는가? 그들의 살신성인과 솔선수범을 알지 못한다면 포스코의 DNA를 이해하지 못한 것이다.

간부는 30분 일찍 출근

1993년 우리나라 산업계를 강타했던 삼성의 7 · 4제. 아침 7시 출근하고 오후 4시 퇴근하는 그 희한한 제도의 원조라고 알려진 서울 성수동 삼원정공

초관리로 유명한 삼원정공의 양 사장은 직원 누구보다도 먼저 출근하여 사무실에 불을 켰다. 리더의 어떤 연설보다도 이런 사소한 행동 하나가 사원들에게 신뢰를 준다.

◆ 대구 새론중학교의 '방한 교복 실험'

한파가 닥치면 청소년들 사이에서 패딩 인기가 열병처럼 번진다. 청소년들은 캐나다○○, 몽클○○ 브랜드를 합쳐서 '캐몽'이라고 부른다. 한 벌당 수백만 원을 호가한다. 수십만 원짜리 노스○○○, 데○○ 같은 스포츠 브랜드 패딩도 단골 고객이 적잖다.

비싼 패딩을 갖고 싶어 하는 청소년은 겨울만 되면 '패딩앓이'를 한다. 그만큼 학부모들의 부담은 커진다. 고가 패딩이 부모의 등골을 휘게 한다고 해서 '등골 브레이커'로 불릴 정도다. 학생들은 그래도 "교복만으로는 한겨울에 보온이 제대로 되지 않는다."며 부모를 조른다. 그러니 겨울만 되면 학부모들은 겁이 난다. 패딩을 못 입어 아이가 학교에서 왕따가 되지 않을지, 패딩 때문에 학교폭력에 연루되지 않을지 이래저래 걱정이 많다.

2011년 12월 부산에서 중학생 박모(15) 군 등 5명이 브랜드 패딩을 갖고 싶어 길 가던 김모(13) 군을 골목으로 끌고 가 마구 때리고 패딩을 빼앗았다. 같은 달 20일 집단 괴롭힘을 견디지 못하고 대구에서 스스로 목숨을 끊은 중학생 김모(14) 군도 괴롭힘을 당하면서 패딩을 빼앗겼다.

요즘 대구시 동구 혁신도시에 있는 새론중학교(전교생 272명)가 이색적인 '방한 교복 실험'으로 주목받고 있다. 지난달 교복과 같이 입을 수 있는 방한용 겉옷 두 종류를 자체 디자인해 출시했다. 오리털 소재로 된 패딩과 폴리에스테르로 만든 청색 재킷이다. 손태복(60·여) 교장이 아이디어를 냈다. 사춘기에 비싼 패딩을 교복 위에 걸쳐 입으면 다른 학생들에게 위화감을 줄 수 있고 '패딩 빼앗기'의 학교폭력을 예방하기 위해서였다.

지난 8월 방한 패딩 제작을 위해 10명의 학부모와 교직원 등으로 구성된 선정위원회를 꾸렸다. 학교 밖에서도 당당하게 학생들이 입을 수 있도록 하자는 것이 디자인의 핵심 콘셉트였다. 최종 모델 2종은 학교명을 최대한 노출하지 않았고, 브랜드 패딩처럼 허리선을 잘록하게 집어넣고 허리 아래까지 기장이 내려오는 최신 스타일이다. 재킷 역시 학교 밖에서도 입을 수 있게 학교명을 영어로 작게 처리했다. 공개 입찰을 통해 제일 저렴한 가격을 제시한 업체를 선정했다. 패딩은 11만 5,000원, 재킷은 1만 5,000원으로 결정됐다. 학생들의 반응은 뜨거웠다. 272명 중 재킷은 212명이, 패딩까지 같이 구입한 학생도 71명이다. 이런 실험 덕분인지 새론중학교에는 패딩 빼앗기도, 비싼 패딩 순위를 매기는 '패딩 계급도'도 없어졌다. 새론중학교는 이 신선한 성공 사례를 19일 발표할 예정이다.

* 출처: 중앙일보(2016. 12. 7.).

의 사장 양용식 씨는 아침 6시가 출근시간이다. 직원들의 출근 시간은 아침 7시지만, 간부는 6시 반, 사장은 6시에 출근한다. 솔선수범인 것이다. 양 사장은 새벽에 출근하여 가장 먼저 사무실에 불을 밝히는 사람이 되었다. 한때는 삼원정공을 배우겠다고 사람들이 몰려들었다. 이들을 위한 강의 시간은 새벽 4시였다. 업무 시작 이전에 과외로 외부인 교육을 해야 하기 때문이다.

삼원정공의 퇴근시간은 오후 4시였다. 제일 먼저 퇴근하는 사람은 바로 양 사장이었다. 사장이 퇴근을 먼저 하니 간부들과 직원들로 조기, 아니 제시간에 퇴근하게 되었다. 7·4제는 그렇게 하여 정착된 것이다.

교장선생님들 중에는 학교 구내식당에서 식사를 맨 먼저 하는 분이 많다. 혹시라도 음식에 문제가 있지나 않는지 살펴보는 것이란다. 그래서 교장들 사이에서는 이런 교장을 '기미교장(임금이 수라를 들기 전에 맛을 보는 기미상궁에 빗댄 말)'이라 한다고 한다. 이것 또한 솔선수범의 예라고 할 수 있다.

대구 새론중학교의 손태복 교장선생님은 학생들과 함께 저렴한 패딩을 개발하고 그 패딩을 입고 다닌다. 모든 학생들이 똑같은 패딩을 입음으로써 형편이 다른 학생들 간 위화감도 사라지고 또 교장선생님에 대한 거리감도 없어졌다.

왜 리더가 모범을 보여야 하나

심리학자 앨버트 반두라(Albert Bandura)는 1925년 캐나다에서 태어나 박사까지 캐나다에서 마치고 28세의 나이에 스탠포드대학교의 교수가 되었다. 인간의 학습에 관심을 갖게 된 그는 1963년 심리학에서 흐름을 바꾸어 놓는 실험을 한다. 소위 보보인형 실험(Bobo Doll Experiment)이 그것이다.[4]

3세에서 6세에 이른 남자아이 36명과 여자아이 36명을 놀이방에 모았다. 이들을 방에 앉혀 놓고 어른의 행동을 영상으로 보게 했다. 한 방에서는 보보인형이라 불리는 오뚝이 인형을 한 어른이 발로 차고 손으로 때리고 던지고 깔아뭉개는 영상을 보여 주었다. 다른 방에서는 이 인형을 어른이 곱게 만져 주고 뽀뽀해 주고 얌전하게 가지고 노는 영상이었다. 양쪽 방 아이들은 각자 다소곳이 보고만 있었다.

그 후 이제는 아이들끼리 노는 시간이 주어졌다. 아까 10분 동안은 어른의 행동을 보고만 있었고, 이제 20분 동안은 아이들만 놀게 되었다. 놀이방 안에는 재미있는 장난감과 보보인형이 함께 놓여 있었다. 어떻게 되었을까? 짐작한 대로 어른의 '폭력'을 본 아이들은 그대로 폭력적인 행동을 했다. 심지어는 응용력을 발휘하여 어른보다 더 심하게 보보인형을 학대했다. 반면 어른의 '다정함'을 본 아이들은 보보인형과 다정하게 놀았다.

사회적 학습이론

당시까지 학습은 자극이나 보상에 의해 일어난다는 것이 주류 이론이었다. 러시아 생리학자 파블로프(Pavlov)로부터 시작되어 왓슨(Watson)과 스키너(Skinner) 등에 의해 완성된 행동주의 학습이론이 그것이다. 반두라는 여기에 반기를 든 것이다. 인간은 그저 단순한 관찰만으로도 학습을 한다는 것이다. 아니 관찰과 모방이 학습의 중심이라는 '사회적 학습이론(social learning theory)'을 내놓았다.

사회적 학습이론은 사실 일반인에게는 상식일 뿐이다. "어른은 아이의 거울이다." "자식은 부모 하는 것을 보고 배운다." "좋은 친구를 만나야 좋은 사람이 된다." 귀가 따갑게 듣지 않았는가. 『논어』 「술이편」 제7, 21장을 보면 공자도 이렇게 이야기했다.

> 세 사람이 길을 가면 반드시 나의 스승이 있으니, 그중에 선한 자를 가려서 따르고, 그 선하지 못한 자를 가려서 잘못을 고쳐야 한다

三人行 必有我師焉 擇其善者而從之 其不善者而改之.
(삼인행 필유아사언 택기선자이종지 기불선자이개지)

이쯤 되면 사회학습론의 원조를 공자라고 해도 되지 않겠는가? 공자는 따라서 배울 사람(교사: Model)과 배우지 말고 고쳐야 할 사람(반면교사: counter-model)까지 구분하였다.

상사는 부하의 학습 대상이고, 리더는 구성원들의 모방 대상이다. 인간관계에서 그리고 사회생활에서 어떻게 행동해야 하고 어떻게 살아가야 하는가를 보여 주는 모델을 역할모델(role model)이라고 한다. 상사는 부하의 역할모델이 되는 것이다. 그래서 팀원들은 팀장을 닮고 전 구성원이 창업자를 그대로 닮은 경우도 많다. 리더는 그 조직이나 집단의 대표이고 선각자이기 때문에 모방의 대상이 된다. 리더를 중심으로 사람들이 뭉치고 리더와 일체감을 느끼는 동일시(identification) 현상이 일어난다. 그래서 아빠와 동일시하는 아들이 아빠의 못된 버릇까지 그대로 닮아 가듯이 어른들도 리더의 행동을 은연중에 따라 한다.

모방의 역학

부하가 리더를 따라 하는 것은 단지 부지불식간에 일어나는 동일시뿐만이 아니다. 리더가 실질적인 권한을 갖고 있기 때문이기도 하다. 그가 보상을 결정하고, 자리를 결정한다. 막말로 이야기하면 리더에게 잘못 보이면 피곤하기 때문에 잘 보이기 위해 부하가 상사의 행동을 모방하는 것이다. 사람은 자기를 닮은 사람을 좋아한다. 자기가 좋아하는 걸 같이 좋아하면 더 가까이 다가가게 되고, 자기가 싫어하는 것을 좋아하면 멀리하고 싶다. 그래서 상사에게 잘 보이고 싶으면 상사를 따라 하는 것이 좋다. 인상관리(impression management)의 기본인 것이다.

어른 사회에서 리더의 모범은 아이들이 단지 부모의 가시적인 행동을 모방하는 것 이상의 의미를 갖는다. 어른들은 단순하게 피동적으로 리더를 따라 가는 것이 아니라 능동적으로 평가하고 그리고 적극적으로 선택하기도 한다. 다시 말하면, 아무 리더나 그저 따라 하는 것이 아니고 아무 행동이나 모방하는 것도 아니다. 또한, 겉으로 보기에 따라 하는 것 같아도 속으로 반감을 가지고 있을 수 있다.

그래서 리더가 모범을 보이되 제대로 보여야 한다. 리더가 말로만 하는 것이 아니고 스스로 실천한다면 구성원들은 신뢰를 가지고 리더를 따라 할 것이다. 보이지 않는 것, 과거에 경험해 보지 못한 것 그리고 애매한 일을 하라고 했을 때 구성원들은 불안하고 망설여지기 마련이다. 이때 리더가 모범을 보인다면, 보다 구체적인 것을 손에 쥘 수 있다. 당연히 리더의 행동은 다양한 구성원을 한 방향으로 모을 수 있고, 새로운 시도에 대한 열정을 불어넣을 수도 있다. 무엇보다 중요한 것은 리더의 행동을 관찰하고 음미하면서 일에 대해, 나아가서는 인생에 대해 새로운 관점(프레임)을 만들 수 있는 것이다.

2. 어떻게 모범을 보일 것인가

당신은 창의적인가

당신은 창의적인가? 소위 창의적이라고 하면 머리가 '말랑말랑' 해야 한다. 당신의 두뇌가 얼마나 말랑말랑한지 간단한 연상 퀴즈를 풀어 보면 좋겠다. '벽돌' 하면 무엇이 떠오르는가? 2분 동안 벽돌에 대해 생각나는 것이 있으면 모두 기록을 해 본다. 몇 개나 기록했는가. 저자가 경영대학원에서 사장님들에게 이 연상 퀴즈를 냈더니 10개 쓰는 것을 버거워 했다. 어떤 분은 벽돌하면 회색 벽돌, 붉은 벽돌, 벽돌집, 이것밖에 생각이 안 난다며 "머리에 쥐가 난다."고 했다. 그런데 20대 대학생에게 같은 문제를 내었더니 20개는 거뜬히 썼다. 벽돌이 색깔만 다른 것이 아니라, 모양도 여러 가지 있을 수 있지 않은가. 벽돌이 집을 연상시키면 그때부터는 집이 좀 많은가. 이런 것을 쓰다 보면 한이 없다.

이제 좀 쉬운 것을 해 보자. '볼펜' 하면 생각나는 것이 무엇인가. 사장님들이 이건 좀 쉽게 했다. 보통 20개는 썼다. 그런데 대학생들은 50개쯤은 너끈히 썼고 심지어는 100개 가까이 쓰는 학생도 있었다.

"리더는 솔선수범하고 모범을 보여야 한다."고 했다. 무엇을 솔선수범하고 무슨 모범을 보이라는 말인가. 창의적인 리더가 되려면 창의적 행동을 솔선수범하고 본인의 창의성으로 본을 보여야 할 것이다. 에디슨, 스티브 잡스, 세종대왕 같이…… 이러면 답답해지기 시작한다. "내가 어찌 그런 사람이 될 수 있다는 말인가." "나는 예술가도 아니고, 발명가도 아니고 과학자도 아닌데 어찌 내가 창의성을 내세울 수 있단 말인가." 하고 자탄할 수 있다. 창의적인 리더가 되기 위해서는 창의성을 솔선수범해야 한다. 대명제는 맞다. 그러나 에디슨 같이, 백남준 같이 창의적인 결과를 내라는 이야기는 아니다. 창의적인 능력을 자랑하라는 것이 아니라 '창의적인 태도'를 솔선수범하고, 창의적인 사람을 후원(창의적 후원)하는 데 앞장서면 된다.

창의성이 아니라 '창의적인 태도'

개그맨 중에는 웃기는 재주가 뛰어난 사람이 있다. 그 사람은 '재주'가 있는 것이다. 그러나 웃기는 재주가 있다고 해서 웃음을 생활화하고 사는 것은 아니다. 웃기는 재주가 있는 사람 중에는 무대에서는 대단하지만, 정작 생활에서는 웃음 없이 사는 사람도 있다고 한다. 마찬가지이다. 창의적인 재주가 있어 남들이 전혀 생각하지 못한 것을 찾아내고 세상에 없는 것을 만들어 낼 수 있으면 좋겠지만, 그렇진 못해도 평소 생활에서 창의적인 것에 관심을 보이고 스스로 노력하는 모습을 보이면 된다. 아니 '창의성'이라는 말을 할 필요도 없다. 개선해 보려 하고, 바꿔 보려고 하며, 다른 분야나 다른 사람에 호기심을 보이면 된다. 그것이 '창의적인 태도'이다.

신문이나 잡지를 보면서 흥미 있는 자료를 스크랩하는 사람, 나이가 들어 시험공부하고는 관계가 없음에도 영어단어장을 만들어 학습하는 사람, 방학 때마다 그림, 노래, 춤, 그리고 고전, 문화 등을 학습하는 교장이나 교감선생님이 바로 창의적인 태도를 솔선수범하고 있는 리더인 것이다. 어느 학교에서 새로운 교수법을 시도하고 있거나 새로운 학습방법을 도입했다는 이야기만 들으면 직접 가 보거나 자료를 찾아보는 교사 역시 창의적인 태도를 보이는 사람들이다.

창의는 모방과 편집력

마산에 육일약국이 문을 열었다. 1983년의 일이다. 서울대학교 약대를 나온 김성오 씨는 돈을 벌어야 하겠기에 군을 제대하고 바로 고향 마산에서 약국을 열었다. 그는 사업비용으로 빌린 600만 원을 가지고 약국 허가를 받으려면 필요한 최소면적인 4.5평으로 작은 약국을 꾸렸다. 그것도 달동네라고 할 수 있는 도방동에. 그러니까 바닥에서 시작한 것이다. 그런데 이름이 왜 '육일약국'일까? 김성오 씨는 기독교신자라서 육일만 일을 하고 일요일은 문을 닫아야 하는데 아예 처음부터 그것을 알리자는 취지였다.[5]

김성오 씨는 26세의 나이에 조그만 약국을 운영하고 있었지만, 누가 뭐하냐고 물으면 "약국 경영을 한다."고 이야기했다. 약국 경영은 "약국 한다." "약국 운영한다."는 말과 사뭇 다른 뜻으로 여겨졌다. 약사들도 많이 거느린 큰 약국이라고 사람들은 생각했다. 그리고 김성오 씨 스스로도 그렇게 생각했다. 그는 이 점 이외에도 여러 가지 특이한 행동을 했다. 마산역에서 택시를 타고서는 택시기사가 "어디 가세요?" 물으면, 다짜고짜 "육일약국 갑시다."고 이야기했다. 택시기사들이 달동네의 조그만 신설 약국을 알 턱이 없었다. 그래도 그는 무조건 육일약국 가자고 했고, 육일약국을 찾아오는 사람들에게 일단 택시를 타고 무조건 "육일약국 갑시다."라고 말하라고 했다. 그리고 기사들이 모르면, 육일약국을 가르쳐 주라 했다. 한 사람 두 사람 육일약국을 찾는 사람들이 늘어나자 택시 기사들 사이에서는 "이거 육일약국을 나만 모르는 거 아냐?" 하면서 서로 물어 가며 육일약국을 익히기 시작했다. 이 모든 것이 김성오 씨의 계산된 홍보전략이었다. 택시기사들이 육일약국으로 손님을 모셔 오면 약국에서는 모른 체하지 않았다. 드링크라도 한 병 건네고 잔돈도 거슬러 주곤 했다.

육일약국의 혁신

하루는 김성오 씨가 마을 언덕에 올라갔는데 자기 약국이 눈에 잘 띄지 않았다. 그래서 불을 훤하게 밝혀야겠다고 생각했다. 6개였던 형광등을 20개로 늘려 버렸다. 마치 오징어 배처럼 밝아진 육일약국은 점점 마을의 명소가 되어 갔다. 동네를 찾아오는 손님들이 육일약국에 와서 길을 묻거나 사람을 찾는 경우가 잦았다. 그때마다 약국 일을 제치고 사람들을 안내해 드렸다. 전화가 귀할 때라 동네 사람들이 약국 전화를 빌려 쓰러 왔다. 그때마다 싫다 내색하지 않고 마음대로 쓰게 했다.

한번은 시내 호텔에 가게 되었는데 호텔 입구에 회전문이 설치되어 있지 않은가. 김성오 씨는 이거다 싶어 육일약국에도 이걸 설치해야겠다고 생각했다. 조그만 약국에 큰 회전문이 어울리지는 않았지만 동네 사람들의 관심을 끄는 데는 그보다 좋은 게 없었다. 이런저런 이유로 육일약국은 동네의 중심이 되었고, 마산에서 유명해졌다. 당연히 약국 수입이 늘 수밖에 없었다. 그래서 마산역으로 진출했다. 또 김성오 씨는 메가스터디의 온라인 교육 사업 쪽으로 전업을 하여 거기서도 큰 성공을 거두었다.

달동네의 조그만 약국에서 무슨 혁신이 있고, 무슨 창의가 필요할까 생각하기 쉬운데 김성오 씨 스토리를 듣다 보면 혀가 내둘러진다. 신출귀몰이랄까. '뭐, 이런 사람이 다 있어.' 하는 생각이 든다. 사실 그가 한 일이 특별할 거 없다. 요술을 부린 것도 아니고 세상에 없는 것을 만들어 낸 것도 아니고, 그저 남이 하는 것을 흉내 내고 다른 데 있는 것을 베껴 오고, 남들은 생각만 하고 있는 것을 실천한 것밖에 없다.

바로 그것이 창의고 혁신이다. 세상에 없는 것을 만들고, 없는 것을 하는 것이 아니라, 있는 것을 다른 데 옮기거나 멀리 떨어져 있는 것을 서로 연결하는 것이다. 경제의 핵심은 창조적 파괴라고 주장한 조셉 슘페터(Joseph Schumpeter) 교수는 혁신은 "이미 있는 것을 새롭게 조합하는 것(novel combination of existing things)"이라고 했다. 모방하고 편집하는 것이다.

모방이 창의적이려면

저 사람이 만든 포도즙 짜는 기계를 내가 모방하여 그대로 만들면 표절이고 범죄행위인데, 그 방법을 모방하여 인쇄기를 만들면 창조적인 혁신이 되는 것이다. 정육점에서 줄에 고기 몸통을 걸어 놓고 줄을 당겨 가며 순차적으로 부위를 도려내는 방식을 내가 그대로 하면 표절이지만, 그걸 자동차 공장에 응용하여 컨베이어벨트 시스템을 만들면 위대한 창조가 되는 것이다. 21세기 창의적 인물의 대표라고 할 수 있는 스티브 잡스도 모방의 천재라고 평가되고 있다. 다만, 같은 데서가 아니라 다른 데서 베끼고 외형이 아니라 원리를 모방하고 새롭게 꾸며 냈던 것이다.

『창조가 쉬워지는 모방의 힘』이라는 책을 펴낸 김남국은 모방을 네 가지로 나눈다.[6] 우선 무엇을 모방하느냐에 따라 표면의 형태를 모방하느냐, 내면

적용 대상

		같은 맥락	다른 맥락
모방 대상	이면의 원리	원리형 모방	창조적 모방
	표면의 양상	복제형 모방	이식형 모방

[그림 3-1] 모방의 네 가지 유형

* 출처: 김남국(2012). 창조가 쉬워지는 모방의 힘. 경기: 위즈덤하우스. p. 29.

의 원리를 모방하느냐 둘로 나누고, 모방해서 어디에 적용하느냐 하는 적용 대상을 같은 맥락인가 다른 맥락인가로 나눈다. 그렇게 하면 모방이 다음 그림과 같은 네 가지 유형으로 나뉜다. 네 가지 유형이 장단점이 있고 다 쓸모가 있다. 기업에서 똑같은 물건을 짝퉁으로 만들어 판다거나, 남의 논문을 그대로 베끼는 '복제형 모방'은 안 되겠지만, 아이들을 교육할 때나 예능교육이나 스포츠 선수를 훈련시킬 때는 매우 유용하다. 표면의 형태를 그대로 가져와서 다른 곳에 쓰는 '이식형 모방'도 지적재산권 침해 우려가 있어 조심해야 하지만, 잘만 하면 큰 도약이 될 수 있다. 손톱과 발톱을 치장하는 네일아트는 치과에서 쓰던 재료나 방식을 거의 그대로 옮긴 것이라 한다.

외형 모방과 원리 모방

외형을 모방하는 것보다 내재되어 있는 원리를 모방하는 것은 한 수 위라고 할 수 있다. 타사의 제품 디자인 원리를 우리 회사에 응용하되 단계를 조금 달리하고, 양식도 바꾸면 좋을 것이다. 더 좋은 것은 '창조적 모방'이다. 백화점에서 상품을 주문하고 재고관리하는 것을 보고 그 원리를 이용하여

◆ 창의성에 관한 명언

1. 파블로 피카소(1881~1973): 화가
   아이들은 누구나 예술가이다. 문제는 성인이 되어도, 예술가로 있을 수 있는지 여부이다.

2. 살바도르 달리(1904~1989): 화가
   완벽에 안달을 부리지 마라. 어차피 완벽하게 그릴 수는 없으니까.

3. 조지 버나드 쇼(1856~1950): 극작가
   당신은 존재하는 것을 보고 "왜 이렇지?"라고 묻지만, 나는 존재하지 않는 것을 꿈꾸며 "왜 없지?"라고 말한다.

4. 볼테르(1694~1778): 철학자, 작가
   독창성은 사려 깊은 모방에 지나지 않는다.

5. 도나텔라 베르사체(1955~):
   패션 디자이너
   창의는 아이디어의 충돌에서 생긴다.

6. 레이 브래드버리(1920~2012):
   소설가(공상소설, 미스터리)
   머리로 생각하지 마라. 생각은 창조의 적
   이다. 그것은 뒤죽박죽일 수도 있는 자기
   의식에서 나온다. 노력해서 되는 게 아니
   다. 하지 않으면 안 되는 그것을 해라.

7. 스티브 잡스(1955~2011):
   애플의 창업자
   창의력은 사물을 연결하는 것일 뿐이다.
   창의적인 사람들에게 어떻게 그 일을 해
   냈느냐고 물어보면, 그들은 다소 죄책감
   을 느낄 것이다. 그들이 실제로 해냈다
   기보다는 그냥 뭔가를 본 것에 지나지
   않기 때문이다. 그들은 거기서 명확한
   무엇을 찾은 사람들이다.

8. 세실 데밀(1881~1959): 영화감독
   창의력은 마약과 같다. 나는 그것 없이
   는 살 수 없다.

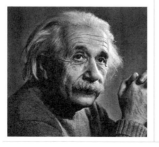

9. 알베르트 아인슈타인(1879~1955):
   물리학자
   창의력은 감염되는 것이다. 전파시켜라.

공장에서 무재고 적기주문방식(just-in-time)으로 발전시키는 것은 창조적 모방이다. 뷔페 식당에서 일정액을 내면 마음껏 먹을 수 있게 하는 것을 보고, 농장 주인이 자신의 농장을 찾는 손님들에게 일정액을 내면 과일을 마음대로 따먹을 수 있게 한다든지, 놀이동산에서 1일권을 사면 하루 종일 마음대로 놀이 기구를 이용하게 하는 것은 모두 '창조형 모방'에 속한다.

  자유로운 교수직을 버리고 더 자유로운 지식인이 된 심리학자 김정운 박사는 "창조는 편집이다."라고 주장한다.[7] 편집이란 곧 있는 것을 달리 제시하는 것을 말한다. 꽃이 피는 봄날의 모습을 영상에 담으면 아름답다. 그러나 그 모습을 멀리서 찍느냐 가까이서 찍느냐에 따라 느낌이 달라지고, 가치가 달라진다. 게다가 그 영상에 비발디의 〈사계〉 중 봄을 배경음악으로 깔아주면 그야말로 '끝내주는' 다큐가 될 것이다. 일본은 세 가지 문자를 쓴다. 한자, 히라가나, 가타가나가 그것이다. 중국이나 한국에서 온 말은 한자로, 일본에서 생긴 말은 히라가나로, 서구에서 온 말은 가타가나로 쓴다. 이런 것을 김 박사는 편집이라고 한다. 하기는 위대한 창조물이라고 하는 한글도 천지의 원리와 입 모양을 모방해서 편집한 것이라고 할 수 있을 것이다.

관심과 열정으로 리드하라

  창의적이기 위해서는 "새로운 것을 만들어야 한다."라는 강박관념에서 벗어나야 한다. "모방하고 편집하면 된다."라고 가볍게 생각하면 된다. 문제는 관심과 열정이다. 창의나 창조가 문제가 아니라, 일을 더 잘해 보고자 하는 욕심, 더 좋은 세상을 만들어 보고자 하는 열정이 문제인 것이다. 아이들을 잘 가르치고 싶고 그 열정이 강한 사람은 잘 가르치기 위해 뭔가를 해 보게 마련이다. 여기저기서 좋은 방법을 찾아볼 것이고, 뭔가를 모방하고 또 시도할 것이다. 고객을 감동시키고 싶은 사람은 가는 곳마다 고객 관련 이야깃거

리요, 보는 것마다 응용거리다. 관심도 없고 열정도 없으면 보이는 것도 없고 모방할 것도 또 편집할 것도 없다.

리더가 모범을 보이고 솔선수범한다는 것은 멋진 창의성으로 상대를 압도하는 것이 아니라, 구성원들이 공감하고 있는 비전과 미션에 관심을 가지고 열정을 보이는 것이다. 이범희 교장선생님처럼 아이들을 사랑하는 마음을 교문에서 보이는 것이고, 박태준 회장처럼 국가적인 사업을 성공시키겠다는 의지를 다른 사람과 함께 나누는 것이다. 김성오 사장처럼 우리 약국에 뭐 해 볼 건 없나 하고 계속 찾아보는 것이다. 이미 이야기했던 창의적인 태도가 바로 그런 것이다. 창의적인 태도란 결국 '자신의 일을 더 잘해 보려는 마음가짐'이다. 우리나라 재벌기업의 창업자나 회장들이 창의성을 높이기 위해 고민했다는 이야기는 별로 들어 본 적이 없다. 그러나 그들은 '더 좋은 물건을 더 싸게 만들어서 적기에 시장에 내놓으려고' 노력했다는 이야기는 무지 많이 들었다.

전화기를 발명한 벨은 농아학교 교사였다

전화기를 발명하고, 전화회사인 미국 AT&T를 창업한 알렉산더 그레이엄 벨(Alexander Graham Bell)은 엔지니어가 아니라 농아학교 교사였다. 청각장애아를 위한 발성교사로 일하던 그는 소리를 듣지 못하는 아이들을 안타깝게 생각하다 보니 귀를 연구하게 되었고 그러다 보니 전화기까지 발명하게 된 것이다. 미키마우스 만화와 디즈니랜드를 만든 월트 디즈니(Walt Disney) 역시 아이들에게 웃음을 주는 것을 좋아했고, 자신이 그린 만화를 보고 좋아하는 조카들을 생각하면서 애니메이션까지 만들게 되었다.

부산 연지동에서 크림을 만들기 시작한 럭키(지금의 LG 그룹)는 크림을 담을 통이 필요해서 플라스틱 사업을 하게 되었고, 플라스틱 사업을 하다 보니 칫솔도 만들고 치약도 만들게 되었다. 그러나 창업자 구인회(현 구본무 LG 회장의 할아버지) 회장은 본인이 앞서서 아이디어를 내고 사업을 개척하는 스타일이 아니었다. 그는 항상 사람들을 만나면 붙들고 대화하고 물어보고 새로운 것에 대한 힌트를 얻곤 했다. 그러니 사람들은 또 구인회 회장을 만나 이야기해 주기를 좋아했다.[8]

라디오는 플라스틱 제품?

한번은 독일 사람과 접촉이 많은 한 임원이 LP레코드 이야기를 했다. 이 LP레코드에서 나오는 음악은 웅장하고 마치 눈앞에서 오케스트라가 공연하는 것을 듣는 기분을 만들어 주었다.

"그것을 전자공업이라고 하던가?"

"그렇게 부르던데요."

"전자공업…… 될까?"

"제 생각에는 될 것 같습니다. 잘 하면 라디오도 만들 수 있을 겁니다."

"라디오? 피엑스(PX)를 통해 일제다 미제다 닥치는 대로 들여오는데 경쟁이 되나?"

"처음엔 고생하겠지만 만들기 나름이죠. 치약과 마찬가지로 선진국의 기술을 도입하면 안 되겠습니까."

"플라스틱 사업을 하고 있으니까요. 외형은 간단히 될 거고요! 공장기계도 어지간히 갖추어졌으니 내부도 웬만하면 될 겁니다."

구인회 회장과 임원은 이런 대화를 나누었다. 일설에 의하면, "라디오라는 것이 뭡니까? 플라스틱 통 아닙니까? 플라스틱 통 속에 다른 물건이 좀 들어간 건데 플라스틱은 우리 전문이고…… 라디오 사업을 우리가 못할 게 뭐 있습니까?" 하고 임원이 구회장을 설득했다 한다. 이렇게 하여 금성사(현재의 LG전자)가 세워지고 독일인 기술자를 데려와 1959년 최초의 진공관식 국산

라디오 조립품이 시장에 나오게 되었다.

LG의 창업자 구인회 회장이야말로 관심과 열정으로 창의를 보인 대표적 인물이 아닌가 싶다. 본인 스스로 그렇게 이야기했다. "내가 특별히 만든 것이 없다." "나는 기업가라면 갖추어야 할 창의성이 없는 사람이다." 그러나 그는 관심을 기울이고 의문을 던지고, 아이디어를 수용하고, 위험을 안아 주는 한 수 위의 창의성을 발휘한 인물이었다.

창의적 인재인가, 창의적 행동인가

미국 스탠포드 경영대학 교수였던 짐 콜린스(Jim Collins)와 제리 포라스(Jerry Porras)는 기업 중에서 정말 훌륭한 기업, Best 중에서도 Best인 기업을 찾아 연구하고 그들의 특징을 여덟 가지로 정리하여 『Built to Last』라는 책을 냈다.[9] 우리나라 번역본은 『성공하는 기업들의 8가지 습관』이라는 제목이지만, 원제를 그대로 살려 본다면 '창업과 수성' 또는 '창업에서 수성으로' 쯤 될 것 같다.

기라성 같은 기업들의 주옥 같은 성공담을 저자들이 전파하고 다니는데 한 세미나에서 강의를 들은 참가자가 이런 질문을 하는 것이었다.

당신들이 쓴 회사들은 대부분 항상 위대한 기업들이었습니다. 그들은 좋은 회사에서 위대한 회사로 전환시킬 필요가 없는 기업들이었어요. 그들에겐 처음부터 기업의 위대한 형질을 만든 데이비드 패커드(David Packard, HP의 창업자)나 조지 머크(George Merck, 제약회사 Merk의 창업자) 같은 대부들이 있었습니다. 하지만 도중에 정신을 차리고 보니 자기네가 좋은 회사이긴 하지만 위대한 회사는 아니라는 사실을 깨달은 대다수 기업은 어떡하죠?[10]

심지어 그 참가자는 그래서 『Built to Last』의 교훈은 쓸모가 없는 것이라고 까지 혹평했다. 이 이야기를 들은 콜린스 교수는 바로 다음 연구에 착수하였다. 과거 15년 동안 업계 평균 정도의 성과밖에 거두지 못하던 기업이 어느 순간 전환을 이루어 그 후 15년간 업계 3배 이상의 탁월한 성과를 기록한 기업을 찾아 연구하기 시작했다. 그리고 그들의 특징을 다른 회사와 비교하여 일곱 가지로 정리하여 책으로 발표했다. 그 책이 바로 그 유명한 『좋은 기업을 넘어 위대한 기업으로(Good to Great)』이다.[11]

　『좋은 기업을 넘어 위대한 기업으로』의 일곱 가지 특징 중 특히 주목을 끄는 것이 1번과 2번이다. 1번은 리더십에 관한 것인데, 전환에 성공한 기업은 '겸손한 리더'를 가졌다는 것이다. 물론 어느 조직이나 성공하려면 좋은 리더가 있어야 하지만, 리더의 겸양성을 강조한 것은 다소 뜻밖이다. 이야기인즉 슨 리더가 개인의 영달을 꾀하지 않고 조직을 위해 헌신한다는 것이다. 말하자면, 리더가 너무 유명해지면 리더 개인에게는 좋을지 모르지만 조직에는 그리 이득이 안 된다는 것이다. 특히 화려한 성공을 거두었다고 언론에 많이

◆ 보통의 기업에서 탁월한 기업으로 전환에 성공한 기업들의 특성

1. 의지와 겸양을 갖춘 단계 5의 리더십
2. 사람 먼저, 사업은 나중
3. 신념은 견지하되 현실을 직시함
4. 고슴도치 콘셉트(최고가 될 수 있고, 열정을 가지고 할 수 있고, 이익이 될 수 있는 분야에 집중하기)
5. 규율이 있는 문화
6. 기술의 가속화
7. 역량의 선순환

* 출처: Collins, J. (2002). 좋은 기업을 넘어 위대한 기업으로(이무열 역). 서울: 김영사.

보도되고 외부 특강도 많이 다니며, 대외 감투도 많이 쓴 리더가 그 조직을 떠나고 나면 조직에는 후유증이 남고, 결국 리더를 위해 조직이 이용당했다고 생각이 드는 경우도 많다는 것이다. 새겨들어야 할 대목이 아닌가 생각한다.

사람 먼저, 사업은 나중

두 번째는 위대한 기업은 사업을 먼저 생각하고 사람을 챙기는 것이 아니라 그 반대라는 것이다. 이것도 일반 상식을 뒤집는 이야기다. 회사가 바이오 사업을 한다면 그에 맞는 사람을 뽑아야 하고 중국 비즈니스를 염두에 둔다면 그에 맞는 인재를 채용해야 할 것이다. 그런데 훌륭한 기업은 "행선지를 정하지 않은 채 사람을 버스에 먼저 태우고, 그리고 사람들과 의논하여 행선지를 정한다."는 것이다. 물론 사람도 아무나 버스에 태우는 것은 아니다. 좋은 사람, 옳은 사람, 적합한 사람(right person)을 태워야 하는데 다시 말하면, 사람의 지식이나 기능도 중요하지만 그보다는 기본 자질과 인성을 중시하고, 그런 사람을 애절하게 갈구하며 욕심나는 좋은 사람이 있으면 일에 필요한지를 따지지 않고 뽑는다는 이야기다. 하기야 요즘같이 변화가 많은 시대에 조직의 업무를 어떻게 정확히 알아서 그에 맞는 사람을 뽑을 수 있겠는가. 또 하던 업무가 달라지면 어떻게 할 것인가. 전략을 미리 짜고 다른 것을 거기에 맞춘다(structure follows strategy)는 낡은 격언이 되고 있다.

건설구조 설계소프트웨어로 세계적인 기업을 일군 이형우 사장도 이렇게 이야기한다.

나는 필요해서 사람을 뽑아 달라고 하는 것을 싫어한다. 필요하지 않으면 어떻게 할 것인가. 요즘 같은 세상에 일은 계속 바뀌고 필요한 인재의 스펙도 계속 달라지는데, 거기에 맞추어 인재를 관리하면 사람을 확보하는 일보다 내보내는 데 더 신경을 써야 할 것이다. 사람이 좋아서, 사람을 놓치기

아까워서 뽑아 달라고 하면 뽑아 준다.[12]

그래서 구글이나 애플 같은 앞서가는 기업들 그리고 맥킨지, 베인앤컴퍼니 등 세계적인 컨설팅 회사들은 인재확보에 혈안이 되어 있다. 그래서 인재전쟁(war for talent)이라고까지 말하지 않는가.

창의적인 인재란

그러면 창의적인 리더는 어떻게 해야 하는가. 한마디로 창의적인 인재에 관심을 가져야 하고, 그런 인재에 욕심이 많아야 한다. 그런데 원한다고 마음대로 인재를 채용할 수 없는 경우가 많다. 공공기관이나 학교는 물론이고, 사기업이라고 할지라고 한계가 있다. 또 조직 내부에서 어떤 일을 맡았을 때 필요한 사람으로만 어떻게 팀을 꾸릴 수 있겠는가. 그런데 그보다 더 큰 문제는 창의적 인재가 "나 창의적 인재요." 하고 이마에 써 붙이고 다니지 않는다는 것이다. 창의적인 사람이 따로 있는 것도 아니다. 인간의 창의성은 무한할 뿐만 아니라, 모든 사람이 창의적일 수 있다.

사람을 다룰 때 분류하고 그룹핑를 할 때는 조심해야 한다. A는 미국 사람이고, B는 중국 사람이라고 분류를 하면, 일단 고정관념으로 사람을 판단하고 대하게 된다. 마찬가지로 C는 이과생이고, D는 문과생이라고 하면 또 그렇게 대한다. 같은 맥락에서 누구는 창의적인 인재이고 누구는 창의성이 없는 사람이고 분류하는 것은 위험천만한 일이다. 사람이 한 번 실수로 살인을 했다 하자. 그 사람을 보통 '살인자'라 부른다. 그렇게 부르는 순간 사실은 살인을 어쩌다 한 번 하게 되었을 뿐인데, 그 사람은 '살인만 하는 사람으로' 인식되게 되는 것이다.

'창의적 인재'는 없다. 어떤 사람이 창의성을 발휘했고 또 창의적으로 문제를 해결하고 있는 것이다. 마찬가지로 '창의성이 없는 인재'도 없다. 그래서 리더는 사람들을 분류하여 낙인을 찍지 말고 대신 사람들의 태도나 행동에 관심을 보여야 한다. 평소 창의적이지 않게 보이는 사람이라도 그들의 창의적인 행동을 일부러 찾아 주고, 발견된 행동에 대해서는 적극적으로 반응해 주어야 한다. 사실 별로 창의적으로 일을 한 것도 아닌데 누구는 '창의적인 인재'가 되어 대우를 받고, 모처럼 힘들게 그리고 멋있게 창의적인 일을 했는데도 '창의적인 인재'가 아니라서 관심을 덜 받게 되면 안 된다.

창의적인 행동에는 항상 실수가 따르고 위험이 수반된다. 창의적인 행동을 하다가 실수를 한 경우는 관용을 베풀어야 한다. 평소에는 창의성을 강조하면서도 무슨 실수라도 하면 불호령을 내리는 리더는 사실상 창의성에 가치를 부여하지 않는 것이다. 어떤 사람은 결과가 창의적으로 잘 마무리되었는데도 사전에 보고를 안 했다느니 절차가 잘못되었다느니 하면서 트집을 잡는 사람도 있다. 이것도 창의성을 망치는 일이다.

창의적인 리더가 어떻게 모범을 보여야 하는지 정리해 보자.

1. 창의적 태도를 보이라.
   스스로 창의성을 보이되, 새롭고 대단한 것을 찾으려 하지 말고 다른 곳에서 하고 있는 좋은 것을 모방하고, 재편집하고 다양하게 시도하는 노력을 하라.
2. 비전과 미션에 관심을 보이고 솔선수범하라.
   창의성보다 중요한 것은 일과 조직에 대한 관심과 애정이다. 공유하고 있는 비전이나 미션에 남다른 관심과 애정을 보이라.
3. 창의적인 행동을 발굴하고 격려하는 데 모범을 보이라.
   창의적이고 자질이 좋은 인재에 욕심을 보이라. 그러나 창의적인 인재가 중요한 것이 아니라 창의적인 태도와 행동이 중요하다. 창의적인 태도와 행동에 리더가 관심을 더 보이고 격려하라.

3. 진정성이 핵심이다

6남매를 모두 하버드대학교에 보낸 어머니

첫째는 딸 고경신. 하버드대를 졸업하고 MIT에서 이학박사를 받고 우리 나라 중앙대에서 교수로 재직.

둘째는 아들 고경주. 예일대 의대를 졸업하고 매사추세츠 주 보건후생부 장관을 지낸 뒤 하버드 공공보건대학원 부학장을 거쳐 오바마 행정부의 보 건부 차관 역임.

셋째는 아들 고동주. 하버드대를 졸업한 후 하버드대와 MIT에서 공동으 로 의학박사와 철학박사 학위를 취득하고 의사로 활동.

넷째는 아들 고홍주. 하버드대를 졸업 후 영국 옥스퍼드대로 유학을 다 녀와 하버드 로스쿨 법학 박사학위를 받고 예일대 로스쿨 학장 역임.

다섯째는 딸 고경은. 하버드대에서 법학박사 학위를 받고, 유색인종으로 는 최초로 예일대 로스쿨에서 석좌 임상교수로 재직.

여섯째는 아들 고정주. 하버드대 사회학과를 우등으로 졸업하고 미술로 전공을 바꿔 보스턴 뮤지엄 미대와 뉴욕 비주얼 아트 대학에서 미술석사학 위 취득 후 미술가로 활동.

이 정도 되면 한국인 부모로서는 침을 질질 흘릴 지경이다. 자식 하나만 하버드대에 보내도 부러워 죽겠는데 6명 모두를 보냈으니 말이다. 이들의 아버지 고광림 씨와 어머니 전혜성 씨는 미국 유학시절에 만나 가난한 부부 로서 자식들을 이렇게 훌륭하게 키워 냈다. 그들의 교육법을 어머니 전혜성 씨는 '진정성 리더십(authentic leadership)'이라고 했다.[13]

아이들을 가르치기 이전에 '부모가 먼저 바로 서라'는 것이다. 전혜성 씨는 부모 스스로 가치관을 분명히 정립해야 한다고 이야기한다. "인생이란 무엇이고, 나는 누구이고, 어떻게 살아야 하는가에 대한 답이 없는데 어떻게 아이들을 가르친단 말인가." 전혜성 여사는 부모는 단순히 양육자가 아니라 바로 리더여야 한다고 이야기한다.

> 우리 부부는 아이들이 이국땅에서 자신이 한국인이라는 것을 잊지 않는 사람으로 자라기를 원했고, 무엇보다 남에게 존중받는 사람으로 인정받기를 바랐다. 그랬기에 고학생 신분이었던 우리 부부는 아이들에게 물질적으로 부유해지기 위한 노력을 보이기보다는 '우리는 왜 살고 있으며, 무엇을 해야 하는가? 내가 지닌 능력을 가지고 이 사회를 위해 어떻게 쓸 것인가?'라는 물음에 치열하게 고민하는 모습을 보여 주며 살았다.[14]

부모의 진정성 리더십

전혜성 여사의 진정성 리더십을 좀 더 풀면 네 가지로 정리된다. 첫째, 부모의 인생부터 제대로 세워라. 둘째, 아이에게 공부를 가르치기보다는 인생관을 세워 줄 수 있어야 한다. 셋째, 재주가 덕을 앞서지 않아야 한다. 마지막으로 세계적인 안목을 키울 수 있게 도와주어야 한다.

구구절절 공감이 간다. 그런데 세 번째 '재주가 덕을 앞서지 않아야 한다.'는 것은 별로 못 들어 본 이야기이고 좀 특이하게 여겨진다. 전 여사는 이 대목을 이렇게 설명한다.

> 통합심을 가지고 서로 상극되는 힘을 조화시키고, 인간관계를 돈독히 해야 한다. 인정을 가지고 약자를 도울 줄 알아야 한다.[15]

사회지도자들이 정말 새겨들어야 할 내용이 아닌가 생각한다. 사회지도자

◆ 뚜렷한 가치관

리더는 가치관이 뚜렷해야 한다. 한편에서는 개인적인 가치관도 뚜렷해야 하고 다른 한편에선 자신이 소속되어 있는 조직의 가치관에 대해서도 뚜렷한 소신을 가지고 있어야 한다. 그런데 이 두 가치관 중 어떤 것이 더 중요할까? 리더십 연구가인 제임스 쿠지즈(James Kouzes)와 배리 포스너(Barry Posner)는 경영자들을 대상으로 개인적 가치관과 조직적 가치관의 명확도를 물었다. 그리고 그들의 조직에 대한 몰입도도 물었다.

개인적 가치관과 조직적 가치관 둘 다 높은 관리자가 몰입도가 가장 높았다(7점 척도에서 6.26). 둘 다 낮은 쪽은 물론 몰입도도 낮았다(7점 척도에서 4.90). 그런데 어느 한쪽만 높은 경우가 흥미로웠다. 조직적 가치관의 명확도만 높은 경우는 몰입도가 별로 높지 않았다. 조직적 가치관의 명확도가 낮더라도 개인적 가치관의 명확도가 높은 경우는 둘 다 높은 경우보다는 다소 못하지만 그래도 매우 높은 몰입도를 보였다(7점 척도에서 6.12). 같은 조사를 1980년에도 하고 또 20년 후, 2000년에도 실시했는데 거의 같은 결과를 얻었다. 개인적 가치관의 중요성을 보여 주는 연구이다.[16]

조직적 가치관의 명확도		개인적 가치관의 명확도	
		낮음	높음
높음		4.87	6.26
낮음		4.90	6.12

가치관의 명확도와 몰입도 간의 관계

* 출처: Kouzes, J., & Posner, B. Z. (2012). *Leadership Challenge*(5th ed.). San Francisco, CA: Jossey-Bass.

중에는 재주가 많은 사람이 많다. 법률전문가, 회계전문가, 의사, 과학자, 엔지니어도 많다. 그런데 그 재주꾼들이 덕이 없으면 어떻게 되겠는가. 그들의 법률 지식과 의료지식과 과학지식을 어디에 쓰게 될 것인가. 칼을 잘 쓰는 칼잡이는 덕이 없으면 그 칼솜씨를 사람을 살리는 데 쓰지 않고 사람을 죽이는 데 쓰게 될 것이다. 덕이 없으면 재주라도 없어야 하는데, 덕 없는 재주꾼들이 많아서 사회가 어지럽다. 사람이 덕으로 살아야지 재주로 살면 안 될 것 같다. 사람이 마음이 앞서고 자신이 가진 재주를 부려야 할 터인데 반대로 재주가 앞서고는 자신의 마음을 부리는 경우가 많다.

전혜성 씨는 자녀 교육에 대해 진정성 리더십을 이야기했지만 그것을 그대로 사회에 확대시킬 수 있을 것 같다.

진정성

학생이 시험에서 부정행위를 하다가 적발되었는데 '잘못했다'고 이야기하는 것이 영 시원치 않다. 자세도 그렇고 목소리도 그렇다. '진정성'이 의심스러운 것이다. 진정성이란 진짜의 마음을 표현하거나 실천하는가의 문제다. 사과를 하는데 진짜로 본인이 잘못했다고 생각하고 사과를 하면 그것은 진정성이 있는 것인데, 속으로는 그렇게 생각하지 않으면서 당장의 위기를 모면하기 위해서, 또는 다른 사람이 그렇게 하라고 자꾸 얘기하니까 마지못해서 하는 것은 진정성이 없는 것이다.

선거철이 되면 후보자가 저마다 주민을 위해 좋은 일을 하겠다고 공약을 내걸고 허리를 굽신거린다. 상품광고를 보면 자신의 제품이 최고이고 저마다 고객에게 기쁨과 행복을 준다고 자랑한다. 또 독지가는 자신의 귀한 재산을 사회에 기부하고 장학재단을 만든다. '좋은 일'이 넘쳐 나고 있는 시대이다. 그런데 우리는 묻는다. "진짜인가?" "진정으로?" 광고, 선전과 사회공헌

활동이 늘어날수록 진정성도 문제가 되고 있다. 사실이 아닌 걸 사실로 이야기 하기도 하고 다른 목적이 있는데 선행으로 포장하기도 한다.

리더십도 마찬가지다. 리더십에 대한 연구가 깊어지고 또 다양한 리더십 유형이 나오다 보니 저마다 좋은 리더십을 발휘하겠다고 한다. 누구는 케네디(Kennedy) 대통령 같은 비전추구(visionary) 리더십을 발휘하겠다 하고, 누구는 마하트마 간디(Mahatma Gandhi) 같은 서번트(servant) 리더십을 발휘하겠다 하고, 누구는 세종대왕 같은 변혁적(transforming) 리더십을 발휘하겠다 하고, 누구는 이순신 장군 같은 희생적(sacrificing) 리더십을 발휘하겠다 한다. 요즘 젊은이들은 유재석 같은 '조용한 카리스마 리더십'을 발휘하겠다고 한다. 우리는 여기에서도 묻는다. "진정인가?"

광고도 사회봉사도 진정성이 있어야 효과가 있는 것이고 리더십도 진정성이 있어야 한다. 리더가 창의적인 리더십을 발휘하고 또 비전과 미션에 부합하도록 노력한다고 하더라도 그것이 진정성이 없다면 효과를 발휘할 수 없다. 구성원들은 신뢰를 보내지 않으며 그의 이야기나 요구를 따르지 않을 것이다. 겉으로 성의를 보일지는 몰라도 속으로 정성은 기울이지 않을 것이다.

진정성은 어디에서 나올까

요즘은 육아법에 대한 책도 많이 나오고 미디어에서도 다양한 지식을 공급해 준다. 국민의 학력도 높아졌다. 그래서 젊은 엄마들이 육아에 대해서도 많은 지식을 가지고 있다. 거기에 비하면 옛날 엄마들은 배운 것도 아는 것도 많지 않았다. 그러나 그런 옛날 엄마들의 육아가 요즘 젊은 엄마들의 육아보다도 못하다고 하기 힘들다. 진정성을 비교해 보면 그렇다. 서투른 기법과 부족한 지식을 가졌지만 옛날 엄마들은 자식을 사랑하는 마음이 순수하고, 훌륭한 사람이 되어야 한다는 단순하고 진정 어린 마음이 넘쳐 났다. 그런 진정 어린 마음에서 요즘 엄마들이 옛날 엄마들을 이기기 어려울 것이다.

◆ 진정성 리더의 조건

1. 내 스스로 거짓이 없다.
2. 내가 싫은 건 남에게도 요구하지 않는다.
3. 사익을 취하지 않는다.
4. 남이 알아주지 않아도 스스로 기꺼이 한다.
5. 지속적으로 일관성 있게 한다.

그것이 바로 진정성의 효과인 것이다.

리더는 기법과 이론으로 사람을 이끄는 것이 아니다. 진정성으로 이끌어야 한다. 스스로 거짓이 없어야 하며, 네가 싫은 것을 남에게 시켜서는 안 된다. 어려운 것이 있으면 나부터 해야 하고 사익을 챙겨서도 안 된다. 교장이나 교감이 자신의 승진을 위해 억지로 업적을 내려 하거나, 직원들이 힘들게 만들어 놓은 공을 기업체 상사들이 가로채 간다면 어찌 되겠는가. 선수들이 죽어라고 뛰어 승리를 만들었는데 감독 자랑만 방송에 보도된다면 또 어찌 될까. 진정성이 있는 리더는 남이 알아주지 않아도 실행하는 리더이며, 한두 번 하는 데 그치지 않고 일관성 있게 지속적으로 밀고 나가는 리더이다.

이런 진정성은 어디서 나올까. 결국 개인의 인품이다. 갈고닦인 가치관이며 자신을 다스리는 역량이다. 이기적 욕망에 노예가 되지 않고, 사회를 위한 배려와 궁극적인 가치를 고민하는 성품인 것이다. 어느 하나에 집착하지 않고 넓게 보고 배려하는 도량인 것이다.

당신의 리더십 브랜드를 만들라

진정성 있는 리더는 완벽을 주장하지 않는다. 가짜로 멋있게 보이는 것보다 있는 그대로 최선을 다하려 하기 때문이다. 단점이 없는 사람이 어디 있으며, 실수 없는 사람이 또 어디 있겠는가. 그래서 멋있는 리더십을 겉으로 흉내 내기보다는 내가 잘할 수 있는 것을 기반으로 내 스타일을 찾고 거기서 발전을 꾀하는 것이 좋다.

　스스로 창의성에 자신이 있는 리더는 그런 스타일로 자극을 주면서 조직이나 팀을 이끌어 가는 것이 좋을 것이다. 직접 아이디어도 주고, 교육도 시키면서 진두지휘하는 것이다. 그러나 그런 능력은 떨어지지만 남의 말을 경청하고 배려하는 데 자신이 있는 리더는 소통의 리더십을 만들어 갈 수 있을 것이다. 또한 외부 인맥이 좋은 경우는 이것을 이용하여 새로운 정보를 활용하고 조직의 위상을 높일 수도 있을 것이다.

　진정성도 그렇고 스타일도 그렇고 '나 혼자 잘하면 되지.' 하는 시대는 지났다. 진정성도 결국 남이, 구성원들이 알아주어야 빛이 나는 것이고 스타일도 평판이 나야 한다. 그래서 당신의 '리더십 브랜드'를 디자인하라고 권하고 싶다. 진정성을 부각하고 아이덴티티를 살리기 위해 다소간 꾸밈이 필요하고 연출을 할 필요가 있다. 홍덕고 이범희 교장선생님의 리더십 브랜드는 뭘까? 바로 '교문 앞 스토커'이다. 바로 그거다. 스티브 잡스는 제품 발표회 때 항상 검은 터틀넥 셔츠에 청바지를 입고 나왔다. 유연하고 젊은 리더십을 상징하는 것이었다. 삼성전자 사장으로 재직했던 시절, 진대제 씨는 한때 사원들 앞에서 연설할 때면 카우보이 모자를 쓰고 나왔다. 개척정신을 강조하기 위해서였다.

　HP의 창업자 빌 휴렛(Bill Hewlett)의 사무실에는 세 가지 모자가 있었다고 한다. 직원들이 제안서를 들고 오면 '열정'이라는 모자를 쓰고 좋은 점만 보고 칭찬을 해 주었다. 그리고 얼마 후 그를 다시 사무실에 불러서는 이제는 '심사'라는 모자를 쓰고 제안의 문제점을 따져 물었다고 한다. 그 후 한 번 더 불러서는 '결정'이라는 모자를 쓰고 최종 결정을 알려 주었다고 한다. 여기서부터 시작된 '모자 리더십'이 한동안 유행하기도 했다.

　인사말을 하더라도, 건배 구호를 외치더라도, 선물을 주더라도 색깔이 있어야 하고 일관성이 있어야 한다. 당신이 자주 쓰는 단어에, 당신의 복장에 당신의 업무 공간에 당신의 브랜드를 연출하고 있는가? 물론 진정성에 바탕을 두고 말이다.

♣ **체크리스트**

1. 내가 이룩한 성과나 일 중에서 창의적이라 할 만한 것은 어떤 것이 있는가?
2. 내가 남이 제안한 아이디어를 후원하여 성과를 낸 경우는 얼마나 있는가?
3. 내가 발굴한 창의적 인재는 누구인가?
4. 나의 리더십 브랜드는 무엇인가?
5. 오늘 하루 일과를 보고 나의 진정성에 대해 직원들이 평가한다면 몇 점을 줄까?

제4장
비전, 제시가 아니라 공유이다
Visioning

어떤 학교가 되어야 하고, 어떤 교육을 해야 하며, 어떤 가치관을
가지고 살아가야 하는가를 제시한 것이 비전이다. 구성원들은 비전
을 보면서 계획하고 행동한다. 그래서 리더는 가슴을 뛰게 하면서
도 실현가능한 비전을 만들어야 하고, 보편적이면서도 차별화된 비
전을 설정해야 한다. 그러나 비전을 만드는 것보다 중요한 것은 구
성원들이 비전을 공유하고 또 비전을 지향하며 살게 하는 것이다.

1. 비전이란 무엇인가

선장 없는 배를 움직이는 힘

H중학교 전태원 교장선생님은 건강이 좋지 않아 병가를 내고 두 달 동안 학교를 비우게 되었다. 주위에서는 교장선생님의 부재로 인해 학교 운영에 어려움이 있을 것이라 예상하였다. 그러나 교장선생님이 안 계신 두 달 동안 학교 운영에는 아무런 문제가 없었다. 학교가 잘 운영될 수 있었던 것은 무엇 때문일까?

건강을 회복하고 다시 학교에 출근한 전 교장선생님은 다음과 같이 이야기하였다.

한 학교의 교장이란 한 배의 선장과 같습니다. 선장이 방향을 제시하고 안내하는 것처럼 교장은 학교가 나아가야 할 비전을 제시하고 학교 구성원들이 그 비전대로 나아갈 수 있도록 지원하는 역할을 해야 합니다. 저는 평소에 우리 학교의 비전을 교사, 학생, 학부모들과 수없이 이야기했습니다. 사실 함께 만들었고요. 우리 학교 비전은 '21세기 정보화 시대의 창의적인 도전 능력을 갖춘 자기 주도적 인재 양성'입니다. 그 결과 제가 없어도 구성원들이 혼란 없이 일을 한 것이 아닌가 생각합니다.

비전, 꿈이 담긴 목표

비전이란 한 조직의 꿈이 담긴 목표이고 구성원들이 지향해야 할 방향이다. 조직의 구성원들은 서로 다른 위치에서 다른 일을 한다. 그러나 구성원들이 지향하는 공통의 방향이 있어야 하고 또 공유하는 신념이나 가치관이 있어야 한다. 그렇지 않으면 그 조직은 모래성에 불과하게 될 것이고, 구성원들의 노력은 헛수고가 되고 말 것이다. 그런데 구성원들이 공유해야 할 목표가 '형식적이고 요식적'인 것이거나 단순히 '계수적'인 것이 되어서는 안 된다. 조직의 존재가치를 담는 것이어야 하고, 구성원들이 기꺼이 헌신할 수 있는 의미 있는 것이어야 한다. 리더는 바로 이러한 비전을 만들고 그것을 구성원들과 공유해야 한다.

다른 조직도 마찬가지이지만, 학교는 새 학년도가 시작하기 전에 학사일정을 계획하고, 예산을 편성하고, 학교운영 및 수업계획을 세운다. 계획수립을 하는 것이다. 제2장에서 이야기한 바와 같이 계획수립은 관리(management)의 필수 기능이며 시작이다. 그러나 계획수립을 철저히 했다고 해서 비전을 수립했다고 할 수는 없다. 비전은 일상적인 계획수립이 아니다. 비전은 계획수립의 전제가 되는 것이고, 더 원천적인 조직의 사명이며 미래상이다.

비전이 다르면 조직이 달라진다

우유를 제조하여 판매하는 회사가 세 군데 있다고 하자. 세 회사의 사람들이 일하는 모습이나 공장이 돌아가는 모습은 서로 비슷할 것이다. 그러나 그들이 추구하고 목표로 하는 바는 전혀 다를 수 있다. 어떤 회사는 그냥 '돈벌이(이윤추구)'를 위해 회사를 운영할 수 있고, 다른 회사는 '국민 건강'을 지상의 과제로 삼을 수 있다. 또 다른 회사는 '농촌 부흥'을 추구할 수도 있다. 이것이 조직이 추구하는 기본 방향이고 목표이다. 기본 목표의 상이함은 분명 커다란 차이를 만든다. 일하는 사람들의 관심도가 다르고, 의사결정의 방향이 달라지고 사람들의 몰입도도 다를 것이다. 그래서 10년 후, 20년 후가 되면 세 회사는 전혀 다른 회사가 되어 있을지도 모른다.

학교도 마찬가지다. 어떤 학교는 행복한 학교를 지향할 수 있고, 또 어떤 학교는 과학교육을 추구할 수 있으며, 또 다른 학교는 글로벌 교육을 표방할 수 있다. 어떤 학교는 실험정신과 창의성이 뛰어난 인재의 육성을 목표로 할 수 있고, 어떤 학교는 리더십 교육을 가장 중요시할 수 있다.

현상 유지를 하거나 점진적인 변화를 추구할 때도 물론 비전이 잘 설정되어 있으면 큰 힘이 된다. 그런데 진정한 변화를 추구하고자 할 때나 획기적인 도약이나 방향전환을 꾀할 때는 반드시 비전이 정립되어야 하고, 기존에 비전이 있다면 이를 새롭게 가다듬어야 한다.

로마대학교 부속병원의 정신과 조수로 있으면서 장애인을 처음 접한 마리아 몬테소리(Maria Montessori, 1870~1952)는 장애 아동에 대해 의학적뿐만 아니라 교육적 치료의 필요를 절감했다. 그녀는 후에 '아동은 본래 정신적으로 자기발전의 가능성을 가지고 있으며, 그렇기 때문에 교육은 아동이 자유롭게 자기표현과 자기발전을 하게 하는 것'이라는 새로운 교육비전을 정립했다. 이러한 비전으로부터 아동교육의 혁신이 일어난 것이다.

민족사관고등학교 vs. 이우학교

최명재 파스퇴르유업 회장은 우리나라가 우물 안 개구리 신세를 탈피하기 위해서는 민족정신으로 무장한 세계적인 지도자가 육성되어야 한다는 신념을 갖고 있었다. 그는 그의 사명을 토대로 육영사업에 투신하였고 '민족사관고등학교'라는 세계적으로 우수한 평가를 받는 영재학교를 설립하였다. 한편, 여러 명의 교육운동가들은 21세기에는 인간과 인간 그리고 인간과 자연이 공존하지 않으면 안 된다는 문제의식하에 '더불어 살아가는 공동체'를 만들자는 비전을 세우고 보통 아이들로 구성된 특성화학교 이우학교를 만들었다. 민족사관학교와 이우학교는 다른 비전을 갖고 있으며, 그 결과 다른 모습과 특성을 가진 학교가 되었다.

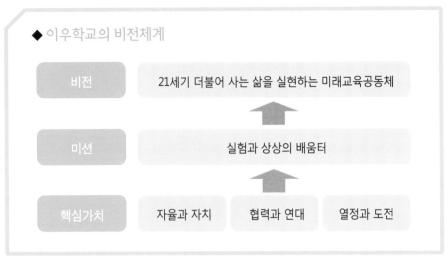

◆ 이우학교의 비전체계

| 비전 | 21세기 더불어 사는 삶을 실현하는 미래교육공동체 |

| 미션 | 실험과 상상의 배움터 |

| 핵심가치 | 자율과 자치 | 협력과 연대 | 열정과 도전 |

* 출처: 이우학교 홈페이지.

비전, 꿈, 목표

비전은 흔히 꿈이라고 이야기되기도 한다. 물론 그렇게 이야기할 수도 있다. 그러나 엄밀히 말하면 꿈과 비전에는 차이가 있다. 꿈, 목표, 비전에는 어떤 차이가 있을까?[1]

꿈이란 실현하고 싶은 희망이나 이상이다. 우리는 학생들에게 꿈을 가지라고 이야기한다. 꿈을 갖는 것은 정말 중요하다. 하늘을 쳐다보며 상상의 나래를 펼쳐 보고 자신의 미래 모습을 생각해 보는 것은 어린 학생들의 몸과 마음을 성장하게 한다. 그래서 "소년이여, 야망을 가져라." 하기도 하고 "꿈을 가진 자만이 이룰 수 있다."라고도 한다. 2002년 월드컵 때는 "꿈은 이루어진다."는 믿음으로 국민들이 우리 대표팀 선수들을 응원했고, 그래서인지 대한민국이 월드컵 4강에 진출하는 행복한 일도 있었다. 그러나 많은 경우 꿈은 너무 이상적이어서 실현가능성이 낮고 뜬구름 잡는 것처럼 보인다. 즉, '이룰 수 없는 것'이나 '현실의 반대'가 꿈인 것이다.

이와 달리 목표란 어떤 목적을 이루려고 지향하는 실제적 대상이나 어떤

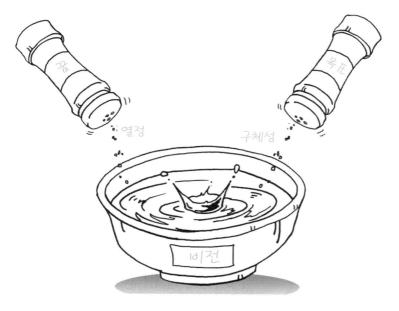

비전은 꿈이 가지고 있는 열정과 목표가 가지고 있는 구체성이 담긴 것이다.

상태를 의미한다. 꿈은 주관적이고 이상적인 데 반해 목표는 객관적이고 계수적이며 측정 가능하고 달성 가능한 것을 지칭한다. 그래서 경영학에서 조직 경영을 다룰 때는 꿈 대신 목표에 대해 이야기한다. 조직을 경영할 때 목표를 갖는 것은 매우 중요하지만 목표만으로는 부족하다. 첫째, 목표만 가지고는 고급욕구를 추구하는 구성원들에게 동기를 부여할 수 없다. 고급욕구를 충족시키려면 당장 눈에 보이는 것 이상의 무엇이 필요하다. 둘째, 목표만 가지고는 복잡하게 얽혀 있는 내부 조직을 제대로 통합할 수 없다. 목표를 상하좌우로 구분하고 다시 그것을 단계적으로 나누고 또 나누다 보면, 부분적으로는 목표가 달성되는데 전체 목표는 달성되지 않을 수 있다. 셋째, 목표만 가지고는 급속히 변화하는 환경에 적절히 대처할 수 없게 된다. 목표는 구체성과 계수성을 강조하기 때문에 때로는 방향이 맞지 않는 목표가 설정되기 쉽다. 자칫 목표에 집착하다가는 중요한 변화를 놓치고 엉뚱한 방향으로 갈 수 있다.

꿈과 목표는 개인과 조직의 성장을 위해 중요한 요인이지만, 구체성이 없는 꿈만 있으면 환상이 되고, 상상력이 없는 목표만 있다면 그것은 형식이 된다. 그래서 등장한 것이 비전(vision)이다. 비전은 꿈이 가지고 있는 열정과 목표가 가지고 있는 구체성이 동시에 담긴 것이다. 가령, '노동이 없는 행복한 세상'은 꿈이다. 그리고 '금년 중에 쇼팽의 〈Etude Op. 10〉을 연주하는 것'은 목표이다. '일인일기(一人一技)의 행복한 일터'는 비전이 될 것이다.

비전의 세 가지 유형

한마디로 비전이라고 말하지만 사실 다양한 내용이 담겨 있고, 다양한 유형이 있다. 비전은 크게 세 가지 유형으로 구분해 볼 수 있다.[2]

첫째는 조직의 나아갈 방향을 제시하는 비전으로 '사명' 또는 '이념'이라고도 한다. 학교에서는 어떤 교육을 하겠다든지 어떤 인재를 육성하겠다든지 또는 사회에 어떤 기여를 하겠다든지 하는 것을 표현하는 비전이다. 예컨대, '창의성을 키우는 학교' '꿈과 끼를 찾는 교육' '민족지도자의 육성' 등이 여기에 해당된다.

둘째는 미래 조직의 위상을 밝히는 비전으로 '미래상'이라고도 한다. 흔히 대학에서 많이 사용하는 비전으로, 세계 100대 대학, 국내 10대 명문 사학, 취업률 1위 대학 등이 여기에 속한다. 고등학교의 경우 4년제 대학 진학률 전국 10위, 서울대 입학생 수 전국 1위 등이 여기에 속한다.

셋째는 구성원들이 지녀야 할 덕목을 나타내는 비전으로 '가치관' 또는 '신조'라 하기도 한다. 흔히 '창의 · 도전 · 화합' '믿음 · 신뢰 · 소통' 등이 대표적인 예가 될 것이다.

대개 조직의 비전은 이들 세 가지 유형을 적절히 조합하거나 모두를 담고 있다. 그래서 비전은 이우학교의 사례처럼 하나의 체계를 갖춘 모습으로 제시되는 경우가 많다. 체계를 어떻게 구축하고 또 어떤 어휘와 표현을 쓰느냐 하는 것도 그 조직의 특성이 된다.

비전의 역할과 가치

S고등학교는 교사, 학생, 학부모들에게 설문조사를 실시하고 그 결과를 정리하여 '창의(creativity), 도전(challenge), 소통(communication), 협업(collaboration) 능력을 갖춘 4C 인재 양성'이라는 비전을 수립했다. 이 학교는 학생들이 창의, 도전, 소통, 협업을 경험할 수 있도록 '비전 세우기' 활동을 계획하고 운영하였다. 학생들은 '비전 세우기' 활동을 통해 자신의 진로를 탐색해 봄으로써 직업의 다양성을 이해하고 지식정보화사회에서 직업인이 갖추어야 할 소양과 능력에는 어떤 것이 있는지 학습하였다. 이 활동의 목표는 학생들이 자신의 성격과 적성을 탐색하여 자신에 맞는 진로를 지향하는 능력을 키우고 자신의 꿈을 이루기 위한 비전을 세워 자기 주도적 삶을 이루도록 하는 데 있다. 아울러 '소망 나무'라는 상담활동을 통해 자신의 장점, 진로, 희망을 표현하게 하여 학생 스스로 자신이 나아갈 방향을 정하고, 인지할 수 있도록 하였다.

이처럼 S고등학교의 비전은 학교의 다양한 프로그램을 개발하고 운영하는 기준이 되고 있다. 물론 비전이 없었어도 S고등학교에는 학생들을 위한 다양한 프로그램을 운영하였을 것이다. 그러나 프로그램들 간의 연관성이나 계속성이 없는 백화점식 나열에 그쳤을 가능성이 높다. 비전은 조직에서 이루어지는 수많은 일을 선택하고, 개발하고, 연결하고, 실천하는 데 필요한 논리와 근거를 제시한다.

'물처럼 꽃처럼'

저자가 고등학교 2학년이었을 때, 우리 반의 급훈은 '물처럼 꽃처럼'이었다. 그때는 그저 여고생들을 위한 예쁜 표현이라 생각했는데, 졸업 후 되새겨 보니 담임 선생님께서 우리 반을 이끌기 위한 비전이었고 학급 운영 철학이었던 것 같다. 선생님은 물처럼 순리대로 흘러가지만, 자신만의 향기를 가질 수 있도록 학급 전체가 함께할 수 있는 다양한 일을 계획하고 실천하셨고, 각자의 꿈과 개성에 대해 질문하고 함께 고민해 주셨다. 어느덧 시간이 흘러 20여 년 전의 일이 되었지만, 주변에서 꽃이 피고 질 때면 급훈 '물처럼 꽃처럼'이 종종 생각나고 내 삶에 대해 생각해 보게 하는 중요한 지표가 되고 있다.

그런데 저자가 초 · 중 · 고등학교를 다닌 12년간 모든 학급에는 급훈이 있었다. 재미있는 것은 다른 11년간의 급훈은 전혀 생각나지 않는다는 것이다. '물처럼 꽃처럼'이라는 급훈이 여전히 마음속에 남아 있는 것은 담임 선생님께서 우리에게 보여 주신 행동과 여러 이야기가 급훈, 즉 비전 안에서 이루어졌기 때문이다. 좋은 비전은 구성원들로 하여금 리더의 행동과 마음을 이해하고 지지할 수 있도록 만들며, 구성원들의 개인적인 삶에도 영향을 미친다.

비전의 가치는 그 표현이 얼마나 멋있고, 중요한 내용을 모두 포함하고 있느냐가 아니라 그 의미가 구성원들에게 중요한 역할을 할 수 있는가에 있다. 비전은 가고자 하는 곳의 이미지를 제시하며, 바람직한 미래를 분명하게 표현하도록 도와준다. 비전은 구성원들이 성취하고자 하는 것을 명확하게 인식하여 창의적 노력을 통해 미래의 목표를 달성할 수 있도록 유도한다.

비전이 없다면?

비전이 없는 학교, 또는 비전은 있지만 구성원들이 이를 잘 알지 못하는 학교는 미래가 없는 정체된 조직이 될 수도 있다. 학교에서 교장이나 교감은

◆ 케네디 대통령의 달 착륙 비전

1961년 미국 제 35대 대통령에 취임한 케네디(Kennedy)는 당시 구소련 우주선이 사람을 태우고 우주 비행에 성공한 것에 대해 크게 위기감을 느끼고 1960년대가 끝나기 전에 미국이 달에 인간을 착륙시킨다는 계획을 발표했다. 이런 계획에 따라 자금이 투여되었고, 연구개발이 이루어졌으며, 많은 사람이 열정을 바쳤다. 그 결과, 비록 케네디 대통령은 1963년 11월 비운에 사망했지만, 1969년 7월 21일 우주인 닐 암스트롱(Neil Armstrong)이 달 착륙에 성공했다.

케네디의 달 착륙 계획은 단순한 계획이 아니었다. 그것은 인류가 상상해 왔던 꿈이었으며 동시에 구체적인 목표였다. 그것은 국가의 활동과 의사결정을 안내하는 지침인 동시에 인간의 열정을 자극하는 철학이고 가치였다. 그래서 많은 사람이 케네디의 달 착륙 계획을 탁월한 비전수립의 예로 평가한다.

학교 경영의 비전을 제시하고 교사와 학생, 학부모가 이를 공유할 수 있도록 고무시키며 실천할 수 있는 여건을 조성해야 한다. 비전은 미래상으로 학교 조직이 추구해야 할 방향과 이상, 그리고 교사들과 학생들이 가져야 할 목표의식이라고 할 수 있다. 따라서 창의성과 인성을 갖춘 인재 양성을 위한 교육에서 비전의 수립은 창의적이고 목적 있는 변화와 도전에 구성원들이 참여하도록 유도하는 토대이자 발판이 된다.

비전은 원칙이고 방향이다. 물론 비전이 있다고 해서 그것이 끝은 아니다. 비전을 실천하기 위해서는 구체적인 전략과 실행계획이 필요하다. 비전은 단순하면서도 영감을 줄 수 있는 것이어야 하지만 철저한 분석을 토대로 마련된 구체적인 전략과 실행 계획을 포함해야 한다. 따라서 전략 이전에 비전이 있어야 하고 전략은 비전 실현의 방안이 되어야 한다. 조직과 구성원이 바른 길로 가게 하는 것 그것이 비전이다.

2. 비전은 어떻게 만드나

비전 만들기의 가장 좋은 재료: 집단지성

리더가 혼자 비전을 만들 수도 있겠지만, 그렇게 되면 아이디어가 부족하여 좋은 안을 마련하기 어려울 수 있고 무엇보다 조직 내에서 공감대가 형성되지 않아 리더가 바뀌면 사문화되기도 쉽다. 그래서 조직 구성원들이 함께 집단지성을 발휘하여 비전을 수립하는 것이 바람직하다. 집단지성은 집단이 발휘하는 지성을 의미하는 것으로, 뛰어난 개인이라 할지라도 혼자서는 풀지 못하는 복잡한 문제를 다양한 지식을 가진 여러 개인이 모여 함께 지성을 발휘할 때 창의적인 방식으로 문제를 해결할 수 있다는 것을 의미한다.[3]

집단지성이 단순한 '정보교류나 공유' 혹은 '집단적 협업'의 수준을 넘어서 차별적 의의를 발휘하기 위해서는 목적을 가진 치밀한 기획 노력이 필요하다. 따라서 구성원이 함께 모여 비전을 수립할 때 리더는 비전 수립의 의의와 가치에 대해 안내하고, 구성원들이 적극적으로 참여할 수 있도록 동기를 부여하고, 적절하게 역할 분담도 해야 한다. 즉, 구성원들이 원하는 조직의 모습에 대해 자유롭게 의견을 표출하도록 하지만, 필요한 시점에서 수렴하고 선택할 수 있도록 해야 한다. 이러한 과정에서 함께 수립한 비전은 조직의 성장을 이끄는 중요한 역할을 할 것이다.

신설 고등학교의 비전 수립 워크숍

데이비드(David)는 신설 고등학교에 교장으로 취임하였다. 교직원 충원이 마무리된 후, 개학하기 전 모든 교직원이 함께 워크숍을 갔다. 워크숍의 목적 중 하나는 서로 모르는 사람들끼리 좀 더 깊이 알 수 있는 소통의 시간을

갖는 것이고, 다른 하나는 학교의 비전을 수립하는 것이었다.[4]

　　2박 3일 동안 함께 식사하고 토의하고 게임을 즐기면서 50여 명의 교직원들은 서로 충분히 낯을 익혔을 뿐만 아니라, 서로의 개성과 장단점을 상당히 파악할 수 있었다. 어떤 사람은 자기소개 시간에 돼지 머리를 그렸다. 잘 때 코를 좀 심하게 곤다는 것이었다. 또 어떤 사람은 모일 때 매번 조금씩 늦었고, 또 다른 사람은 항상 가장 빨랐다. 사투리가 심한 사람이 있었고, 토의 때마다 '구조적으로'라는 용어를 사용하는 사람도 있었다.

　　이들이 워크숍에서 가장 많은 시간을 할애한 것은 "어떤 학교를 만들어 갈 것인가"에 대해 생각하고 의견을 교환한 것이다. 참가자들은 사람들의 생각이 그렇게 각양각색인가 하고 놀랐다. 어떤 교사는 가장 자유로운 학교를 만들자고 주장했고, 어떤 교사는 영국의 학교처럼 규율이 엄격해야 한다고 했다. 수학실력이 뛰어난 학교를 만들어야 한다는 주장도 있었고, 다른 학교에서 경시하는 철학교육을 철저히 하는 학교로 이름을 날리자고도 했다.

　　분임토의와 전체토의 그리고 외부 강사의 특강을 듣는 가운데 이러이러한 학교로 만들어 가는 것이 좋겠다는 대강의 밑그림이 그려졌다. 그리고 그러한 학교를 만들기 위해 무엇을 해야 할 것인가를 논의하였다. 우선 교장의 역할에 대해 많은 이야기가 있었다. 교사들, 학생들, 그리고 지역사회와 학부모들에게 어떻게 대해야 하는가에 대한 이야기가 있었고 심지어는 복장과 이미지 관리에 대한 제안도 있었다. 위원회를 이렇게 운영하자, 특별활동은 어떻게 하자, 학생 지도는 이런 색깔을 넣어 보자는 등 많은 의견이 나왔다.

　　2박 3일간의 워크숍은 매우 생산적이었다. 새로운 학교에 발령받은 교사들 간의 서먹서먹함은 사라졌고, 한마디만 해도 서로 통하는 사이가 되었으며, 좋은 학교를 만들기 위해 모두 다 열심히 노력했다. 금세 지역의 모범학교로 평가받았으며, 이 학교에서 근무하길 희망하는 교사들이 많아지고, 학생들과 학부모들의 만족도 또한 매우 높아졌다.

새론중학교의 비전 만들기

2016년 3월에 개교한 대구광역시 새론중학교에서도 유사한 일이 있었다.[5] 개교하기 2주 전 이 학교로 발령받은 교사들이 한자리에 모였다. 아직 학교의 시설이 정리되지 않아, 학교가 아닌 낙동강청소년수련원에 모인 교사들은 이 자리에서 상견례를 하였고, 여러 부장 교사의 발표를 들으며 한 학기 학교 운영에 대해 논의하였다. 그리고 본격적으로 자신이 원하는 학교에 대해 이야기하였다. 새론중학교에 발령받은 교사들은 신규교사도 있었지만, 경력교사들이 대부분이었다. 교사들은 자신이 가지고 있는 좋은 학교에 대한 경험과 바람이 무엇인지 탐색하고 공유하는 과정에서 다음과 같은 학교의 비전을 수립하였다. 즉, '너와 내가 행복한 학교, 서로 존중하는 학교, 모두가 참여하는 학교, 협력하는 학교'이다. 새 학교를 시작하면서 새로 모인 교사들이 함께 모여 비전을 수립하는 것은 어떤 의미가 될까? 아마도 행복했던 추억으로 힘든 일을 극복하는 연인들처럼 학교생활을 하면서 힘든

[그림 4-1] 새론중학교 비전수립 워크숍 결과

여러 일을 극복할 수 있는 힘이 되고 원리가 되어 줄 것이다. [6]

비전 만들기의 주체는 구성원

두 학교의 사례가 가진 공통점은 비전 만들기의 주체가 구성원이라는 것이다. 리더와 학교의 구성원들이 함께 그리고 직접 조직의 비전을 만들었다는 것이다. 아마도 이러한 일이 가능했던 것은 두 학교 모두 신설학교였기 때문이라고 생각할 수 있다. 그러나 신설 학교에서만 이런 일이 가능한 것은 아니다. 기존 학교에서도 주기적으로 이런 워크숍을 운영하면 집단지성을 발휘할 수 있다.

구성원들이 함께 모여 비전을 수립할 때는 대체로 다음 과정을 따른다. 첫째, 바람직한 모습이 무엇인지 명확하게 정한다. 이를 위해 우선 거시적인 질문에 답해 본다. 즉, 좋은 학교란 무엇인가? 바람직한 교육이란 무엇인가? 우리가 원하는 학교는 어떤 학교인가? 리더와 구성원들이 생각하는 좋은 학교와 바람직한 교육의 모습은 다양할 것이다. 둘째, 다양한 모습에 대해 충분히 공유한 후 한 단계 더 구체화된 질문을 한다. 즉, 현재 우리 학교에서 이미 하고 있는 활동들은 무엇인가? 이 중 지속하고 싶은 것은 무엇인가? 당신은 어떤 리더가 되고 싶은가? 당신의 리더십 목표는 무엇인가? 당신은 어떠한 교사가 되고 싶은가? 교사로서의 목표는 무엇인가? 학생들이 어떠한 특성을 갖길 원하는가? 다른 사람들에게 어떤 학교로 기억되기 원하는가? 셋째, 이러한 질문에 답하는 과정에서 도출된 다양한 의견을 나열한 후 공통점을 도출하거나 구성원들의 지지를 많이 받은 주요 주제를 선택한다. 넷째, 선택한 주제를 중심으로 주요어를 도출하거나 문장을 구성하여 비전을 수립한다. 다섯째, 작성된 비전의 중요성과 성공가능성에 대해 평가한다. 여섯째, 중요성이나 성공가능성의 점수가 낮다면 이를 보완할 수 있도록 수정·보완한다.

집단지성을 이용한다 하더라도 리더가 "너희가 한번 만들어 봐!" 하고 뒷

짐만 지고 있으면 안 된다. 문제의식을 가지고 도전적인 질문을 해야 하고, 경우에 따라서는 강의도 해야 하고 또 모델이 될 만한 다른 학교를 방문하여 함께 배우기도 해야 한다.

약점에서 출발할 것인가, 강점에서 출발할 것인가

3C분석

비전은 꿈을 담아야 한다. 그렇다고 해서 현실을 무시한 채 이상적인 꿈만 꿀 수는 없다. 우리 조직과 환경, 현재와 미래를 정확히 진단하고 거기에서 문제의식을 가지고 만드는 비전이 진짜 비전이다. 그러기 위해서는 3C분석을 하는 것이 좋다. 3C는 Company(자사), Customer(고객, 시장), Competitor(경쟁사)의 머리글자인데, 비전 수립을 위한 전략적 사고에서 빠뜨릴 수 없는 개념이다. 조직이 달성하고자 하는 방향을 설정하고 이를 달성하기 위한 경쟁력을 갖추기 위해서는 자신을 돌아봐야 하고 경쟁 조직과의 상대적 우위를 지켜야 하며 고객 및 시장의 욕구에 부합하도록 해야 한다. 비즈니스 맥락에서 사용하는 3C를 학교에 맞게 수정하면 각각 해당 학교(또는 교사), 교육 수요자(예: 학생, 학부모), 다른 학교(또는 다른 교사)라 할 수 있다. 따라서 다음과 같은 질문에 답해야 한다.

- Company(우리 학교 또는 교사)
  우리 학교의 강점과 약점은 무엇인가? 이러한 강점과 약점이 지속된다면 미래에는 어떤 모습일까?
- Customer(교육 수요자)
  학생(또는 학부모)이 원하는 것은 무엇인가? 미래에는 이들의 욕구가 어떻게 달라질 것인가?

• Competitor(다른 학교 또는 교사)

　누가 우리의 경쟁자이며 그들은 어떻게 대응하고 있고 우리에게 어떤 영향을 줄 것인가? 우리 학교는 그들과 어떻게 차별화해야 하는가?

　그러나 이런 질문에 대한 답을 찾다 보면, 현실에 대한 불만이 쏟아지게 마련이고 문제점 더미에 파묻히게 된다. "학생 수가 매년 줄어든다." "우수교사가 오려고 하지 않는다." "예산이 부족하다." "학부모들의 관심이 부족하다." "정부의 교육정책이 경직적이다." 등이 그것이다. 물론 불만이 있고 위기감이 있어야 변화가 시작된다. 그러나 이런 부정적인 것만으로는 건전한 변화를 얻을 수 없다. 위기감과 더불어 긍정적인 요소가 있어야 한다. 변화는 적절한 위기감과 희망이 균형을 이룰 때 일어날 수 있다.

　여러 분야의 조직들이 어떤 비전을 제시했는지 살펴보는 것은 비전을 수립할 때 좋은 참고 자료가 된다. 비교적 창의적이고 매력적으로 작성된 비전을 소개하면 다음과 같다.

◆ 여러 조직의 비전 예시

교육기관
• 육군사관학교(임무): 올바른 가치관 및 도덕적 품성과 군사전문가로 발전할 수 있는 역량을 구비하고 국가와 군에 헌신하는 정예장교 육성
• KAIST(설립이념): 세계의 중심에서 세상을 움직이는 최고의 과학기술대학
• 배재학당(설립목적): 우리는 통역관(通譯官)을 양성하거나 학교의 일군을 양성하려는 것이 아니요, 자유의 교육을 받은 사람을 내보내려는 것이다.
• 중앙고등학교: 교육구국, 교육입국, 교육흥국[웅원(雄遠), 용견(勇堅), 성신(誠信)]
• 창원과학고등학교: 인격과 전문성을 갖춘 봉사하는 과학인재 양성
• 장흥고등학교: 꿈 너머 꿈을 디자인하는 학교
• 의정부 천보중학교: 존중과 공감으로 성장하는 평화공동체

- 당진 송산중학교(학교장의 경영의지): 꿈을 키우는 행복한 학교
- 영덕 영해중학교: 미래를 대비하는 글로벌 인재육성
- 부산 내리초등학교: 삼시세끼 더 행복한 내리교육(삼시: Creativity, Communication, Collaboration; 세끼: 말끼, 몸끼, 예술끼)
- 양구초등학교: 바르고, 굳세며, 슬기로운 꿈을 키우는 배움터
- 종로학원: 재수성공률이 가장 높은 학원
- 대교: 눈높이, 우수한 학생은 더욱 더 우수하게, 부진한 학생은 난이도를 적절하게

기업 및 공공기관
- 삼성전자: 미래사회에 대한 영감, 새로운 미래 창조
- KOTRA: 대한민국의 미래를 열어가는 글로벌 비즈니스 플랫폼
- 신한은행: 새로운 미래를 열어가는 사랑받는 1등 은행
- 구글: 전 세계 정보를 체계화하여 모두가 편리하게 이용할 수 있도록 하는 것
- 여행박사: 행복을 드리는 여행사
- 마이다스아이티: 세계 최고 엔지니어링 솔루션 개발 및 서비스 파트너
- 수지농협(농협의 경기도 용인군 수지 지점): 변화를 선도하여 조합원과 지역사회에 기여하는 행복 수지농협, 점핑 2020 No.1 수지농협
- APP(대기압플라스마 전문 중소기업): 1달러의 기술로 10달러의 가치를 만들고, 10달러를 100달러의 가치로 쓰는 회사
- 미라이공업(일본 건축용품회사): 항상 생각하라
- IKEA(콘셉트): 더 좋은 세상을 만듭니다.
- 한국YMCA: 꿈꾸는 젊은이, 함께 가꾸는 지역사회, 평화로운 지구촌
- 월드비전: 우리의 비전은 모든 어린이가 풍성한 삶을 누리는 것입니다.
- 아쇼카 재단: 아쇼카는 누구라도 체인지 메이커로서의 역량을 발휘하여 급변하는 사회의 복잡한 문제들을 해결하는 '모두가 체인지메이커(Everyone A Changemaker)'인 세상을 앞당깁니다.

회피동기와 추구동기

인간의 동기는 크게 두 가지로 나누어 볼 수 있다. 하나는 싫은 것을 피하고자 하는 동기(회피: avoid)이고 다른 하나는 좋은 것을 얻고자 하는 동기(추구: approach)이다. 밤에 뒷골목에서 불량배들에게 피해를 당하지 않고자 하는 것은 회피동기이고, 좋은 직장을 얻고자 하는 것은 추구동기이다. 미국 컬럼비아대학교의 히긴스(Higgins) 교수는 회피동기가 강한 행동을 예방적 초점(prevention focus)이라 하고 추구동기가 강한 행동을 향상적 초점(promotion focus)이라고 했다.[7] 어떤 사람은 예방적 초점이 강하고 어떤 사람은 향상적 초점이 강하다. 말하자면 전자는 수비형이고 후자는 공격형이다.

학교 경영자나 교사들도 이러한 유형으로 구분할 수 있다. '사고가 안 나는 게 최고다.' '욕 안 먹는 게 일 잘하는 것이다.'라는 생각이 강한 사람은 예방형이다. 반면에 '새로운 교수법을 적용해야 한다.' '학생들이 뭔가 위험한 일도 경험해야 한다.'라는 생각이 강한 사람은 향상형이다. 비전을 추구하는 사람은 향상형의 사람이다. 약점보다는 강점을 찾고, 부정적인 것보다는 긍정적인 데 무게를 두며, 고통을 피하는 데 그치지 않고 기쁨을 추구해 나간다.

한편, 예방형은 단기적인 시각을 가지고 있고, 향상형은 장기적인 시각을 가지고 있다는 연구도 있다.[8] 또 반대로 단기적인 시각을 가지게 되면 예방적 성향이 강해지고, 장기적 시각을 가지면 향상적 성향이 강해진다. 예를 들면, 4년 앞을 내다보고 올림픽을 준비하면 "금메달을 따자."는 비전을 갖게 되는데, 1개월 앞을 내다보고 준비하면 "창피나 당하지 말자."로 바뀌는 것이다. 그래서 비전을 수립할 때는 멀리 내다봐야 한다.

남한산초등학교의 비전

비전을 수립할 때는 장기적인 관점으로 시각을 전환해야 한다. 눈에 보이는 약점이 아니라 숨어 있는 장점을 발견하게 하고, 수비적 자세가 아니라 향상적 동기를 갖게 한다. 약점이 있어도 그것을 강점으로 볼 수 있는 창의적인 관점의 전환이 필요하다. 2000년 폐교 위기에 몰렸던 남한산초등학교가 위기 상황에서도 멀리 보고 그 학교가 가지고 있는 작은 강점을 승화시켜 새로운 비전을 만들었듯이 말이다.

남한산초등학교는 90년의 역사를 가지고 있었지만, 학생 수가 감소하여 2000년에는 전교생 26명이 복식 3학급으로 운영되는 처지였다. 그러니 문제점을 나열하자면 끝이 없고 희망이 보이지 않았다. 주변에 산업시설이 없어 인구가 감소하고 있으며, 학생 수를 아무리 늘리려 해도 올 학생이 없었다. 이러다 보니 당연히 교사들의 사기도 떨어지고, 교육당국으로부터 지원을 얻기도 힘들고……. 그러나 당시 새 학교를 만들자고 한 교사와 학부모들은 전혀 다른 면을 보고 있었다. 남한산성이라는 더 없이 좋은 자연환경이 있었고, 학교가 폐교 상태나 다름없는 지경이니 우리나라 교육의 모든 나쁜 전통을 버리고 새 출발을 할 수 있는 좋은 점이 있었던 것이다. 무엇보다 새로운 교육을 원하는 학부형들이 있었다. 그래서 그들은 '참삶을 가꾸는 작고 아름다운 학교'라는 새로운 학교상, 새로운 비전을 수립하고 실천에 들어갔다.[9]

이렇게 긍정적인 점을 강조하여 변화를 추진하는 것을 강점기반(strength-based) 변화전략 또는 긍정 탐색(Appreciative Inquiry)이라고 한다.

◆ 긍정 탐색(Appreciative Inquiry: AI)[10]

비전은 현재의 모습에서 출발할 때 보다 실현가능성이 높다. 현재 조직과 개인이 가지고 있는 강점을 토대로 비전을 수립하고자 할 때 긍정 탐색을 방법론으로 활용할 수 있다.

긍정 탐색은 개인이나 조직이 가지고 있는 좋은 경험, 행복한 추억을 토대로 개인과 조직이 어떤 역량과 강점을 가지고 있는지 점검해 보는 과정이다. 총 4단계로 이루어지는데, 각 단계가 D로 시작해서 4D 프로세스라고도 한다. 첫 번째 D는 Discovery(발견하기), 두 번째 D는 Dream(꿈꾸기), 세 번째 D는 Design(설계하기), 네 번째 D는 Destiny(다짐하고 실천하기)이다. 4D 프로세스가 원활하게 이루어지기 위해서는 대화의 중심이 될 긍정주제(affirmative topic)가 필요하다. 긍정주제를 선정한 후 4D 프로세스를 진행한다.

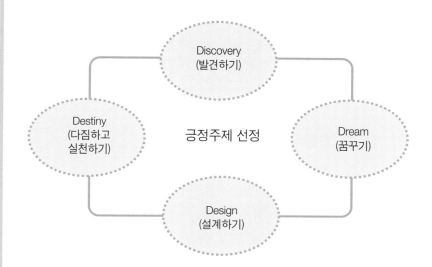

긍정 탐색을 위한 4D 프로세스를 실행하기 위해서는 먼저 대화의 중심이 될 긍정주제를 선정한다. 긍정주제는 긍정 탐색 과정에서 이루어지는 학습, 지식 공유, 과제 수행의 핵심 주제이며 대화를 이끌어 가는 방향이 된다. 긍정주제를 선정하는 방법은 크게 두 가지이다. 첫째, 긍정 탐색 프로그램에 참여한 사람들의 의견을 반영하여 긍정주제를 결정한다. 둘째, 긍정 탐색 프로그램을 준비하는 조직(팀)에서 조직이 원하는 주제를 반영하여 긍정주제를 선택한다. 긍정주제 선택방법은 프로그램의 성격을 반영하여 결정하며, 긍정주제를 선택한 후에 이루어지는 4D 프로세스는 다음과 같다.

첫째, 발견하기(Discovery)는 다루는 주제와 관련된 과거 또는 현재의 긍정적인 경험에 대해 탐색하는 과정이다. 이를 위해 긍정 질문들을 활용하여 참석자들이 서로의 경험과 의견을 인터뷰한다. 인터뷰가 끝나면 수집된 다양한 경험을 공유, 정리하는 시간을 갖는다. 둘째, 꿈꾸기(Dream)는 발견하기 단계에서 도출한 긍정 경험과 이야기들을 토대로 미래에 이루고자 하는 이상적인 모습을 자유롭게 상상하는 과정이다. 참가자들은 미래에 대한 구체적인 꿈과 희망, 비전이 담긴 이미지를 구성, 공유한다. 셋째, 설계하기(Design)는 꿈꾸기 단계에서 상상했던 미래의 이상적인 이미지를 실현하기 위해 구체적으로 실행해야 할 일들을 설계하는 단계이다. 넷째, 다짐하고 실천하기(Destiny)는 미래에 대한 새로운 이미지를 실현하고 공유된 목적과 행동을 강화하는 단계이다. 꿈꾸기와 설계하기 단계에서 만들어진 목표와 계획을 실현하기 위해 현재의 상황에 기반해서 구체적인 행동계획을 세우고 실천하여 이루고자 하는 것을 달성할 수 있는 문화를 정착시키는 것이 이 단계의 목적이다.

긍정 탐색은 참여자들의 경험과 의견을 수집, 정리하는 활동들로 이루어지기 때문에 참여자들의 적극적인 참여를 촉진할 수 있는 다양한 방법을 활용한다. 선행연구들은 주로 명목집단법, 1:1 교차인터뷰, 월드카페 등의 방법을 활용하였다.

새로 부임한 교장의 고민

A교장선생님은 전문직 출신이다. 그는 교육지원청에서 장학사로 근무하면서 우리나라 초등교육에 대해 많은 고민을 했으며 국내는 물론이고 외국 학교 사례도 많이 연구하였다. 그는 최근 도시지역 아파트 단지에 위치한 H초등학교에 교장으로 부임하게 되었다. 이 학교는 10년 전 아파트 단지가 생기면서 신설된 학교로서 학부모들의 소득 수준이 높은 편이고 맞벌이 부부가 많다.

무엇이 문제였을까

A교장선생님은 자신이 그동안 준비해 온 학교를 만들어야겠다는 각오를 다지며, 공부를 적게 시키고 놀이를 많이 시키는 유럽식 자기주도적 학습의 모델 학교를 만들고자 하였다. 자신의 구상을 교사들에게 발표하고 또 멋진 프레젠테이션 자료를 만들어서 학부모들에게 소개도 하였다. 그런데 A교장선생님의 발표에 대해 부정적인 반응은 없었으나 생각만큼 호응이 크지는 않았다. 급기야 체험학습을 준비할 때 문제가 터지고 말았다. A교장선생님은 초등학생이지만 학생들이 스스로 체험학습을 계획하도록 유도하였는데 이 과정에서 학부모들의 반발이 터져 나오고 그동안 학교에서 시도했던 여

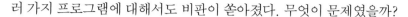

러 가지 프로그램에 대해서도 비판이 쏟아졌다. 무엇이 문제였을까?

학교에 대해서 잘 알고, 준비를 너무 많이 한 교장이라는 게 역설적으로 문제가 되었다. 그는 새로 부임한 학교에 대해 이미 다 안다고 생각하고 학교와 학교의 구성원들에 대해 연구하는 데 소홀했다.

새로 직책을 얻거나 다른 학교에 부임을 할 경우 리더는 초기에 부지런히 새로운 상황을 학습하여야 한다. 물론 서류를 통해 많은 것을 파악할 수 있다. 그것을 밤새워 연구하는 것은 필수 전제이다. 그러나 서류에 너무 의존하는 것은 금물이다. 사람을 만나야 한다. 공식적인 모임의 대표를 만나야 할 뿐 아니라, 비공식적인 리더를 만나고, 입장이 좀 다를 수 있는 사람들을 최대한 많이 만나야 한다. 전임자의 조언을 받는 것은 물론이고 경우에 따라서는 학교를 떠난 교사나 졸업한 학생과 학생의 학부모도 만나야 한다. 학부모뿐만이 아니라 지역의 기관장과 유력 인사들을 만나서 인사도 나누고 상황파악을 해야 한다. 특히 본인이 추구하고자 하는 특별한 비전이 있을 경우 이것이 실현가능한 것인지, 관련자들을 어떻게 설득할 것인지 고민하면서 사람들과 대화해야 한다.

A교장선생님은 H초등학교에 부임하면서 학교의 기존 비전인 '소통과 나눔으로 가꾸는 꿈나무 학교'를 '글로벌 시대를 앞서가는 창의적 학교'로 바꾸어 버렸다. 자신의 구상을 실현하기에는 새로운 비전이 좋겠다고 생각했기 때문이다. 그러나 기존의 학교비전은 전임 교장이 교사와 학부형들과 많은 대화를 나누고 만든 것이다. 그래서 학부형들도 그 표현에 대해 상당히 애정을 가지고 있었다. 알고 보니 학부형들 사이에서는 SNS로 활발한 소통이 이루어지고 있었는데 새로 부임한 교장이 "너무 아는 체한다." "신뢰가 안 간다." 등의 내용이 이미 퍼지고 있었던 것이다.

신뢰 쌓기

신임 교장이 가장 먼저 해야 할 일은 **빠른** 시일 안에 신뢰를 구축하는 것이다. "그는 믿을 만한 사람이다." "그는 우리 학교를 위해 일해 줄 사람이다." "그는 우리 아이들을 진심으로 사랑하는 사람이다." 하는 믿음을 얻는 것이 선행되어야 한다. 이 문제를 연구한 하버드대학교의 왓킨스(Watkins) 교수는 새로운 자리에 부임한 후 3개월(첫 90일)까지 신규부임자로서의 약점을 극복하고 새로운 기여를 할 수 있어야 한다고 이야기하고 있다.[11]

리더십을 발휘하기 위해서 비전을 설정하는 것이 중요한 일이기는 하지만, 리더마다 새로운 비전을 주창한다면 어떻게 되겠는가? 조직이 일관성 있는 정체성을 갖기도 어려울 뿐만 아니라, 구성원들은 "이분 임기 끝나면 또 다른 것으로 바뀔 텐데 뭐……." 하고 방관자 입장에 설 것이다. 비전을 세우기 위해서는 그 학교의 역사와 특성을 잘 살펴야 하고 기존에 존재하고 있는 비전과 운영방침을 검토해야 한다. 기존의 것을 바꾸는 것만이 능사가 아니다. 골격을 유지하면서 표현을 약간 바꾸거나 구체적인 실천 방안에서 신임 교장의 특색을 살릴 수 있다. 경우에 따라서는 기존의 비전을 그대로 둔 채 새로운 해석을 부여할 수도 있다.

비전수립은 리더 개인을 위한 것이 아니라 조직을 위한 것이어야 하고 또 진정한 변화를 위한 것이어야 한다. 그런 의미에서 비전을 세우는 것보다 공유하는 것이 중요하다고 할 수 있다.

3. 비전은 공유가 더 중요하다

비전수립 → 공유 → 실천

간디학교에서는 긍정 탐색(Appreciative Inquiry: AI)을 활용하여 학교의 10년 후 모습을 계획하는 비전수립 워크숍을 운영하였다. 학생, 학부모, 교사들이 함께 참여한 이 워크숍에서 구성원들은 학교의 비전을 수립하고 자신이 수립한 비전을 달성하기 위한 구체적인 실행전략을 도출하였다. 워크숍 자체는 나무랄 데 없었으나, 문제는 실천이었다. 이 워크숍을 진행한 퍼실리테이터는 자신의 블로그에 워크숍에서 구성원들이 보여 준 열정을 어떻게 하면 현장으로 옮겨 올 수 있을까를 고민했으나 그 일까지 자신이 관여할 수 없는 것이 몹시 아쉬웠다고 기록하였다.[12]

멋진 문구의 비전이라 할지라도 구성원들과 공유되지 않는다면 어떤 힘도 발휘할 수 없다.

앞서 언급한 것처럼 비전을 설정하는 것도 중요하지만 그보다 중요한 것은 구성원들이 비전을 공유하고 실천하는 것이다. 20년간 GE의 회장을 역임

하면서 탁월한 성과를 올려 경영의 귀재로 알려진 웰치는 이에 대해 다음과
같이 이야기하였다.

> 리더가 팀의 비전을 설정해야 한다는 것은 말할 필요도 없고 대부분의 리
> 더는 그 작업을 수행한다. 하지만 살아 있는 비전을 위해서는 그보다 훨씬
> 더 많은 것이 필요하다. 리더로서 당신은 비전에 생명을 불어넣어야 한다.
> 어떻게 하면 그렇게 할 수 있을까? 무엇보다 절대 빈말이 되어서는 안 된
> 다. 목적은 고상해 보이기만 하고 모호해서는 안 된다. 목표가 너무 흐릿해
> 명중시킬 수 없어서도 안 된다. 방침을 아주 명확히 설정해서 당신이 밤중
> 에 직원 중 아무나 깨워 "우리는 무엇을 지향하고 있는가?"라고 물었을 때
> 그가 잠에서 반쯤 덜 깬 상태에서도 대답할 수 있어야 한다. "개별계약자에
> 대한 우리 서비스를 계속 향상시키고 시장을 공격적으로 확장해 소규모 도
> 매 분야까지 범위를 넓히는 것입니다."라고 말이다. [13]

비전공유를 위해서는 네 가지 방법을 생각할 수 있다.

◆ 비전공유의 네 가지 방안

1. 비전설정 과정에서 참여의 폭을 넓히고 주인의식을 갖게 한다.
2. 비전을 항상 눈에 띄게 하고, 리더가 직접 자주 이야기함으로써 비전에 대한 관심
   도를 높인다.
3. 비전을 구체적인 액션으로 보인다.
4. 비전 실천 여부를 인사에 반영하여 시스템화한다.

비전설정 과정에서 공유를

첫째, 비전설정 과정에서 비전공유가 일어나도록 해야 한다. 비전을 만드
는 과정에서 "이것은 내 것이다." "내가 이 비전의 주인이다."라는 주인의식

(ownership)을 갖게 하는 것이 우선이다. 경기도 안산시의 성포고등학교 경혜영 교장선생님은 학교의 특색 사업을 추진할 때 몇몇 부장교사에 의해서만 실천 계획이 수립되는 것이 아니라 모든 교사가 학교의 특색 사업이 무엇인지 알고, 적극적으로 참여하기 원하였다. 경 교장선생님은 긍정 탐색을 활용하여 특색 사업에 대한 내용을 공유하고 실천계획을 수립했다. 프로그램이 종료된 후 경 교장선생님은 다음과 같이 이야기하였다.

> 교직원들이 서로의 의견을 존중하고, 협의하여 의사결정하는 모습을 많이 볼 수 있었습니다. 긍정 탐색 워크숍 기간이 길지 않아 이를 통해 큰 변화를 이끌어 내지는 못했지만, 워크숍에 참여한 교사들이 긍정적인 마인드로 학교의 활동에 참여하고 있고, 의사결정 협의체가 부장교사 중심에서 점차 교직원 협의회로 변화되고 있다는 것은 정말 큰 성과라고 생각합니다.[14]

비전은 학교 전체에 대한 것뿐만 아니라 성포고등학교의 사례처럼 특정한 사업이나 프로그램에 한정될 수도 있다. 비록 어떠한 사업이나 프로그램에 대한 큰 그림이 학교장이나 부장교사들에 의해 그려졌다 해도 구성원들이 이를 해석하고 재구성하며, 구체적인 전략을 수립하는 시간은 매우 의미 있고 중요하다. 이 과정에서 구성원들은 비전수립과 비전달성을 위한 구체적인 전략도출 경험을 할 수 있다.

항상 눈에 띄게 해야

둘째, 비전공유를 위해 해야 할 일은 구성원들이 비전을 자주 접하게 하는 것이다. L학교의 최정훈 교장선생님은 구성원들이 비전을 자주 접할 수 있도록 하였다. L학교의 비전이자 교육목표는 '소통, 신뢰, 협력, 위로'이다.

◆ 꿈을 꾸지 않으면

'꿈을 꾸지 않으면'은 간디학교 교가이다. 교가에는 학교가 추구하는 비전이 잘 녹아 있다. 교가를 부르면서 학생들은 비전에 익숙해질 수 있다.

간디학교 교가
양희창 작사, 장혜선 작곡

꿈꾸지 않으면 사는 게 아니라고
별 헤는 맘으로 없는 길 가려네
사랑하지 않으면 사는 게 아니라고
설레는 마음으로 낯선 길 가려 하네

아름다운 꿈꾸며 사랑하는 우리
아무도 가지 않는 길 가는 우리들
누구도 꿈꾸지 못한
우리들의 세상 만들어 가네

배운다는 건 꿈을 꾸는 것
가르친다는 건 희망을 노래하는 것
배운다는 건 꿈을 꾸는 것
가르친다는 건 희망을 노래하는 것

우린 알고 있네 우린 알고 있네
배운다는 건 가르친다는 건
희망을 노래하는 것

최 교장선생님은 이 비전을 학생과 교사가 늘 기억할 수 있도록 학교의 모든 출입문 위에 '소통, 신뢰, 협력, 위로'라고 써서 붙여 놓았다. 구성원 모두가 비전이 무엇인지 알고 있는 것이 중요하다고 생각했기 때문이다. 교장선생

3. 비전은 공유가 더 중요하다

님의 생각대로 학교의 구성원들은 늘 이 네 단어를 가까이에서 보면서 실천하려고 노력하고 있다.

B초등학교는 2010년 3월 개교와 함께 혁신학교로 지정되어 교장 공모제를 통해 김명자 선생님이 초대 교장으로 부임하였다. 김 교장선생님은 교사들과 정보 교환 및 개교 준비를 위해 학교가 개교되기 전 인터넷 카페를 개설하여 운영하였고, 이 카페는 지금도 학교와 학부모의 활발한 의사소통 공간으로 활용되고 있다. 인터넷 카페에서 교사들이 제안한 내용을 바탕으로 경쟁 없는 교육을 실시하기 위해 '상 없는 학교'를 운영하고 있으며 교육청 등에서 실시하는 대회에는 참여하지 않는 '대회 없는 학교'로 알려져 있다. 2010년 9월 기준 이 학교의 학생 수는 16학급 403명이며 학급당 평균 학생 수는 혁신학교 기준에 부합하는 25명이다.[15]

어떤 조직에서는 주요 회의를 시작할 때마다 회사의 비전을 외치고, 컴퓨터 모니터를 켤 때마다 첫 화면에 비전이 뜨게 한다. 물론 비전을 소재로 그림을 그리게 하고 노래를 만들어 부를 수도 있으며, 상징물을 만들 수도 있다. 그러나 이 모든 것보다 중요한 것은 기회가 있을 때마다 리더가 비전을 직접 이야기하는 것이다. 같은 지점에 초점을 맞추고 반복해야 한다. 웰치가 이야기했듯이 비전에 대해 질릴 때까지 이야기해야 하는 것이다.[16]

구체적인 액션

비전 공유의 세 번째 방법은 비전을 구체적인 액션으로 보여 주는 것이다. 비전을 계속 말로만 하면 사람들은 원론적으로는 찬성하지만, "그것이 될까?" 또는 "무엇을 어떻게 하라는 말이지?" 하면서 계속 회의적인 반응을 보인다. 이럴 때 구체적이고 상징적인 프로그램을 기획하여 이를 실천해 보임으로써 비전의 의미를 분명히 하고 초기 회의적이었던 사람들의 마음을 사로잡을 수 있다. 대구광역시교육연수원의 한원경 원장은 교실수업 개선이라는 비전을 가지고 자신이 먼저 다양한 교수학습 방법에 대해 공부하였다. 그리고 대구광역시교육연수원의 연구사와 대구 지역의 교사들에게 교실수업을 개선할 수 있는 다양한 방법을 안내하고, 이를 실천할 수 있는 기회를 제공하였다. PBL(Project Based Learning/Problem Based Learning) 방법을 안내하고 강조할 때, PBL을 함께 공부하고 실천하는 과정에서 대구의 교사들은 한원경 원장이 제시한 비전이 무엇인지 구체적으로 알고 실천하게 되었다.

교장 공모를 통해 학교 혁신에 성공한 D중학교는 자신들의 성공요인 중 하나는 교장이 제시한 비전보고서라고 이야기한다. 이들이 이야기하는 비전보고서는 학교운영계획서이다. 일반적으로 학교의 학교운영계획서는 1년을 단위로 수립되며, 그 내용도 대부분 일부 부장이 작성하는 경향이 있다. 그러나 D중학교의 학교운영계획서는 공모 당시 교장이 제출한 것으로, 4년간의 학교 운영에 대한 내용을 담고 있다. 이를 토대로 1년의 학교운영계획서가 만들어지는 것이다. 학교장이 제시한 구체적인 비전과 비전달성을 위해 제시한 큼직한 계획들은 구성원들이 비전을 이해하고 실천하게 하는 구체적인 자료가 된다.[17]

충남삼성고등학교는 '자율, 창의, 품격'이라는 교훈을 가지고 2014년에 개교한 신설학교이다. 교훈을 보면, "좋은 이야기지." "다들 하는 말 아니야?"라고 말한다. 말은 좋은데 어떻게 이를 실천할 수 있느냐 하는 거다. 그래서 학교 경영진은 '66일 기적의 용광로'[18]라는 프로그램을 만들었다. 신입생이 입학하면 전원 66일간 집에 가지 않고 오로지 학교와 기숙사에서 합숙하면서 새로운 생활습관을 체득하고 일체감을 형성하는 프로그램이다. 이 기간 동안 인터넷도 할 수 없고 TV도 못 본다. 부모와 완전히 떨어져서 생활하는 가운데 자율과 창의와 품격을 배운다. 인사하는 법, 식사하는 법, 방 청소하는 법, 시간관리하는 법, 친구들과 대화하는 법 등 모든 것을 새로 다진다. 집에 가지 않으니 많은 시간이 주어지기 때문에 이 시간을 어떻게 써야 하느

◆ 거실에 누워 있는 시체

론 마셜(Ron Marshall)

몇 년 전 내가 뉴욕에서 생애 처음으로 집을 구입할 때 부동산 중개인이 내게 해 준 정말 좋은 충고가 있다. 나는 그 집을 사기 위해 엄청난 빚을 졌다. 정말 끌어올 수 있는 자금은 모두 끌어 모았다. 거래가 끝난 후 부동산 중개인이 나를 쳐다보면서 다음과 같이 말했다. "여긴 수선해야 할 곳이 많습니다. 정말 수선해야 할 데가 많은 집이죠. 65년이나 되었으니까요. 그러니까 고치고 싶은 곳을 확실히 목록으로 만들어서 처음 6개월 안에 고치도록 하세요. 꼭 6개월 안에 다 고치세요."

내가 말했다. "당신 제정신이요? 65년 된 집이라고요? 나는 지금 파산 직전이에요. 잔금을 지불하고 세금, 변호사 비용을 빼고 나면 한 푼도 안 남아요. 그리고 나도 나름의 원칙을 가진 사람입니다. 향후 5년에 걸쳐 내가 하고 싶은 대로 할 것이오." 그녀가 말했다. "못 하실 겁니다. 왜냐하면 6개월만 지나면 익숙해지거든요. 모든 것이 딱 맞는 것처럼 느껴지죠. 거실에 시체가 누워 있어도 밟고 다닐 수 있게 될걸요."

나는 아직도 이 대화를 기억하고 있다. 그리고 아주 놀랍게도 그녀의 말이 옳았다. 6개월 안에 고치지 못한 것은 5년 후 다시 집을 팔 때까지 고치지 못했다.

* 출처: John, P. K., & Dan, S. C. (2003). 기업이 원하는 변화의 기술(김성수, 김기웅 공역). 서울: 김영사. pp. 127-128.

냐 하는 것부터 혼자 결정해야 하는 숙제이고 학생들이 스스로 결정해야 하는 일도 많다. 선생님들과 많은 대화를 나누면서 미래에 대한 상담도 하고 그 과정에서 학교 철학도 익힌다. 이 프로그램 하나로 학생들은 물론이고 학부형까지도 충남삼성고등학교의 비전을 온몸으로 공유하게 되는 것이다.

비전실천을 위한 시스템

비전공유의 네 번째 방법은 비전실천 여부를 인사에 연계해 시스템화하는 것이다. 이는 비전실천이 특별한 홍보나 이벤트가 아니고 일 자체가 되게

하는 효과가 있다. 비전을 아무리 실천해도 인사평가나 승진, 보직에 연계가
안 되면 구성원들은 '아, 진짜 일은 따로 있구나.' 하는 생각을 한다. 학교에
서는 교육과정 속에 그리고 학생지도 과정에 비전이 들어가게 해야 하고 교
사들이 이를 열심히 실천해야 한다. 또 그렇게 하면 마땅히 인사상 이익이
주어져야 할 것이다. 그래야 조직 속에 비전이 녹아들고 살아 숨 쉬게 된다.
물론 구성원을 선발·배치할 때도 마찬가지다.

창의적인 교육을 표방하는 J사립중학교는 교사를 채용하는 데 일곱 번의
면접을 거친다. 단순한 형태의 구두면접도 하지만, 다단계의 심화 질문을 하
는 구두면접도 한다. 또한 인성검사, 시범 강의, 집단 토의도 한다. 그렇게
함으로써 처음부터 학교비전에 맞는 사람이 선발되고 또 그 사람이 학교의
비전을 쉽게 공유하게 된다. 이러한 인사 프로세스는 한 번의 이벤트가 아니
라 하나의 제도로 자리 잡고 있다.

장상호 교장선생님은 보직자 인선이나 근무평정을 할 때 인사위원회를 적
극 활용하고 이 인사위원회는 여론 청취를 많이 한다. 인사는 교장의 주요
권한이기 때문에 교장이 상당한 결정권을 가질 수 있다. 그러나 그렇게 되면
교사들이 교장의 개인적인 취향을 너무 의식하는 폐단이 생긴다. 교사들이
눈치를 봐야 할 것은 교장이 아니라 학교의 비전이고, 학생이고 또 학부형이
다. 어떤 보직자를 선택할 경우, 본인의 선호가 있더라도 장 교장선생님은
이를 꾹 누르고 원칙과 학교 내 평판으로 결정하게 한다.

비전을 수립하는 일은 어떻게 생각하면 화려한 일이고, 생색이 나는 것이
다. 그러나 이를 실천하는 것은 '지겹고 따분하고 지루한 일'일 수 있다.
리더는 이런 일을 하는 사람을 잊어서는 안 된다. IBM의 루 거스트너(Lou
Gerstner) 회장이 이야기했듯이 홍수를 예언하는 사람보다 방주를 쌓아 올리
는 사람에게 점수를 더 주어야 한다.[19]

비전을 설정했다면, 이를 공유하는 작업을 서둘러야 한다. 비전은 변화를

위해 만드는 것인데, 이 실천을 늦추면 결국 사람들은 현실에 안주하기 때문이다.

♣ 체크리스트

1. 당신이 속한 조직이 추구하는 비전은 무엇인가?

2. 당신이 속한 조직의 비전을 다시 수립한다면 어떻게 해야 할 것인가?

3. 당신 조직의 비전을 구성원들이 얼마나 '내 것'이라고 생각하고 있나?

4. 비전에 대한 공감도를 지금이라도 높이려면 어떻게 해야 하나?

5. 당신 자신의 비전은 무엇인가?

제5장
지시가 아니라 질문이다

Coaching

오늘날 리더에게 필요한 것은 카리스마 넘치고, 지적 능력이 뛰어나 앞에서 끌고 가는 능력이 아니라, 구성원들이 자기주도적으로 문제를 발견하고, 해결책을 마련하도록 촉진하고 돕는 코칭능력이다. 그중에서도 바른 질문은 상대방의 창의성을 높이고 열정을 불러일으키며 나아가서는 서로의 관계를 돈독히 해 준다.

1. 왜 코칭인가

카리스마가 아니라 코칭이다

영화 〈Coach Carter〉는 실화를 바탕으로 만들어진 작품이다. 이 영화는 미국의 리치먼드라는 지역을 배경으로 전개되는데, 미국 빈민가의 생활상을 아주 잘 묘사하고 있다. 실제로 리치먼드의 빈민가는 희망을 기대하기 힘든 가난에 찌든 곳이다. 그곳에서는 대부분의 학생이 아버지 또는 어머니 없이 자라고 있고 고등학교를 제대로 졸업하는 사람 수도 적을 뿐 아니라 졸업생의 절반 이상이 실업자나 전과자로 살아간다. 한때 리치먼드고등학교 농구팀의 스타로 이름을 날렸던 카터(Carter)는 이런 학교에서 코치 제의를 받으면서 다시 농구계로 복귀한다. 카터는 농구부 아이들에게 계약서에 서명하게 한다. 모든 수업에 맨 앞줄에 앉을 것, 학점 2.3 이상 받을 것. 이것이 계약서의 내용이었다. 기본부터 다지기 시작한 리치먼드 농구부는 불패신화를 이루게 된다는 스토리다. 이처럼 별 볼일 없는 선수나 팀이 훌륭한 코치를 만나 뛰어난 성적을 올리는 사례는 영화의 단골 소재거리이기도 하다.

우리는 코칭이라는 말을 들었을 때 스포츠에서 코치가 하는 역할을 떠올리게 된다. 코치는 선수의 자세를 바로잡아 주고 훈련하는 역할을 맡는다. 선수는 코치의 지시에 따라 훈련하고 코치가 가르쳐 준 자세를 열심히 반복적으로 익혀 기량을 향상시킨다.

흥미롭게도 최근 리더에게 코칭이 강조되고 있다. 앞에서 주도적으로 이끌어 가는 카리스마 넘치는 리더는 요즘 시대에 별로 인기가 없는 듯하다. 사람들의 자율성을 존중하고 그들이 잠재역량을 최대한 발휘하도록 하기 위해서는 코치형 리더십이 효과적이라고 전문가들은 지적하고 있다. 리더에게 요구되는 코치 역할은 리더가 주도적인 역할을 하면서 가르쳐 주고 이끄는 것이 아니다. 코칭받는 사람이 주도적으로 자신의 문제를 해결할 수 있도록 촉진하고 도와주는 데 있다. 즉, 업다운(Up-Down)식이 아닌 양방향의 파트너 관계다.

코칭의 세 가지 목적

그렇다면 학교에서 교사들의 창의성 발휘를 촉진하도록 코칭이 이루어지려면 어떻게 해야 할까? 창의적 리더에게 필요한 코칭은 다음 세 가지 목적을 가진다.

첫째, 목표를 달성하도록 안내하고 촉진하는 것이다. 코칭은 목표를 달성하기 위해 조치를 취하도록 지시하는 것이 아니다. 코칭의 목표는 사람들이 스스로 해결안을 찾도록 돕는 데 있다. 코치는 목표지향적 질문과 피드백, 경청 등을 통해 구성원이 생각을 정리하고 목표를 구체화하며 실행에 옮기기 위한 심리적 · 물리적 자원을 한다. 그러나 코치가 적극적으로 나서서 그림을 그리지는 않는다.

둘째, 코칭은 합의한 성과를 이루어 내기 위해 경험과 의견을 공유하는 것이다. 코칭은 모든 답을 가진 전문가나 감독자처럼 행동하는 것이 아니다. 코칭의 기본 철학은 파트너십이다. 코칭은 서로의 생각을 공유하고 다양한

〈표 5-1〉 올바른 코칭과 잘못된 코칭

올바른 코칭	잘못된 코칭
• 학습과 개발을 위한 수단 • 목표를 달성하도록 안내하고 촉진하는 것 • 합의한 성과를 이루어 내기 위해 경험과 의견을 서로 공유하는 것	• 단순히 누군가의 행동이나 활동을 바로잡기 위해 조치하는 것 • 목표를 달성하기 위해 조치를 취하도록 지시하는 것 • 모든 답을 가진 전문가나 감독자처럼 행동하는 것

관점을 탐색하는 과정이다. 코칭을 하는 리더는 구성원과 함께 해결안을 찾아 가는 과정에서 머리를 맞대고 서로의 경험과 노하우를 공유해야 한다.

셋째, 코칭은 학습과 개발을 위한 수단이기도 하다. 코칭 과정에서 사람들은 다양한 관점을 경험하고 자신의 잠재 역량을 발휘하게 된다. 따라서 코칭 과정 자체가 개인에게 학습과 개발의 기회를 제공해 준다.

물론 이러한 일이 일어나려면 많은 것이 변해야 한다. 코칭의 기술도 필요하지만 가장 중요한 것은 리더의 태도다.

코치와 보스의 차이

배우 송강호를 알린 영화 〈넘버 3〉를 보면, 삼류 건달 송강호가 부하를 앞에 두고 '헝그리 정신'에 대해 일장 연설을 하는 장면이 나온다. 헝그리 정신이 왜 중요한지에 대한 예를 들면서, "현정화, 현정화도 라면만 먹고 육상에서 금메달 3개나 따 버렸어."라는 말을 하자, 부하 한 명이 "임춘애입니다. 형님!"이라고 사실을 바로잡아 준다. 그러자 송강호는 그 부하를 죽일 듯이 팬 후 다른 부하들에게 '하…… 하늘이 내…… 내가 빨강색이라면 빨강색인 거야!'라며 분에 못 이겨 말을 더듬거리며 호통을 친다. 이후 아무도 그의 말에 토를 달지 않는다.

이 이야기가 어디 영화에서만 해당될까? 상당히 많은 조직에서 늘 일어나는 일이 아닌가 싶다. 어느 직장에서 신입사원들과 사장과의 상견례 자리에서 비슷한 이야기가 있었다. 사장이 궁금한 것이 있으면 질문하라고 해서 신입사원 한 명이 초과 근로에 대해 겁 없이 질문했다가 "요즘 젊은 사람들은 따지는 것이 많다." "조직에 대한 애정이 없다." 등 그 높은 분은 입에 거품을 물고 호통을 쳤고 그 이후 아무도 질문을 하는 사람이 없었다고 한다.

윗사람이라는 생각부터 버려야

이런 조직에서 구성원들이 자유롭게 자신의 생각을 말하고 창의성을 발휘할 수 있을까? 조직에서 리더만 말하고 다른 사람들은 모두 침묵하고 있다면 그 조직은 삼류다. 학교에서도 마찬가지다. 교사들의 창의성을 기대하려면 학교경영자는 '난 윗사람'이라는 생각부터 버려야 할 것이다. 창의적 리더가 수행할 코치의 개념은 모든 것을 진두지휘하고 관리하는 통치자가 아니다. 일반적으로 상사는 자신이 구성원들을 완벽히 통제하고 있다고 믿을 때 제대로 돌아가고 있다고 생각한다. 그리고 부하들은 상사가 결정하거나 지시하지 않으면 자발적으로 움직이지 않을 것이다. 그것이 상사에 대한 부하의 기대행동이기 때문이다. 상사는 흔히 "왜 ~하지 않나요?" "~하면 어때요?" 등의 유도형 질문이나 지시형 질문을 선호한다. 이런 유형의 질문은 결정권이 여전히 상사에게 있다는 것을 말해 주며 구성원에게 무력감을 주기도 한다.

반면, 코치는 지원하며 촉진하는 사람이다. 코치는 지시하기보다는 구성원의 의견을 듣고 존중하며 그가 스스로 결정하도록 도와준다. 이는 문제를 구성원에게 맡기고 자신은 방관자적 태도를 가지라는 것이 아니다. 적절한 질문과 피드백 등을 통해 구성원이 해결책을 찾아 일을 진행시킬 수 있는 사고의 틀을 제공해 줘야 한다. 그리고 이 과정에서 구성원이 어려움을 극복할 수 있는 스스로의 능력을 신뢰하고 자신감을 가지도록 칭찬과 격려하는 것이 중요하다.

학교경영자가 코치로서의 역할을 할 때는 교사들이 자신에게 필요한 것을 이미 가지고 있다는 가정을 가져야 한다. 학교경영자는 교사들의 부족함을 채우기보다 온전함을 회복하는 과정, 적합하지 않은 것을 고치는 것이 아니라 적합한 것을 덧입혀 나가는 과정에 초점을 맞춰야 한다. 이렇게 할 때 교사들은 책임감을 갖고 자신을 위한 선택을 할 힘을 얻으며 더 적극적이고 자신감이 넘치게 될 것이다.

다양한 관점을 인정하라

[그림 5-1] 무엇일까요?

* 출처: Sandro Del-Prete(1987). The message of dolphins.

이 그림을 보면 무엇이 보이는가? 사람들의 생각은 초깃값에 의해 크게 영향을 받는다. 이것을 닻 내리기 효과(anchoring effect)라고 한다. 닻을 내린 곳에 배가 머물듯이 처음 입력된 정보가 정신적 닻으로 작용해 전체적인 판단에 영향을 미치는 현상이다. 각자 가지고 있는 지식이나 경험 등에 따라 같은 현상도 다르게 보인다. 그래서 그림과 관련된 직·간접 경험이 전혀 없는 어린이들 눈에는 돌고래밖에 보이지 않지만 어른들 눈에 돌고래는 쉽게 보이지 않을 것이다.

사람들은 각자 서로 다른 경험과 지식, 많은 것을 당연하게 생각하게 하는 고정관념을 가지고 있다. 그리고 그것들을 기초로 우리는 어떤 사물을 바라보거나 판단한다. 무슨 일이 일어나고 왜 일어났는지 충분히 생각하지 못한 채 일을 처리하기도 한다. 사물을 특정 방식으로 보는 데 익숙해서 거기에 다른 측면이 있는지 보지 못한다. 그 결과 무의식적으로 어떤 정보를 거르거나 자신의 믿음에 의해 정보를 선택해서 받아들이고 왜곡한다.

해답은 당사자가 알고 있다

코칭의 중요한 장점은 바로 리더가 자신의 관점을 주입하는 것이 아니라 문제를 다양한 관점에서 바라보고 더 넓은 시야로 볼 수 있도록 도와주는 데 있다. 자신의 시각에 머무른 채 문제를 전체적인 시각에서 바라볼 기회가 없다면 창의적 발상이 일어나지 않는다. 관점을 전환할 기회를 가지거나 타인의 시각으로 돌아볼 수 있을 때 스스로 과제를 재정의하고 창의적인 해결안을 탐색할 수 있다.

리더는 코칭 과정에서 구성원이 가지고 있는 사고의 틀을 넘어서고 경험들을 새롭게 재구성할 수 있게 도와준다. 이는 문제해결 방식이 리더가 일방적으로 지시하는 것이 아니고 구성원과 질문과 대화를 통해 다양한 사고를 촉진하며 공유하기 때문에 가능한 일이다. 리더가 아무리 경험이 많고 유능해도 그 역시 자신만의 사고에 얽매일 수 있으며 모든 면을 통찰하기란 쉽지 않다.

코칭은 구성원들이 가지고 있는 잠재역량과 다양한 사고를 허용하여 집단지성을 촉진한다. 코칭이 가지고 있는 가정 가운데 하나는 해답은 자신이 알고 있다는 점이다. 즉, 코치가 해답을 알려 주는 것이 아니라 당사자로부터 해답을 이끌어 내는 것이다. 이러한 기본 철학을 가지고 코칭 과정과 코칭이 조성하는 허용적 분위기는 자유로운 발상과 새로운 연결성을 만들어 가면서 구성원들의 창의성을 개발하게 된다.

가장 중요한 바탕은 관계이다

똑같은 말인데도 누가 하느냐에 따라 전혀 다르게 들리기도 한다. 평소에 인사성 없거나 권위적인 사람이 하면 잔소리처럼 들리는 말도, 늘 밝은 표정

◆ 전진의 법칙

    며칠간 어떤 일에 매달리다가 드디어 마무리가 눈앞에 있는데, 누군가 와서 이렇게 말한다. "이거 안 해도 되지 않나?" 이런 경우를 당하면 그 사람을 향해 뭐라도 집어 던지고 싶은 심정일 것이다. 그런데 많은 사람이 비슷한 경험이 있을 것이다.

    창의성의 대가로 알려진 아마빌레(Amabile)는 이런 이야기에 딱 맞는 연구를 소개하였다. 그는 직장인들의 창의성에 영향을 미치는 요인이 무엇인지 알아내기 위해 일기 형식의 설문지를 통해 연구하였다. 그가 수집한 1만 2,000건의 일기에는 통계 수치로는 얻을 수 없는 생생한 이야기가 담겨 있었다. 분석 결과는 매우 흥미로웠다. 창의성을 유발하는 긍정적 내면상태를 가능하게 하는 것은 바로 '전진'이었다. 자신이 중요하게 생각하는 일에서 진정한 전진을 이루어 내면 일에 흥미와 재미를 느껴 일을 창의적으로 처리할 가능성이 커진다는 것이다. 이는 구성원이 업무에서 진정한 성취감을 느끼면 창의성이 요구되는 새롭고 어려운 업무를 받아들일 가능성이 커진다는 뜻이다. 의미 있는 전진을 이루어 내고 나면 어려운 문제에 도전해 창의적인 해결책을 찾아내려는 경향이 높아진다는 것이다. 아마빌레는 이것을 '전진의 법칙(progress principle)'이라고 불렀다.[1]

    그렇다면 전진을 이루어 냈는지를 어떻게 알 수 있을까? 리더나 동료의 피드백을 통해 느낄 수도 있고, 일을 하면서 스스로 그 결과를 알 수도 있다. 예컨대, 아이디어에 대해 구체적으로 긍정적인 피드백을 줘도 좋지만, 단순히 칭찬만 해 줘도 사람들은 일이 전진하고 있다는 느낌을 받을 수 있다.

    반대로 창의성에 가장 해로운 느낌은 좌절이다. 아무리 노력해도 어려운 일은 좌절의 원인이 되지만 간혹 사람들을 좌절시키는 데 아주 능숙한 리더들이 있다. 이들은 의욕적으로 뭔가를 시도하려는 교사에게 그 일이 어려운 이유나 문제점에만 초점을 맞춰서 시작부터 좌절시킨다. 어떤 리더는 잘되고 있는 부분은 언급을 안 한 채, 잘 진행되지 못하고 있는 점에 대해서만 말을 하거나, 아직 일어나지도 않은 문제를 확대해석하기도 한다. 잊지 말아야 할 사실은 상사나 관리자가 아닌 코치의 마인드다. 코칭의 중요한 역할은 지금까지 '전진'한 부분, 긍정적인 결과에 주목하여 어려움을 극복할 에너지를 불어넣어 주는 것이다.

으로 나를 대하던 사람이 하면 진심 어린 조언으로 들린다.

    누구든 같이 일하고 싶지 않은 사람이 있을 것이다. 문제는 조직에서 완전히 혼자서 처리할 수 있는 일이란 거의 없다는 점이다. 우리는 관계를 통해 일을 할 수 있다. 특히 코칭은 일방적인 관계가 아닌 상호 협력적인 관계에서 일이 진행되도록 한다는 점에서 관계는 매우 중요하다. 개인적인 관계를 형성하거나 특별히 친한 사이가 될 필요는 없지만, 서로를 존중하고 신뢰하여 생산적인 대화와 협력이 가능한 관계가 필요하다. 코칭에서 이루어지는 피드백, 아이디어 탐색 및 교환 등은 좋은 관계 속에서 활발하고 호의적으로 이루어질 수 있을 것이다.

따라서 학교경영자가 코칭을 위해 해야 할 최우선적인 일은 교사들과의 호의적인 태도를 유지하는 데 노력을 기울이는 것이다. 당신이 어려운 대화를 하고 있거나 갈등 상황에서도 우선적으로 관계를 보호하는 것을 잊지 말아야 한다. 물론 호의적인 태도는 시간을 꾸준히 투자해야만 만들어진다. 리더 자신의 평소 모습이나 구성원들을 대하는 태도와 노력이 관계를 형성하는 데 가장 큰 영향을 미칠 것이다. "언제든지 사람들이 내게 다가와서 이야기를 나누려고 하는가?" 이런 질문에 "Yes"라고 말할 수 없다면 스스로 어떻게 해야 하는지, 어떤 환경을 조성해야 하는지 고민해야 할 것이다. 좋은 관계를 형성하면 교사들이 학교경영자의 글씨체조차 좋아할지도 모른다.

2. 질문과 피드백

질문의 힘[2]

"호텔 사업의 본질이 무엇이라고 생각합니까?" 1980년대 후반 이건희 회장이 신라호텔의 한 임원에게 던진 질문이다. 이건희 회장은 질문을 잘하는 리더로 꼽힌다. 이 회장은 질문을 던지고 그에 대한 해답은 경영진 스스로가 연구하고 찾아내기를 원했다. 그 임원은 해답을 얻기 위해 일본 등지로 출장을 나가서 해외 유명 호텔을 벤치마킹하면서 호텔 사업의 본질을 연구하기 시작했다. 그리고 돌아와 이 회장에게 호텔 사업은 '장치산업과 부동산업'에 가깝다는 보고를 했다. 입점지에 따라 사업의 성패가 갈리고, 새로운 시설로 손님을 끌어야 한다는 얘기였다. 그때서야 이 회장은 고개를 끄덕이며 장치산업이자 부동산업으로서 호텔의 발전 방향에 대해 구체적인 전략을 생각하라고 지시를 내렸다. 호텔 사업은 일반적으로 '서비스 산업'이라고 생각한다. 그러나 그렇게 생각해서는 새로운 전략이 나올 수 없었던 것이다.

윗사람이 지시하고 아랫사람은 그 지시에 순종하는 모습은 전통적인 위계 조직에서 흔히 보는 장면이다. 일방적인 말하기는 대화를 자기 뜻대로 이끌겠다는 의지를 보여 준다. 이런 식으로 윗사람이 대화를 지배하면 아랫사람은 스스로 주도권을 가지고 생각하거나 행동할 줄 모르게 된다. 단지 윗사람의 지시를 그대로 따르는 데에만 초점을 둘 뿐이다.

코칭은 리더가 구성원에게 일방적으로 조언을 해 주는 것이 아니다. 질문을 통해 서로의 생각을 확인하거나 관점을 탐색하는 것이다. 조언을 주기보다는 상대방의 의견을 묻는 것이 중요하다. 우리가 일반적으로 생각하는 질문이란 단순히 모르는 것을 묻거나 사실에 대한 정보를 구하는 것이다. 그러나 질문은 더 중요한 기능이 있다. 질문에 대답하는 과정을 통해 자신이 알고 있는 것을 명확히 할 수 있으며, 새로운 관점과 깊이 있는 사고를 발전시킬 수 있다.

좋은 질문의 효과

좋은 질문은 적어도 세 가지 효과가 있다.

첫째, 질문은 참여를 촉진한다. 사람들은 단순한 지시나 명령을 받으면 수동적인 태도로 반응하게 마련이다. 그러나 질문을 받으면 그 질문의 답을 찾

좋은 질문은 미처 생각하지 못한 측면을 돌아볼 탐색의 기회를 주면서 아이디어와 통찰
력을 불러내기도 한다.

기 위해 그 문제에 능동적으로 참여하게 된다. 지시는 일방적이지만 질문은
쌍방향 대화를 촉진한다. 이런 현상은 수업에서 흔히 확인할 수 있다. 교수자
가 일방적으로 강의하면 학습자는 지식을 수동적으로 받아들이는 입장에 놓
이지만 교수자가 질문을 하면 학습자의 참여가 이루어지는 수업이 될 것이
다. 마찬가지로 학교경영자는 질문을 통해 교사를 문제에 참여시킬 수 있다.

둘째, 질문은 관점을 변화시키거나 다양한 관점을 낳는다. 예를 들면, '어
떻게 하면 우리 학교가 이 지역에서 최고가 될 수 있을까?'라는 질문을 '어떻
게 하면 우리 학교가 학생들을 위해 최고가 될 수 있을까?'로 바꾸면 답에 필
요한 가정이 '경쟁'의 개념에서 '가치 있는 공헌'의 개념으로 바뀐다. 듣는 사
람에게 새로운 사고를 자극할 때, 그 사람이 본래 알고 있는 것 이상을 탐구
하도록 요구할 때, 새로운 연결성을 확립하도록 도울 때, 새로운 관점이나 다
른 관점에서 익숙한 것들을 보도록 할 때 질문은 강력한 효과를 가진다.

셋째, 질문은 해답을 찾도록 도와준다. 좋은 질문은 미처 생각하지 못한 측

면을 돌아볼 탐색의 기회를 주면서 아이디어와 통찰력을 불러내기도 한다. 예를 들면, '교사들을 동기 유발시키려면 어떻게 해야 할까?'보다는 '내가 학교 일을 하면서 신바람 났던 때가 언제인가? 그 이유는 무엇인가?'와 같은 질문이 창의적인 대안을 찾는 데 도움이 된다. 따라서 제대로 된 질문을 가지고 열린 마음으로 답을 찾고자 하면 그 과정에서 강력한 통찰력을 얻기도 한다.

중립적인 열린 질문 사용하기

"땡" "딩동댕" 예전에 어느 교수가 수업 중에 던진 질문에 학생들이 답하면 이렇게 반응을 보였다고 한다. 그랬더니 학기 말 학생들의 강의평가서에는 이런 글이 있었다고 한다. "교수님은 늘 정답을 기다리시는 듯 보여요." 학생들의 참여를 이끌려고 열심히 질문을 던졌지만 학생들의 생각의 힘을 키우려는 질문이 아닌 '정답 맞히기' 질문을 한 것이다.

질문의 효과가 모든 질문에 해당되는 것은 아니다. 훌륭한 질문은 생각하는 힘과 분석 능력을 끌어올려 주지만, 정답 맞히기식의 나쁜 질문은 상대방의 창의성 동기를 오히려 떨어뜨리며 사고의 발달을 제한하기도 한다. 질문을 잘하는 것은 쉬운 일이 아니다. 질문 자체에 문제가 있기도 하고, 질문하는 방식에 문제가 있는 경우도 있다.

좋은 질문을 하는 간단한 방법이 있다. 질문을 중립적인 열린 질문으로 하는 것이다.

열린 질문은 개방적인 사고를 촉진한다

질문은 닫힌 질문(closed question)과 열린 질문(open question)으로 구분될 수 있다. 닫힌 질문은 "예" 또는 "아니요"라는 답변만 허용하는 질문이다. 일반적으로 동의 여부나 간단한 확인이 필요한 경우에 많이 쓰인다. 간단한 대답만을 요구하기 때문에 답변을 쉽고 빠르게 끝내는 경우, 또는 자세한 생각을 들을 필요가 없는 경우에도 닫힌 질문이 유용하다. 예컨대, "지금 시작해도 될까요?"와 같이 간단하게 물으면 쉽게 대답하고 진행할 수 있다. 그러나 이런 닫힌 질문으로는 상대방이 생각을 제대로 표현하도록 촉진할 수 없으며 의사소통 자체를 막아 버리는 결과를 가져올 수 있다. 열린 질문은 다양한 대답을 허용하며 자유롭게 자신의 생각과 사고방식을 말하도록 허용한다. 다음의 예를 보자.

① "현장에서 배운 점이 많았나요?"
② "현장에서 무엇을 배웠나요?"

비슷한 질문 같지만 ①번 질문에는 "예" "아니요"로 답하게 될 것이다. 하지만 ②번 질문에는 의견을 말하게 될 것이다. 이처럼 열린 질문은 상대방에게 분석적이고 개방적인 사고를 허용해 준다는 사실을 알 수 있다.

유도 질문은 내 생각을 강요하는 것이다

대부분의 열린 질문은 중립적이지만 간혹 가치가 부여된 유도 질문인 경우도 있다. 유도 질문(value-loaded question)은 "~이지 않나요?"처럼 상대방이 질문자의 기대대로 답변하기를 유도하는 질문이다. 이런 질문은 상대방의 의견에 귀를 기울이겠다는 의도라기보다는 자신의 의견을 상대방에게 강요하는 질문이다. 상대방의 생각을 자유롭게 표현하도록 촉진하기 위해서는 질문에 아무런 가치가 반영되어 있지 않은 중립적 질문(neutral question)을 던져야 한다. 예컨대, "우리 학교에 그것을 위한 공간이 있을지부터 검토해야 할 것 같은데, 어떻게 생각하나요?"라는 질문은 생각의 폭을 이미 학교 내 공간 확보에만 한정시켜 주어진 여건에서 가능할 수 있는 다른 대안들을 떠올리지 못하게 한다. 이보다는 "그 공간을 어떻게 확보할 수 있을까요?"라는 중립적인 열린 질문이 바람직하다.

또한 "왜 이것밖에 되지 않죠?"와 같은 질문은 개방형 질문이지만 다분히 상대방에게 책임을 따지는 것이 의도된 질문이다. 이러한 유형의 질문은 상대방에게 실질적인 도움이 되지 않는다. 상대방을 도와주고 문제를 해결하려는 의도가 담기려면 가치나 책임의 느낌이 담기지 않도록 중립적으로 열린 질문을 던져야 할 것이다. 예컨대, "이것밖에 되지 않는 원인이 어디에 있을까요?" "이 문제를 어떻게 풀면 좋을까요?" 등의 질문을 던져야 한다. 상황에 따라 적절하고 좋은 질문을 하는 것이 쉬운 일은 아니지만 대체로 중립적인 열린 질문은 좋은 질문일 가능성이 크다.

"왜?"라고 묻지 말 것

질문을 할 때 주의해야 할 점은 가능하면 "왜?"라고 묻지 말아야 한다는 것이다. "왜?"라는 질문은 방어본능을 자극하는 경우가 많다. 왜 그랬냐고 물으면 사람들은 대개 자기를 합리화하고 정당화하기 바빠진다. 애초의 질문 의도와는 오히려 다른 결과를 가져오는 것이다. "왜?"라고 물어야 할 필요성을 느낀다면, 말투에 특별히 신경을 써야 한다. "그것에 대해 어떻게 생각하느냐?" 혹은 "그런 해결책을 선택한 이유가 무엇이죠?" 식으로 질문하는 것이 부드러울 것이다. 감정의 영역에서는 "왜 화를 내죠?"라고 묻기보다 "화나게 만드는 상황에 대해 좀 이야기해 주실래요?"라고 요청하는 것이 바람직해 보인다.

피드백을 어떻게 줄 것인가

흔히 눈치껏 행동해야 한다는 말을 한다. 말로 표현하지 않아도 상대방의 의도나 생각을 파악하고 대응해야 한다는 것이다. 한국 사람들은 의사표현을 직접적으로 하기보다는 간접적으로 하는 걸 선호하다 보니 눈치도 발달하는 듯하다. 눈치를 중요하게 생각하는 우리 문화 배경에서 상대방에 대한 직접적인 피드백은 거북하게 느낄 수밖에 없다.

그럼에도 불구하고 피드백은 매우 중요하다. 피드백은 그 사람의 생각이나 행동, 결과물 등에 대해 객관적인 시각을 전달하여 보다 바람직한 방향으로 이끌고 상대방의 발전을 돕기 때문이다.

사람들이 대체로 피드백을 좋아하지 않는 이유는 피드백이 주로 부정적인 측면에 초점이 두어지는 경우가 많기 때문이다. 관리자들도 흔히 피드백의 기능을 '무엇이 잘못되었는가'를 알려 주기 위한 것으로 인식하고 있다. 이들은 피드백을 통해 자신이 옳고, 다른 사람들에 대한 지배력을 가지고 있으며 윗사람으로서의 자신의 정체성을 보여 주려 한다.

피드백은 앞에서 말했듯이, 일의 전진을 위한 것이다. 피드백을 주고받는 일은 처리해야 할 쟁점을 파악하고 실행 계획을 함께 수립하며 결과를 평가하는 코칭 프로세스 전체에 걸쳐 이루어져야 한다. 이 과정에서 피드백이 효과적으로 이루어지려면 다음과 같은 조건을 갖추고 있어야 한다.

① 구체적으로 한다

돌려 말하거나 모호하게 말하지 말고, 상대방이 명확하게 이해할 수 있도록 구체적인 예를 들어 가며 피드백을 준다. 예컨대, "전체적으로 무난해요."라고 말하기보다는 어떤 점이 좋은지 설명해 줘야 한다. 부정적인 피드백을 줄 때, "아무튼 뭔가 잘못 되었어요."라고 툭 던지듯이 말하는 것은 무책임해 보인다.

② 사람이 아닌 행동에 초점을 맞춘다

상대방의 태도나 성격이 아닌 행동이나 결과에 초점을 두어야 한다. 판단을 내리는 언어는 섣불리 사용하지 않아야 한다. 그런 언어는 상대방을 방어적으로 만들 뿐이다. 예컨대, '무책임한' '프로답지 않은' '불성실한' 등의 가치 평가적 단어를 피한다.

③ 피드백의 균형을 맞춘다

긍정적인 피드백과 부정적인 피드백의 균형을 맞춰서 피드백 분위기가 위축되지 않도록 해야 한다. 80%는 긍정적이고 기운을 불어넣는 피드백을, 20%는 변화를 위한 건설적인 아이디어를 제공하는 피드백을 제공한다. 실수에 초점을 맞추지 말고 제대로 가고 있는 것과 발전해 가고 있는 것에 초점을 맞추도록 한다. 피드백의 순서도 중요하다. 부정적 피드백을 먼저, 긍정적 피드백을 나중에 하는 것이 바람직하다. 좋은 내용을 먼저 주면 이후의 나쁜 내용의 파급 효과가 커서 잊혀지며, 부정적 정서가 남아 있게 된다.

④ 지지하는 형태를 가진다

코치가 어떤 의도를 품느냐가 중요하다. 코치는 무엇보다도 '여기에서 내가 진정으로 애써야 할 일은 무엇인가?'에 마음을 써야 한다. 피드백은 그 사람을 다루거나 비판하기 위한 것이 아니다. 피드백은 돕겠다는 의도로 해야 한다. 피드백은 상대방을 격려하고 용기를 주는 방식으로 할 때 상대방의 흡수율이 가장 좋다. 이 말은 피드백을 줄 때 어느 정도의 감정적인 중립성과 차분함으로 갖춰야 할 필요가 있다는 것을 의미한다. 피드백의 내용도 이미 돌이킬 수 없는 과거에 초점을 둘 것이 아니라 앞으로 어떻게 잘할지에 초점을 두어야 한다. 누군가가 새로운 좋은 아이디어를 제안하면 무엇이 틀렸는지를 파악하는 데 초점을 둘 것이 아니라, 아이디어의 어느 면이 옳고 그 아이디어를 바탕으로 무엇을 구축할 수 있는지에 초점을 두어야 한다.

스스로 답을 찾게 해 준다는 것은 방관한다는 것을 의미하지 않는다. 다음

예를 보자.

> 교장: 나하고 얘기 좀 나눕시다. 지난번 진행한 건 결과가 별로 좋지 않아요.
> 교사: 어떻게 수습할까요?
> 교장: 그걸 왜 나에게 물어요? 선생님이 생각 좀 해 보세요.

문제만 지적할 뿐, 문제를 분석할 방향을 찾아 준다거나 새로운 아이디어를 찾아낼 기회를 제공하지 않는 것은 피드백이 아니다.

> 교장: 수고 많으셨어요. 처음이라 그동안 걱정 많으셨죠?
> 교사: 아닙니다. 만족스럽게 일이 진행된 것 같지 않아 죄송하네요.
> 교장: 그 정도면 훌륭하셨어요. 우리가 예상하지 못했던 점이 무엇일까요?

⑤ 피드백은 '내 생각에는'이라는 말로 주관적인 견해임을 이해시킨다

우리는 다른 사람이 하는 행동이나 특성, 결점 등을 보고 자기 나름의 느낌에 따라 판단을 내린다. 자기 자신의 부족한 점이나 관점의 한계에 대해서는 전혀 생각하지 않고 자신의 생각이 정답인 듯 다른 사람을 가르치려고 하는 사람이 있다. 코칭은 상대방을 가르치는 것이 아니라 서로의 생각을 나누고 배우겠다는 겸손한 자세가 필요하다.

⑥ 반응을 잘 살핀다

피드백을 전달할 때는 상대방의 반응에 최대한 주의를 기울여서 살핀다. 얼굴 표정, 목소리 톤, 보디랭귀지에 초점을 맞춰라. 당신의 말을 어떻게 받아들이고 있는지 살펴라. 그 사람이 기분 나빠하거나 제대로 받아들이지 못한다면 그 사람이 괜찮은지 먼저 체크하는 것이 좋다.

3. 과제 수행 과정에서의 코칭[3]

　코칭은 파트너십을 창조하는 데 있으므로 학교경영자가 단순히 "제가 어떻게 도와드릴까요?"라고 묻는 것만으로도 효과적이고 도움이 될 수 있다. 심리적 지원만으로도 교사들이 창의성을 발휘하는 데 힘이 된다. 여기에 준비된 코칭까지 이루어진다면 당신은 세련된 코칭형 리더가 될 것이다. 하나의 과제를 수행하는 데는 몇 가지 단계를 거친다. 코칭도 과제 단계를 고려하여 하는 것이 좋다. 어떤 유형의 과제든 대부분의 과제수행 프로세스는 다음과 같은 단계를 거친다.

　학교경영자가 이러한 전체 프로세스를 처음부터 끝까지 주도적으로 코칭에 의해 끌고 갈 수도 있지만 일부 단계에서만 개입할 수도 있을 것이다. 어떤 경우에든 전체 맥락을 염두에 두고 각 단계에서 이루어져야 할 코칭 포인트를 가지고 대화를 이끌어 간다면 효과적인 코칭이 이루어질 것이다. 이제 하나씩 살펴보자.

과제 명확화

　과제 명확화란 과제가 주어지거나 선정해야 할 경우, 과제의 배경, 목표상태, 범위, 기한 등을 분명하게 정의하는 과정을 말한다. 흔히 사람들은 과제 명확화를 등한시하는 경향이 있다. 사람들은 과제에 이름을 붙이는 것으로 과제의 내용을 이해했다고 본다. 예컨대, 단지 막연히 무엇을 하고 싶다거나 무엇이 되고 싶다는 정도에서 그치는 것이다. 막상 그것이 왜 하고 싶은지, 왜 되고 싶은지에 대해서는 설명을 잘하지 못하는 경우가 많다. 어떤 상태가 원하는 상태인지도 구체적으로 생각해 보지 않는다.

　그러나 질문을 하면서 그 사람의 생각을 들어 보면 실상 문제의 초점은 다른 곳에 있는 경우도 흔하다. 따라서 코치는 상대방이 자신의 생각을 보다 구체화할 수 있도록 지원해야 한다. 과제 명확화를 진행하다 보면 초기의 과제 이름과 전혀 다른 내용으로 과제가 변하기도 한다.

　예를 들어 보자. 다음은 학교컨설팅으로 의뢰된 과제이다.

　　사례: 저는 J중학교의 경력 20년차의 기술·가정교사입니다. 학생들은 수업 시간에 집중하지 못하고 서로 이야기하거나 엎드려 자곤 합니다. 저는 제 나름대로 수업준비도 열심히 하고 학생들을 이해하려고 노력하지만, 제 의지만큼 학생들이 잘 따르지 않습니다. 그런 수업을 하고 나오면 마음이 참 많이 불편하고, 제 자신이 무능하다는 생각을 하기도 합니다. 나이가 들면서 자신감도 많이 없어지고 무기력해지는 것을 느낍니다. 학생들과 소통하는 수업을 해 보고 싶습니다.

　이 과제를 보면, 당연히 초점은 소통하는 수업이다. 여러분은 수업 시간에 학생과 토의와 질문이 활발하게 오가는 그런 수업을 생각할 것이다. 이런 뻔한 내용도 그냥 넘어가서는 안 된다. 해당 교사에게 저자가 질문했다. "선생

님께 소통하는 수업이란 무엇인가요?" 그 교사가 답한다. "애들이 수업시간에 너무 집중을 안 해요. 졸거나 딴짓하거나…… 도대체 내 말이 소통이 안 돼요. 소통이." 그 교사가 생각하는 소통이란 상호작용이 일어나는 소통이 아니었다. 자신의 수업을 학생들이 제대로 듣지 않는다는 의미의 소통이었다.

목표가 달성되었다는 것을 어떻게 확인할까

어느 수업시간에 자신이 개발하고 싶은 역량을 정한 후 그 역량의 향상을 과제로 정했다. 한 학생이 '자기존중감 향상'이라는 목표를 세웠다. 그 학생에게 질문했다. "3개월 후 그 목표가 달성되었다는 것을 어떻게 알 수 있을까?" 이런 질문은 그 자체로 효과적인 개입이 될 수 있다. 사람들이 단순히 희망하거나 공상해 보는 수준에 그치는 느슨한 가정을 깨뜨리고 분명한 태도를 취하도록 하기 때문이다. 그 학생은 고민 끝에 대답한다. "일주일에 최소 한 번 이상 수업시간에 자발적으로 손을 들어 질문을 할 수 있다면 자기존중감이 높아진 것이라고 할 수 있을 듯합니다." 과제의 목표상태가 명확해진 것이다.

어떤 사람의 목표가 아이들에게 더 관대해지는 것이라면 이것이 달성되었을 때 실제로 무엇이 달라질까를 아는 것이 중요하다. 목표가 달성되었음을 어떻게 알 수 있는가를 묻는 것은 우리로 하여금 문제를 다른 방식으로, 다른 각도에서 생각하게 한다.

과제 명확화에서 과제의 목표 상태를 어떻게 정하느냐에 따라 그다음에 무엇을 해야 하는지가 달라진다. 예컨대, '행복한 학급'이라는 과제의 이름만으로는 무엇을 해야 하는지 알 수 없다. 그 목표상태가 어떻게 정해지느냐에 따라 과제는 전혀 다른 과제가 될 수 있다. 목표상태가 '왕따 없는 교실'인 경우와 '활기가 넘치는 수업'인 경우에 따라 무엇을 해야 하는지가 다를 것이다.

때론 목표가 비현실적이거나 너무 높을 수도 있다. 이 경우에는 목표달성

가능성을 먼저 살펴볼 필요가 있다. 그리고 행동으로 이끌지 못하게 하는 것은 무엇인지, 우리가 할 수 있는 수준은 무엇인지 등을 알아보고 과제의 범위를 정할 수 있다.

이와 같은 과제 명확화는 다음과 같은 효과적인 질문으로 진행할 수 있다.

〈표 5-2〉 과제 명확화를 위한 질문 예시

과제의 배경을 이해하고 싶을 때	• 그것이 우리에게 중요한 이유가 무엇인가요? • 우리가 직면한 문제가 무엇이죠? • 우리가 아무런 조치를 취하지 않는다면 어떤 일이 생길까요? • 성취할(성취하고 싶은) 일은 무엇이죠?
목표와 범위를 설정할 때	• 목표가 달성되었다는 것을 어떻게 알 수 있을까요? • 목표가 달성되면 무엇이 달라질까요? • 가장 관심이 가는 분야는 무엇인가요? • 가장 중요하다고 생각하는 요인은 무엇입니까? • 우리가 살펴볼 수 있는 또 다른 측면은 무엇일까요? • 우리가 할 수 있는 일은 무엇일까요? • 계획대로 진행될 경우, ~의 미래는 어떤 모습이 될까요? • 권한이 있다면 무엇을 바꾸고 싶나요?

* 출처: 장경원, 고수일(2014). 액션러닝으로 수업하기(2판). 서울: 학지사.

정보수집 및 분석

과제 명확화가 이루어지면 과제를 해결하는 데 필요한 아이디어 도출을 위해 주요 정보를 수집하게 된다.

정보 수집을 위한 주요 활동으로는 과제해결을 위해 필요한 자료 및 사례 수집, 현장방문, 인터뷰, 관찰, 의견수렴, 방법론 모색 등이 있다. 효과적인 조사를 위해서는 교사들이 알고 있는 지식과 경험, 논리적인 사고를 바탕으로 무엇을 왜 조사할 것인지 계획을 세우는 것이 필요하다.

정보수집 과정에도 효과적인 코칭이 이루어지면 도움이 된다. 예컨대, "그것을 알아보려면 무엇을 해야 하나요?" "어떤 정보가 필요할까요?" 등과 같은 질문은 코칭을 받는 사람이 자신의 생각을 보다 구체화시키기 위한 새로운 정보나 자원을 찾는 노력을 시도하도록 촉진하는 실마리가 된다.

질문은 사람들이 미처 생각해 보지 못한 것들은 없는지 환기시키는 역할도 한다. "이 문제는 누가 가장 잘 알고 있을까요?"와 같은 질문은 단순해 보이지만, 정보수집의 대상이 누가 중심이 되어야 하는지 초점을 바로잡을 때 유용하다. 학생들의 창의적 노력을 촉진하기 위한 정보를 수집할 경우, 전문가나 전문서적에만 의존할 수 있는데 아이들에게 그들의 경험을 직접 확인하는 것이 더 적절할 수 있다.

성공사례 중심 사고

어떤 문제 상황을 개선하기 위한 정보를 수집할 때, 두 가지 접근방법이 있다. 하나는 문제점에 초점을 맞추는 것이다. 이는 문제 중심 접근방법으로서, 문제점과 그 원인을 분석해서 해결안을 도출해 내는 방법이다. 예컨대, 과제가 '왕따 없는 학교'라면, "왜 왕따가 발생하는가?"라는 왕따의 문제점과 그 원인을 파헤쳐 왕따 문제를 해결하기 방안에 대해 생각한다. 이러한 접근방식은 우리가 어떤 문제를 대할 때 매우 익숙한 방법이다.

두 번째 방법은 성공사례에 초점을 맞추는 것이다. 그 문제의 해결안을 도출해 내는 데 도움이 되는 직접 또는 간접적인 성공경험에 대한 정보를 수집하는 것이다. 예컨대, 왕따 사례의 경우 왕따의 문제 및 그 원인에 초점을 맞추는 것이 아니고, 왕따가 없는 학교 사례나 왕따 문제를 해결한 성공사례를 수집하는 데 초점을 맞추는 것이다.

어떤 접근방법이 더 좋다고 단정 짓기는 어렵다. 다만, 원인이 단순하지 않아 원인을 철저히 파헤쳐야 하는 경우에는 문제 중심 접근법이 적절하지만, 그렇지 않을 경우에는 성공사례 중심 접근법을 권하고 싶다. 특히 문제를 다루는 주체가 학생들인 경우 문제 중심 접근법은 자존감이나 감성적 분위기에 나쁜 영향을 미칠 수 있다. 예컨대, 왕따 문제의 원인에 초점을 맞추면 자연스럽게 자신에게 문제가 있다고 생각되어 부정적 분위기가 조성될수 있다. 그러나 왕따 문제를 해결한 사례에 초점을 맞추면 그들의 긍정적인면에 초점을 맞추게 되어 자존감 향상과 긍정적인 분위기 조성이 자연스럽게 형성될 것이다.

해결안 도출

정보가 수집되면, 이를 바탕으로 과제해결을 위한 다양한 아이디어를 도출하는 것이 필요하다. 사람이라면 누구나 생각을 한다는 점에서 아이디어역시 누구나 만들어 낼 수 있다. 이때 몇 가지 기본적인 요령을 갖춘다면 보다 효과적으로 아이디어를 도출할 수 있을 것이다. 예를 들면, 모든 사람이아이디어를 제시하고, 아이디어의 질보다는 양을 늘리는 데 집중하고, 다양한 각도에서 생각할 수 있도록 상상력을 발휘하는 것이다.

아이디어 탐색단계에서 학교경영자는 효과적인 질문을 통해 아이디어를촉진할 수도 있고, 관점을 전환시킬 수도 있다. 예컨대, "그들이 진정 원하는것은 무엇이라고 생각하나요?"와 같은 질문은 전시적인 대안이 아닌 대상자들의 보다 근본적인 니즈를 생각하게 한다.

교사들은 이미 해결의 경험을 가지고 있을 수 있다. 해결을 위한 아이디어를 탐색하는 과정에서 교사들이 가지고 있는 과거 경험은 훌륭한 자원이 된다. 그들의 기억 속에서 선행된 해결책에 대한 사례를 많이 발견할수록 좋다. 선행사건에 대해 질문하는 것은 관심의 초점을 '결여된 것'으로부터 '이미 있는 것으로'으로 전환시키도록 초대하는 것이다.

"만약 당신이라면?"이라는 질문도 효과적이다. 예전에 어떤 보험회사에서 다섯 명의 상무로 구성된 학습팀의 러닝코치를 맡은 적이 있다. 그들이 수행한 과제를 사장에게 보고하기 일주일 전, 이들은 수차례의 수정 · 보완을 했다면서 최종 보고서를 저자에게 보여 주었다. 저자는 발표를 맡은 한 사람에게 발표를 하도록 하고 나머지 네 명에게, 자신이 사장이라면 발표 내용에 대해 어떤 의견을 던지겠는지 종이에 써 보라고 했다. 그랬더니 이들은 보고서가 놓친 핵심 사안들을 날카롭게 지적하는 게 아닌가? 어찌된 일일까? 여러 번 수정과 보완을 했다고 했지만 그건 자신의 관점에서 나온 보고서였다. "내가 사장이라면?" 하고 입장을 바꿔 생각해 보니 사장의 관점에서 바라볼 수 있었던 것이다. 이처럼 적절한 코칭의 질문은 자신의 관점에만 머무르지 않고 다른 관점으로 바라보도록 하는 데 매우 효과적이다.

〈표 5-3〉 탐색과 대안모색을 위한 질문 예시

구분	질문
탐색이나 분석을 촉진할 때	• 이러한 현상이 발생하는 원인이 무엇일까요? • ~라고 말했는데, 그 이유가 뭐라고 생각하나요? • 이것은 결국 어떤 영향을 미칠까요? • 그렇게 한다면 어떤 결과가 발생할까요? • 그들이 (진정) 원하는 것이 무엇이라고 생각하나요? • ~을/를 위해 우리가 살펴보아야 할 사항들은 무엇이죠?
새로운 시각을 촉진할 때	• 왜 그렇게 생각하나요? • 그 문제를 다른 관점에서 볼 수 있나요? • 만일 ~한다면 어떻게 될까요? • 그것을 다른 방식으로도 할 수 있을까요? • 우리가 생각할 수 있는 다른 대안은 무엇일까요?

* 출처: 장경원, 고수일(2014). 액션러닝으로 수업하기(2판). 서울: 학지사.

브레인스토밍

여러 사람과 함께 아이디어를 구상할 때는 브레인스토밍을 할 수 있다. 브레인스토밍은 집단 사고를 가능하게 하며 풍부한 아이디어 리스트를 얻을 수 있기 때문에 아이디어 생성을 위해 등장한 다른 도구들에 비해 자주 그리고 쉽게 사용된다. 아이디어 제시는 구두로 할 수 있지만, 각자의 생각을 카드나 포스트잇에 쓴 후 발표하게 하는 명목집단법을 사용할 수도 있다. 켈리와 리트맨(Kelly & Littman)[4]은 좋은 브레인스토밍을 위한 일곱 가지 전략과 브레인스토밍을 망치는 여섯 가지 방법을 제시하였다. 〈표 5-4〉에서 보여주듯이, 팀원들이 브레인스토밍을 할 때는 무엇에 대한 것인지 주제와 목적을 명확히 하고, 토의를 이끄는 리더나 내용을 잘 아는 사람이 먼저 주도적으로 아이디어를 제시하는 것이 아니라 모든 사람이 자유롭게 이야기하고, 제시된 아이디어를 모두 볼 수 있도록 시각화하는 것이 바람직하다.

〈표 5-4〉 브레인스토밍 성과에 영향을 주는 전략과 방법

좋은 브레인스토밍을 위한 일곱 가지 전략	브레인스토밍을 망치는 여섯 가지 방법
① 초점을 명확히 한다. ② 아이디어 도출을 돕는 규칙을 만든다. ③ 아이디어에 번호를 매긴다. ④ 아이디어를 '구축하고' 때로는 '뛰어넘는다.' ⑤ 공간기억력이 발휘되도록 아이디어를 사방에 기록한다. ⑥ 필요한 경우 두뇌 활동을 위한 워밍업 시간을 갖는다. ⑦ 아이디어를 시각화한다.	① 리더가 가장 먼저 이야기한다. ② 모든 사람이 돌아가면서 이야기한다. ③ 전문가만 이야기한다. ④ 특별한 장소에서 이야기한다(브레인스토밍을 위해 워크숍 가기 등). ⑤ 엉뚱한 이야기는 하지 않는다(진지한 내용만 이야기하기). ⑥ 모든 내용을 다 기록한다.

리더로서 구성원들과 아이디어를 도출할 때 유의할 점은 자유롭고 허용된 분위기의 조성이다. 리더가 자신의 주장을 앞장서 내세우거나 가치 판단을 하면 구성원들의 참여 분위기 조성과 창의적인 발상을 기대하기 어렵다. 리더로서 해야 할 중요한 것은 아이디어 도출기법이 아니라 분위기 조성이다.

대안이 나오지 않으면, 협력 차원에서 자신의 아이디어를 제공할 수 있다. 그러나 그것은 명령이나 지시가 아니고 다른 선택사항 내지는 제안이라는 것을 명심해야 한다. 선택사항과 대안들, 다양한 가능성에 대해 많은 생각을 자유롭게 제시할 수 있도록 하는 것이 코칭의 핵심이다.

타당성 검증

해결안이 나오면 그 해결안에 대한 현실타당성을 검증하는 것이 좋다. 타당성을 검증하기 위한 가장 좋은 방법은 현장 적용이나 파일럿 테스트다. 그러나 그 방법들이 여건상 어려울 때, 코칭을 통해서 검증을 시도한다. 즉, 해결안에는 '~하면 ~할 것이다.'라는 어떤 가정을 가지고 있게 마련이다. 따라서 해결안이 설득력을 가지기 위해서는 이러한 가정에 대한 타당성 검증이 필요하다.

몇 년 전 어떤 학생들이 공모과제에 출품한 적이 있다. 주제는 군산의 지역음식 마케팅 전략이다. 마케팅 대상 음식은 군산의 대표적인 먹거리인 간장게장으로 정했다. 그들의 방안은 전국의 파워블로거 10명을 군산에 초청해서 이들에게 간장게장을 맛보게 한 후 간장게장을 선물로 주자는 것이었다. 이들 파워블로거의 파급력은 강력하기 때문에 이들을 활용하면 매우 효과적인 홍보 효과를 기대할 수 있기 때문이었다.

이 방안은 아이디어의 좋고 나쁨을 떠나 매우 창의적으로 보인다. 그러나 이들의 대안에는 당연하다고 여기는 자기들만의 가정을 가지고 있다. "그들은 간장게장을 좋아할 것이다." "초청하면 올 것이다." 등과 같은 가정들이다.

이처럼 도출된 아이디어를 검증하도록 하는 것도 코칭의 중요한 역할이다. 예컨대, "그러한 결론이 기초로 하는 가정은 무엇이죠?" "그 가정이 옳다는 것을 어떻게 아나요?" 등의 질문은 구성원들이 도출한 대안이 현실 타당성을 가지도록 검증하는 효과가 있다.

실행

해결안이 결정되면 이를 실천으로 옮기기 위한 실행계획을 수립하도록 하고 실행 및 홍보를 지원해야 한다.

아무리 훌륭한 방안이라도 실행으로 옮겨지기까지는 적지 않은 어려움이 있으며 실행으로 이어지지 못하는 경우도 있다. 현실에는 무수한 장애물이 있어 중도에 초심을 잃을 수도 있다. 해결안의 현실 타당성을 높이기 위한 방안만을 나열할 것이 아니라 실행 과정에서 예상되는 장애요인을 생각하게 한 후 그 극복방안까지 생각하는 것이 좋다. 그렇게 준비된 방안은 더욱 신뢰성을 가질 것이다.

실행에 착수하게 되면 지속적인 모니터링을 해야 한다. 지금까지의 과정을 통해 얻어진 대안이 실천에 옮겨지고 있는지, 그 결과는 어떠한지, 무엇이 행해지고 무엇이 행해지지 않았는지, 이 과정에서 무엇을 터득했는지 등을 확실하게 파악한다.

이 과정에서 중요한 것은 관심과 격려다. "내가 무엇을 도와주면 좋을까요?" "도움이 필요하면 언제든 얘기하세요" 식으로 지원하겠다는 의사를 표시하는 것은 진정한 파트너십과 협조를 끌어낼 수 있다. 신뢰는 그렇게 형성된다. A고등학교의 K선생님은 일을 추진하다가 예산 등의 어려움이 생겨서 교장에게 얘기하면, 교장은 "괜찮아요. 걱정하지 마세요." 하면서 무얼 도와줄 수 있을까 고민했다고 한다. 교장의 그런 모습을 보면 학교발전을 위한 의욕이 마구 생겼다고 말한다. 이처럼 틈틈이 마음으로 격려하고 지원하여 감동시키는 것 등의 심리적 지원은 과제가 진행되는 모든 과정에서 중요하다.

과제가 마무리되면 학교경영자는 그동안의 활동에 대해 다 함께 또는 교사들끼리 성찰과 학습의 기회를 가지도록 분위기를 만드는 것이 좋다. 이러한 습관은 학교의 창의적 역량을 지속적으로 개발하고 창의적 분위기를 조성하는 데 도움이 될 것이다. 성찰을 돕는 질문은 다음과 같다.

- 과제를 수행하면서 무엇을 배웠나요?
- 어떤 성과를 얻었다고 생각하나요?
- 그 대안이 어떤 점에서 실질적으로 도움이 될 것이라고 생각하나요?
- 이 과제를 다시 시작한다면 바꾸고 싶은 점은 없나요?
- 과제 수행 과정이나 결과물에서 잘했던 것이 무엇인가요?

♣ **체크리스트**

1. 당신은 보스인가? 코치인가?
2. 당신은 직원들에게 어떤 질문을 던지나?
3. 지적하고 싶은 것이 있을 때는 어떻게 하나?
4. 새로운 생각을 유도하기 위해서는 어떻게 하나?
5. 일이 마무리되었을 때는 어떤 반응을 보이나?

제6장
힘을 실어 주어야 한다
Empowerment

임파워먼트란 부하나 조직구성원이 스스로 '내가 힘이 있구나' 하고 느낄 수 있도록 권한을 부여하고 필요한 지원을 하며, 나아가 어려움을 극복할 수 있도록 격려하는 것을 말한다. 그러나 힘을 잘못 실어 주면 부하를 곤경에 빠뜨리고 오히려 조직을 위축시키게 된다.

1. 임파워먼트란 무엇인가

무기력한 사람들, 신나는 사람들

모던 타임스(modern times)는 우리말로 하면 '현대'가 될 것이다. 그런데 '모던 타임스' 하면 이런 의미보다는 많은 사람이 찰리 채플린(Charlie Chaplin)의 영화를 떠올릴 것이다. 채플린이 극본을 쓰고 감독·제작하여 1936년 2월에 개봉한 87분짜리 코믹영화 말이다. 기계 조립공장에서 일하는 주인공(채플린 연기)은 하루 종일 스패너로 나사를 오른쪽으로 돌린다. 이 바람에 몸이 굳어 퇴근 후 걸을 때도 우측으로 몸이 돌아간다. 그리고 나사 같이 생긴 것이 있으면 돌리는 습관이 생겨 오버코트를 입고 가는 부인의 코트 단추를 보고 돌리려다가 뺨을 맞기도 한다. 공장관리자가 일하는 사람들의 식사시간도 아까워 밥 먹이는 기계까지 설치해 기계에게 서비스를 받으면서 생기는 우스꽝스러운 장면이 등장하기도 한다.

그야말로 인간은 기계에 불과하고, 경영자는 효율성 이외에는 아무것도 생각하지 않는 모습이다. 그게 '현대'라는 이름으로 묘사되고 있다. 자본주의 초기, 적어도 20세기 초까지는 그랬었다. 자본이 절대적인 우위를 차지했으며 인간은 종속적이었고 통제의 대상이었다.

지금 21세기에는 어떤가? 그 정도는 아니겠지만, 조직 하면 으레 '규칙'과 '통제', 경영자의 '권력'이 생각나고 거기서 일하는 사람은 여전히 통제의 대상으로 인식되는 것은 아닐까? 상당한 경우 직장인에게 조직은 '피곤한 곳'이고, 자신은 '힘없는 존재'로 느낀다. '힘없는 존재', 그것이 현대 직장인의 자화상인 듯하다.

저자는 조직 활성화를 위해 여러 조직에서 워크숍을 진행했다. 하위 직원들에게 토의를 시키면, 이렇게 이야기한다. "이런 교육은 힘없는 우리한테 하지 마시고 관리자한테 해 주세요." 관리자 교육에서는 또 이렇게 이야기한다. "이런 자리는 우리가 아니라 임원들을 대상으로 마련해 주세요." 임원들 워크숍에서는 어떤가. 그들도 이렇게 이야기한다. "사실 저희가 무슨 힘이 있습니까? 윗분들에게 이야기를 해 주셔야죠." 도대체 조직에서 누가 힘이 있고 누가 주인이란 말인가.

이런 현상은 학교나 공공기관도 마찬가지다. 전국 경영대학장과 경영대학원 원장 협의회가 있다. 모임에 참석해 보면, 같은 푸념이 이어진다. "우리가 뭐 하나 마음대로 할 수 있습니까? 예산을 우리 뜻대로 짤 수 있나요? 학생을 우리 마음대로 뽑을 수 있나요?" 소외(alienation)까지는 아니라 하더라도 많은 직장인이 상당한 무기력감에 싸여 있고, 기를 못 펴고 있는 것이 사실이다. 그런 상황에서 어떻게 창의성을 기대할 수 있겠는가.

호텔 청소부가 최고의 지식근로자

미국의 저명한 경영평론가 톰 피터스(Tom Peters)가 지식근로자의 전형으로 지목한 인물은 아무도 상상치 못할 만큼 엉뚱한 사람이었다. 샌프란시스코 리츠칼튼 호텔에 근무하는 51세의 청소부 아줌마 버지니아 아주엘라(Virginia Azuela)가 그 주인공이다.[1] 아주엘라는 20년 가까이 이 호텔에서 일하면서 청소를 몸으로 때우는 허드렛일로 여기지 않고 자신의 일에 열과 성의를 다했다. 그러나 단지 열심히 일하는 것에 그쳤다면 그녀는 지식근로자가의 반열에 오를 수 없었을 것이다. 그녀는 객실을 청소하고 침대 시트를 갈아 끼우는 법을 자기 나름대로 개선하고 보완해 노하우를 창출해 냈고 자신의 방법을 동료들에게 가르쳐 주었다. 그녀가 이런 주인의식을 발휘하게 된 배경은 호텔의 임파워먼트이다. 이 호텔에서는 고객의 불편이나 문제를 해결하는 데 필요하다고 판단되면 2,000달러를 쓸 수 있는 재량권이 객실 청소요원에게도 있다. 그녀가 신이 나서 늘 새로운 노하우를 찾아내려고 노력하려는 이유이다.

저자가 한번은 미국 접경지대 멕시코 티후아나(Tijuana)에 있는 한국 기업의 공장에 견학을 간 적이 있는데 재미있는 작업 광경을 목격하게 되었다. 작업자들이 전자제품 조립을 하는데 일반적으로 보는 것처럼 기다란 조립라인에 앉아서 작업을 하는 것이 아니라, 작업대가 중국 식당 식탁처럼 둥글게 되어 있고 작업자들은 그 주위에 서서 작업을 하는 것이었다. 일곱 명이 각자 현재 작업 위치에서 부품을 삽입한 후 일제히 우측으로 한 자리를 옮기고 다음 부품을 조립하였다. 그리고 또 일제히 우측으로 옮기곤 하는 것이었다. 그러니까 모든 사람이 1번 위치에서 조립할 판(보드)을 집어 든 다음 2번으로 옮겨 2번 부품을 삽입한다. 그러고는 3번으로 옮겨 간다. 이렇게 7번 자리로 옮겨 가서 판을 내려놓으면 끝난다. 이런 방식을 그들은 '컨베이어 라운드(conveyor round)'라고 불렀다.

컨베이어 벨트의 진화

일반 컨베이어 벨트에서는 작업자가 하루 종일 한 자리에서 한 부품만 조립한다. 그래서 작업자는 하루 종일 일을 해도 그가 만들고 있는 제품의 전체 모습은 현장에서 볼 수 없다. 그러나 컨베이어 라운드에서는 작업자가 한 판을 맡아서 처음부터 끝까지 완성한다. 일반 컨베이어 벨트에서는 미리 정해진 속도에 일제히 따라가야 하는데 컨베이어 라운드에서는 7명이 한 팀으로 일을 하면서 팀원들의 상태를 살펴 가면서 작업속도를 조절할 수 있다. 물론 상대방을 볼 수도 있고 숨결도 느낄 수 있다.

컨베이어 라운드는 누가 고안했을까. 본사에서 내려온 것도 아니고 한국인 주재원들이 고안한 것도 아니란다. 멕시코 작업자들이 "어떻게 하면 편하고, 쉽고, 재미있게 일할 수 있을까?"라고 논의한 끝에 스스로 만들어 낸 결과라고 했다. 그들은 그렇게 하여 일에서 '주인정신'을 갖게 되었다.

컨베이어의 업그레이드 버전이라고 할 수 있는 셀방식(cell system)도 임파워먼트의 결과다. 복사기와 프린터로 유명한 일본의 캐넌은 제조공장에서 컨베이어 벨트 라인이 20km 정도로 길었다. 수십 명이 이 벨트에 매달려 반복적인 작업을 했다. 1998년 나가하마 공장에서부터 이 방식을 혁신하기 시작했다. 소수의 숙련공을 모아 전체 공정을 처음부터 끝까지 그들이 알아서 하게 했다. 소수의 작업자 팀을 그들은 셀(cell)이라 불렀고 이 방식이 셀방식이 된 것이다. 단일 모델을 대량으로 생산하던 때는 종래의 긴 컨베이어 벨트가 적합할 수도 있다. 그러나 그 방식으로는 다품종 소량생산을 효율적으로 할 수 없다. 그러나 이제 셀방식을 통해 디자인이 바뀌어도, 부품이 바뀌어도 제조현장은 신속하게 적응할 수 있게 되었다.[2]

2003년에 캐넌은 전세계 모든 공장에 셀방식을 도입했다. 그 결과 2000년 65일이던 평균 재고 일수가 2005년 47일로 감소했고, 작업자의 숙련도가 향상되면서 1만 개의 부품으로 구성된 복사기를 혼자서 조립할 수 있게 되었다. 작업자들은 이제 일에 주인이 되었고, '공돌이' '공순이'가 아니라 '명장'이 된 것이다.

사소한 것이라도 선택권을 주어야

임파워먼트(empowerment)란 바로 이런 것이다. 조직구성원이 스스로 "내가 힘이 있구나." 하고 느낄 수 있도록 권한을 부여하고 필요한 지원을 하며, 나아가 어려움을 극복할 수 있도록 격려하는 것을 말한다. 다른 말로 하면 구성원을 '일의 주인이 되게' 하는 것이다. 내가 왜 일을 해야 하는지도 모르고, 내가 한 일이 어떤 결과가 되는지도 모르고, 단지 지시를 따르거나 정해진 단순작업만 반복하는 것은 임파워가 전혀 안 된 상태이다.

단순 노동자에 대해서도 힘을 실어 주는데 학교현장에서 교사들을 대하는

학교경영자의 모습은 어떠한가? 안타깝게도 많은 교사가 학교경영자의 통제
적 리더십에 어려움을 겪고 있는 듯하다. 교사들의 자율성보다는 일사불란
한 움직임을 선호하는 한 교사들의 자발적인 창의적 노력은 제한적일 수밖
에 없다.

물론 가끔 그렇지 않은 학교도 있다. 이부영 초등학교 교사는 교사들이 근
무하고 싶은 학교가 바로 자신의 학교라고 말한다.

> 다른 학교는 관리자가 지시, 전달하는 대로 교육적이지도 않고 필요 없
> 는 학교행사를 불만 섞인 표정으로 치르느라 정신이 없는데 우리 학교는 교
> 사들이 원하는 일만 즐겁게 한다. 추진하는 일이 잘못되면 교사들이 충분히
> 회의를 해서 바로잡고 다시 진행하지 다른 학교처럼 관리자에게 불려 가서
> 혼나거나 하는 일이 전혀 없다.[3]

인간은 누구나 스스로 선택하고자 하는 자율적 욕구를 지니고 태어난다.
사회심리학자 랭거(Langer)는 자신의 저서 『마음챙김(mindfulness)』에서 양로
원 생활을 하는 사람들을 관찰한 내용을 다루었다. 양로원의 일부 노인에게
분재 화초를 나눠 주어 가꾸게 하고 또 일상생활과 연관된 몇 가지 사소한
문제를 스스로 결정해 나가도록 한 결과, 여러 가지 변화가 나타났다는 것이
다. 1년 반 뒤에 살펴보니 화초를 가꾼 노인들은 같은 양로원에 기거하면서
그런 일과 선택권을 갖지 못한 다른 노인들보다 더 명랑하고 활기차며 마음
이 충만했다고 한다. 교사도 마찬가지일 것이다. 그들에게 창의적 에너지를
기대하려면 그들이 뭔가에 의해 통제받지 않고 주도적으로 이끌도록 해야
한다.

고어사의 팀조직[4)]

당신은 혹시 공기가 통하면서도 방수도 되는 고어텍스 섬유로 만든 야외 활동복을 가지고 있지 않는가? 이 고어텍스 섬유로 명성을 얻고 있는 W. L. 고어 앤 어소시에이츠(W. L. Gore & Associates)사는 빌 고어(Bill Gore)와 그 부인 비에브 고어(Vieve Gore)[5)]가 1958년에 설립한 회사이다. 사실 고어사가 만든 제품 중에는 세상에 잘 안 알려졌지만 재미있는 것이 많다. 고어사가 만든 고분자 섬유는 특수 부츠, 구두, 모자, 침낭과 우주복을 만드는 데 쓰이고, 치실, 수술실, 인공혈관 같은 의료용으로도 활용되고, 기타 줄 등 악기용으로도 인기가 있다.

빌 고어는 원래 나일론을 만들어 낸 듀퐁(Dupont)에서 연구원으로 근무했다. 듀퐁은 대규모 조직으로서 상당히 관료적인 조직이었으나 빌 고어 본인은 소규모팀에서 일을 하면서 상당한 자율권을 부여받을 수 있었으며, 이런 환경에서 팀원들이 아주 창의적이고 열정적으로 일을 한다는 것을 목격했다. 그런데 조직 전체는 이와는 거리가 있었다. 빌 고어는 회사에서 개발한 PTFE[6)]가 쓰임새가 많기 때문에 이를 응용하는 사업 아이디어를 제안했으나 상부의 검토 과정에서 이 아이디어는 사장되고 말았다. 결국 그는 회사를 박차고 나와 스스로 창업을 한다. 그러면서 그는 듀퐁과는 전혀 다른 회사를 만들고 싶었다.

계층이 없고 누구나 다른 사람에게 자유롭게 말할 수 있는 회사를 과연 설립할 수 있을까? 사장이나 부사장이 없는 회사라면 어떨까? 사람들에게 임무를 부여하지 않고 마음대로 일하도록 선택권을 줄 수 있을까? 핵심 사업 자체가 없는 회사란 불가능할까? 사람들이 기존 핵심 사업에 들이는 노력만큼 새로운 사업을 찾아내려 애쓰는 회사를 만들 수는 없을까? 여전히 수익성을 높이고, 계속 성장하면서도 이 모든 일을 해낼 수 있을까?[7)]

직함도 없고 조직도도 없고

이런 고민 끝에 만들어진 고어사는 관리 계층도 없고, 직함도 없고, 조직도도 없고, 고정된 부서도 없다. 그래서 고어사는 사다리 조직이 아니라 창살 구조이고 피라미드가 아니라 팬케이크 같은 수평적인 조직이다. 누구든지 아이디어가 있으면 팀을 만들 수 있고, 팀은 언제나 팀원을 모집하고 팀원을 내보낼 수 있다.

어떤 사람이 고어텍스 섬유로 기타 줄을 만들겠다는 아이디어가 있으면 회사 내에 공고를 하고 동참할 팀원을 모은다. 초기에 필요한 사람이 3명이면 지원자 중에서 필요한 3명을 고르면 된다. 아이디어가 매력이 있으면 많은 사람이 지원을 할 것이고 반대의 경우는 지원자가 적을 것이다. 시간이 지나면서 인원이 더 필요할 경우 추가 모집을 한다. 만약 인원을 줄여야 할 경우는 또 줄이면 된다. 이 모든 것을 팀의 리더와 팀원들이 결정한다. 팀은 이렇게 유연하게 운영되고 사람들은 이렇게 팀을 선택하고, 또 경우에 따라서는 여러 팀에 걸쳐서 일을 한다. 고어사에서는 고정된 부서도 없고 고정된 관리자도 없다. 프로젝트를 제안하고 팀원들에게 인정받으면 그 프로젝트에 한해서 리더가 되고 또 다른 프로젝트에서는 팀원이 되는 것이다.

구성원에 대한 평가도 직원들이 수평적으로 한다. 한 사람이 20명 정도의 동료에게 평가를 받으며 회사의 보상위원회에서 기여도를 고려하여 보상 수준을 결정한다. 회사에서 정해 주는 일이 없기 때문에 자신이 일을 찾아야 하며 다양한 일을 할 수도 있다. 그러나 절대 게으름뱅이가 될 수가 없다. 동료들이 모두 지켜보고 있고, 그들이 평가를 하기 때문이다. 물론 여기서도 능력의 차이는 있다. 그래서 어떤 사람은 '자연스럽게' 리더가 되고 보상도 많이 받는다. 심지어 사장도 직원 투표로 선정된다.

고어사에서는 그래서 모두가 주인이다. 모두가 임파워되어 있다. 아니, 그래야 한다. "제가 무엇을 해야 합니까?" 묻는 순간 다른 사람은 그를 더 이상 동료로 인정하지 않고 피할 것이다.

어른으로 대하면 어른처럼 행동한다

누구나 다른 사람들에게 인정을 받으면 기분이 좋다. 그리고 자기를 인정해 주는 사람을 실망시키고 싶지 않을 것이다. 바보온달도 그랬다. 눈 먼 홀어머니에 내세울 것 하나 없는 그를 좋아해서 호의호식하는 삶을 버린 평강공주를 위해 온달은 못할 일이 없었다. "온달 님은 성실한 데다 힘도 세니까 틀림없이 훌륭한 장군이 될 수 있을 거예요." 온달은 평강공주의 기대에 완전히 사람이 달라졌다. 낮에는 활쏘기와 칼 쓰기를 익혔고 밤에는 책을 읽었다. 평강공주의 기대대로 바보온달은 북주(北周) 무제(武帝)가 요동에 침입했을 때 선봉에 서서 큰 공을 세워 국왕의 사위로 공인받았다.

이와 같이 기대는 행동에 영향을 미칠 수 있다. 이와 비슷한 이야기가 있다. 어느 고등학교에서 담임 선생님은 놀랍게도 당시 학교를 주름잡던 문제학생을 한 학기 반장으로 지명하였다. 모두 "이제 우리 반은 엉망이 되겠구나." 하고 걱정했지만, 반전이 일어났다. 그 학생은 더 이상 문제아가 아닌 전혀 다른 사람이 되었다. 반장이라는 역할이 그의 자기개념을 변화시켜 반장다운 행동을 하기 시작한 것이다.

교사도 마찬가지다. 그들을 어떤 눈으로 보고 어떤 역할을 주느냐에 따라 그들은 전혀 다르게 행동할 것이다. 맥그리거(McGregor)는 경영자들이 사람의 본성에 대해 잘못된 생각을 갖고 있다고 주장하면서 전통적인 인간관에 문제를 제기하였다. 그는 사람의 본성을 부정적으로 보는 X이론과 이의 반대 의견으로서 사람의 본성을 긍정적으로 보는 Y이론이 있다고 설정한다.

X이론인가, Y이론인가

X이론 인간관에 의하면 사람은 본래 노동을 싫어하므로 경제적인 동기에 의해서만 노동을 한다는 것이다. 또한 사람은 주도적으로 일을 추진하지 않기 때문에 명령이나 지시받은 일밖에 하지 않으며 상사가 무엇인가를 지시해 주기만을 기다린다. 따라서 엄격한 감독, 상세한 명령 지시, 상부로부터의 하부에 대한 지배 중시, 금전적 자극 등을 중심으로 하는 관리가 필요해진다.

그러나 맥그리거는 Y이론의 인간관이 필요하다고 지적한다. Y이론 인간관에 의하면, 사람에게 노동은 놀이나 휴식과도 같으며 사람은 자기의 능력을 발휘, 노동을 통해 자기실현을 바라고 있다고 본다. 사람은 타인에 의해 강제로 일하게 되는 것이 아니라 스스로 설정한 목표를 위해 노력한다는 것이 Y이론이다. 적절한 동기만 부여되면 사람은 기본적으로 자기 통제적일 수 있으며, 노동에서도 창조적일 수 있다는 인간관이다.

리더는 조직 구성원들에 대해 X이론의 인간관을 가질 수도 있고 Y이론의 인간관을 가질 수도 있는데, 이러한 인간관의 차이는 매우 중요하다. 사람 본성에 대한 믿음은 사람의 창의성 유발 정도에 영향을 미칠 수 있다.

X이론형의 인간관을 가지고 구성원들을 이끌고자 할 때 잃을 수 있는 가장 중요한 것은 자발성이다. 리더가 X이론의 인간관을 가지고 있다면 구성원들을 철저히 통제하려 할 것이다. 통제를 당하는 구성원들은 당연히 자율적으로 일을 하기보다는 리더의 눈치를 보면서 지시에 의해서만 일을 할 것이다. 결국 구성원들의 이러한 행동을 지켜보는 리더는 자신의 판단이 옳았다고 느낄 것이고 더욱 자신의 인간관을 믿게 될 것이다.

그러나 리더가 Y이론의 인간관을 갖고 있다고 가정해 보자. 아마 그 반대 상황이 일어날 것이다. 리더는 구성원들이 자율적이고 주도적인 행동을 할 것으로 믿으며, 구성원들은 이러한 기대에 부응하는 행동을 하게 된다. 그리고 구성원들의 책임 있는 행동을 보게 되는 리더는 자신의 Y이론적 인간관에 대한 믿음을 다시 한 번 확인하게 될 것이다. 인간관이 선순환 또는 악순환되는 것이다.

흔히 인간은 자신에 대한 기대대로 행동하게 된다고 한다. 이 말은 어른이건 아이이건 마찬가지일 것이다. 교사들이 자율적이고 주도적인 행동을 하길 기대한다면 그들을 신뢰하고 존중해 주는 것이 필요하다. 학교경영자가 교사들을 어른으로 대우해 주지 않는다면 그들이 어른과 같은 행동을 할 가능성은 그만큼 낮아질 것이다.

2. 어떻게 임파워먼트시킬 것인가: 제도적 접근

이제 어떻게 임파워시킬 것일지 구체적인 방안에 대해 생각해 보자. 두 가지 방향에서 생각해 볼 수 있다. 하나는 임파워먼트 시킬 수 있는 제도적 틀을 만드는 것이다. 이는 조직과 제도를 설계하는 것이다. 다른 하나는 리더가 일상적인 상황에서 부하 직원에게 일을 맡기고 관계를 맺어 가는 인간적 방식이다.

〈표 6-1〉 임파워먼트를 실천하는 방안

제도적 접근	인간적 접근
• 권한 위양의 확대 • 자율 조직의 설계 • 공식 · 비공식 특별 조직의 활용 • 여유의 확대와 실패의 수용	• 규칙 1: 배경과 목표를 분명히 한다. • 규칙 2: 한계는 사전에 밝힌다. • 규칙 3: 재량권과 책임을 충분히 한다. • 규칙 4: 지지와 격려를 풍성하게 한다. • 규칙 5: 피드백과 성찰을 유도한다.

권한을 위양하라

노드스트롬의 규칙: 어떤 상황에서든 귀하의 훌륭한 판단력을 발휘하십시오. 그 외에 다른 규칙은 없습니다.

고객에게 100%의 만족도를 얻고 있다는 미국의 노드스트롬(Nordstrom) 백화점이 가진 '단 하나의 규칙'이다. 최고의 고객 서비스를 제공하기 위해 이 백화점은 업무 수행에 관련된 각종 규정이나 제약 조건을 최소화하였다. 어떤 상황에서든 판단은 매장 직원 자신이 내리며, 그가 최대의 권한을 가지고 있다. 고객 서비스에 있어서만큼은 직원들이 다른 어떤 기업보다 큰 권한과 자율권을 가지고 있어 만족스러운 고객 대응력을 보여 주고 있다.

어떤 조직이든 조직도 또는 조직기구표라는 것이 있다. 위에는 사장이 있고, 밑에는 과나 팀이 있다. 그 중간에 본부도 있고, 부서도 있다. 같은 조직기구표를 가지고 있다고 하더라도 같은 조직이 아니다. 조직기구표는 인체로 치면 골격을 나타내는 해부도인데, 생리적인 면이 나타나 있지 않기 때문이다. 커뮤니케이션이 어떻게 일어나고 의사결정은 어떻게 되는지 하는 것이 조직의 생리적 특성이다. 어떤 조직은 작은 일이라도 상부에 보고를 하고 일일이 지시를 받는다. 중앙집권도가 높다는 이야기다. 반면 어떤 조직은 실무자의 재량권이 높다. 권한 위양이 잘되어 있다는 이야기이다. 이런 사항은 큰 조직의 경우 '위임전결규정'으로 정해져 있다.

노드스트롬 백화점처럼 구성원을 임파워시키려면, 일차적으로 위임전결 규정을 통해 하부조직이나 실무자가 최소한의 제약 조건 속에서 업무상 재량권을 많이 가지도록 해야 한다. 실무조직의 책임자나 근로자가 쓸 수 있는 예산의 범위와 스스로 결정할 수 있는 범위도 넓혀 주어야 한다. 앞서 소개한 리츠칼튼 호텔의 식당에서는 서비스 과정에서 실수가 있을 경우 현장에서 추가 서비스를 제공하거나 가격을 할인해 주거나 쿠폰을 주기도 한다. 그만큼 제도적으로 권한이 위양되어 있기 때문이다.

정해진 조직 계층 안에서 권한을 조정하는 방식보다 한 단계 진전된 것이 계층단축(delayering)이다. 이는 7~8개의 결재라인을 2~3단계로 줄이는 것이다. 외국기업뿐만 아니라, 한국에서도 90년대 초 계층단축이 상당히 유행했었다. 대개 기안-검토-결정의 3단계로 줄였다.

권한을 위양하라고 하면 윗사람들은 자신의 권력을 빼앗기는 것 같은 상실감을 느끼기도 한다. 권력은 총량이 제한되어 있어 한 사람이 많이 가지면 다른 사람이 적게 갖는 것과 같다고 생각할 수도 있다. 그러나 사실 권력은 총량이 한정되어 있는 것이 아니다. 사장과 직원의 권력이 같이 커져서 총량이 확대될 수 있다. 부부가 같이 의논을 하고 각자 가지고 있는 정보를 보태고, 아이디어를 보태면 권력의 총량이 커지는 것이다. 권력의 총량을 키우는 것이 임파워먼트이고 또 창의적인 조직을 가꾸는 길이다.

자율조직을 만들어라

조직설계 방안으로서 오래된 방법 중에 사업부제(divisional organization)라는 것이 있다. 조직 내에 거의 독자적으로 운영되는 사업부를 둔다는 뜻이다. 사업부의 장은 일종의 소사장인 셈이다. 본사의 기능 부서로부터도 상당히 자유롭고, 다른 사업부와도 외부 회사와 하는 것처럼 거래를 하기도 한다. 사업부는 대개 제품별이나 시장별로 형성되는데, 전자회사의 경우, 반도체 사업부, 가전사업부, 통신사업부 같은 것이 전자에 해당하고, 종합상사의 경우 미주사업부, 구주사업부, 아시아사업부 등이 후자에 해당한다. 이렇게 사업부 체제를 두면, 사장 혼자 모든 사업을 직접 관리하던 데서 사업부서장들에게 힘을 실어 주고 경영을 함께하는 이점이 있다.

자율조직이라는 것이 사업부제처럼 거창한 것만 있는 것이 아니다. 요즘 거의 모든 조직에서 채택하고 있는 팀제도 사실은 자율조직의 일환으로 출발하였다. 조직이 이제는 사업부 수준에서가 아니라 중간관리자 아니 전 조직 수준에서 자율성이 높아져야 하기 때문에 과거의 경직된 부-과 제도를 폐지하고 팀을 만든 것이다. 실제로 그렇게 되기는 힘들지만, 팀은 쉽게 만들고 해체할 수 있으며 팀장이 상당한 권한을 가질 수 있다. 구성원들에게 임파워 수준을 높이기 위해 팀제의 원래 취지를 살려 운영할 수도 있다.

1987년 노사분규 이후 우리나라 공장에 소사장제가 확산되었다. 공장의 공정을 하나의 미니 회사로 독립시키는 방식이다. 이 또한 자율조직의 한 형태라 할 수 있을 것이다.

특별조직의 활용

앞에서 이야기한 권한위양이나 자율조직은 기본 조직에 대한 이야기이다. 기본 조직을 좀 더 유연하게 하고, 또 구성원들의 권한을 확대하는 것이다. 이에서 더 나아가서 기본 조직과는 별도로 부가조직 또는 병열조직(collateral organization)을 이용할 수 있다. 이는 기존의 피라미드 구조 또는 기능별 조직을 조직의 중심축으로 두면서 이를 보완하는 보완조직을 운영하는 것이다.

프로젝트팀이니 전담반, 대책반(taskforce)이니 하는 명칭으로 특별한 사안이 생겼을 때 필요한 소수 인력을 차출하여 이들에게 상당한 권한을 부여하여 임무를 완수하게 하는 것이다. 제품 개발을 위한 팀을 만들 수도 있고, 자금문제를 해결할 조직을 만들 수도 있고, 고객불만을 처리할 특수팀을 활용할 수도 있다. 위기관리를 위한 조직을 운영할 수 있는 것은 말할 필요도 없다.

근래에 들어서는 여러 기능 부서에서 필요한 인원을 선발하여 일정 기간

각각의 기능 부서가 하기 어려운 일을 추진하는 방안이 많이 활용되고 있다. 이를 다기능팀(cross-functional team: CFT)이라고 하는데 많은 조직에서는 CFT를 상설화하고 있다. GE에서는 1988년부터 Work-out Town Meeting 을 운영하고 있는데, 이는 여러 기능 부서에서 모인 사람들이 하루 이틀 동안 토의를 하여 업무혁신방안을 마련하는 것이다. 이 운영이 하나의 시스템화되어 기존의 수직조직을 훌륭히 보완한다.

경우에 따라서는 조직의 업무가 유동적인 경우 팀제를 도입하여 탄력적으로 인력운용을 하는 경우가 있다. 가령, 개발부라든지, 기획부라든지, 연구소 같은 곳이 그렇다. 생산, 관리, 영업 등 단순 반복적인 업무가 주를 이루는 부문은 수직적인 조직체계를 가지고 있으면서 일부 부문을 수평조직으로 보완한다.

애플이나 구글도 신제품을 개발하거나 새로운 시도를 할 때 기존 조직과는 무관하게 수시로 부분을 초월하여 팀을 만든다. 그리고 그 팀은 상당한 권한을 가지고 임무를 수행한다.

공간을 넓히고 실패를 수용하라

스카치테이프와 포스트잇을 개발한 3M 직원들은 업무 시간의 15%를 스스로 알아서 쓴다. 그러니까 일주일에 한나절(하루의 절반) 정도는 상사의 지휘를 벗어나 외부 일을 볼 수 있고, 개인적인 프로젝트를 할 수 있다. 연구원들에게 실시하던 이 제도는 나중에 일반 직원에게까지 적용되었다. 고어사와 구글에서는 이러한 여유 시간 제도가 20%이다. 직원들을 체계적으로 조직의 위계시스템에서 해방시키는 것이야말로 임파워먼트이다.

직원들이 업무 시간의 15%를 개인적으로 쓴다면 업무 스케줄을 어떻게 짜는지 궁금했다. 저자가 3M을 방문하여 알아보니 스케줄 편성은 없고 단지

문화로서 존재하고 있었다. 상사와 부하 사이에서 대화를 하면서 "이것은 제가 15% 원칙으로 처리하겠습니다." 하면 끝나는 것이다. 그러나 이는 엄연한 조직의 제도로 자리 잡고 있었다.

구성원들이 재량권을 가지고 일하다 보면 성공하는 경우보다 오히려 실수하고 실패하는 경우가 더 많을 것이다. 이때 조직이 어떻게 반응하느냐가 중요하다. 실패를 용인하지 않고 완벽만을 요구하면 개인이 새로운 것을 시도하고 창의적인 결과를 낼 수 없다. 그래서 조직의 감사나 내부통제시스템에서 개인의 비리나 불순한 의도가 없는 한 업무상 실수에 대해서는 관용을 베풀도록 해야 한다. 열을 잘하고 하나를 못하면 문제가 되는 사회에서 임파워먼트란 거의 불가능하다.

3. 어떻게 임파워먼트시킬 것인가: 인간적 접근

임파워먼트라는 용어에는 흔히 '심리적'이라는 단어를 붙여 심리적 임파워먼트라 한다. 심리라는 단어를 붙이는 이유는 무엇일까? 임파워먼트는 일에 대한 내적 동기와 자기효능감을 일으키지만 권한 위양을 하거나 의사결정에 참여시킨다고 저절로 그러한 느낌을 가지는 것은 아니다. 자율권의 영역이 좁다고 하지만 자기 영역 내의 일도 주인의식을 가지고 주도적으로 일하는 사람은 많지 않다. 갤럽 조사에 의하면 전 세계 직장인들 가운데 심리적으로 자신의 일에 몰입하고 있는 직장인은 평균 13%에 불과하다(한국인은 11%).[8] 일의 내용과 결과에 자신이 중요한 영향을 미칠 수 있다고 믿을 때 진정한 심리적 임파워먼트가 일어난다.

이러한 심리적 임파워먼트는 위임전결규정을 통해서 되는 것도 아니고, 실패 용인 제도를 만들면 성사되는 것이 아니다. 그것들은 다 환경이고 인프라일 뿐이다. 리더와 부하 사이 일상적으로 일어나는 접촉과 대화가 결정적이다. 통상 제도는 잘 만들어져 있는데 일하는 구성원들은 힘을 느끼지 못하는 경우가 많다. 바로 현장에서 리더와 부하 간의 인간적인 접촉 또는 조직의 문화나 분위기가 그리 되지 못하기 때문이다.

> "지난번에 보니까 김 선생님이 디자인 보는 눈이 있더군요. 이번 체육대회 유니폼은 김 선생이 알아서 정해 보는 것이 어떻겠어요?"
> "그럼 제가 조사를 해서 안을 올리겠습니다."
> "아니요. 그럴 필요 없어요. 김 선생님이 결정하시고 제게 결과만 알려 주세요."

이렇게 하는 것이 바로 실질적인 임파워먼트이다. 그런데 그 반대의 경우도 많다.

> "김 선생님, 이번 체육대회 유니폼은 디자인이 좀 튀는 것 같지 않아요?"
> "아, 체육 선생인 제가 알아서 하라고 말씀하신 것 같아서……."
> "그래도 사전에 저와 상의를 할 줄 알았지요. 제가 생각해 둔 업체도 있고 한데……."

규칙 1: 배경과 목표가 우선

이 일을 왜 하는지 모른 채 일을 한다면 주인의식을 가질 수 없고 스스로 판단하기 어렵다. 일을 맡길 때는 언제나 배경과 목표를 알려 주어야 한다. "내일 외부에서 손님이 오는데 잘 준비하도록 해요." 이렇게 지시하는 것이 아니라, "내일 우리 회사 직원 휴게실이 잘 되어 있다고 내 친구 회사 직원들이 견학을 온다고 하는데, 기왕에 오는 손님이니 좋은 인상을 주면 좋겠어요. 어떻게 하면 좋은 인상을 줄 수 있을까요?" 무엇(what)을 해라, 어떻게 (how) 해라고 하기 전에 왜(why)를 명확히 하고 충분히 이야기해야 한다. 부하들에게 재량권을 많이 주려고 할수록 더욱 그래야 한다.

규칙 2: 한계는 사전에

배경을 잘 설명해 주고 "알아서 하세요."라고 했는데 문제가 생기는 경우가 많다. 예산을 초과했다든지, 기일을 초과했다든지 아니면 이 일에 관여되

"이번 체육대회 유니폼은 김 선생님이 알아서 결정해 보세요."라고 하고서는 나중에 예산이나 문양에 대해서 이러쿵저러쿵 토를 달면 곤란하다. 고려할 사항이 있으면 사전에 제시해야 한다.

어 있는 고객이나 주요 인사의 취향에 안 맞는다든지 하는 경우가 발생한다.

"이번 체육대회 유니폼은 김 선생님이 알아서 결정해 보세요." 하고서 나중에 예산에 대해서, 문양에 대해서 이러쿵저러쿵 토를 달면 곤란하다. 예산은 얼마 범위에서 하고, 학년별로 차별화하고, 학교마크를 달고 등의 조건을 사전에 제시하는 것이 필요하다. 반드시 지켜야 할 제약 조건은 무엇이고, 가능한 한 했으면 하는 권장사항이 무엇인지를 되도록 구별하는 게 좋을 것이다. 물론 이 조건은 적을수록 좋다. 조건을 많이 달면 일하는 사람의 재량권이 그만큼 줄어들게 마련이니까.

규칙 3: 재량권과 책임을 충분히

일단 조건이나 한계를 분명히 했으면 일하는 사람들에게 최대한 운신의 폭을 넓혀 주고 책임을 부여해야 한다. 과거 80년대 초 전두환 대통령이 김재익 씨를 경제수석으로 발탁하고서는 "경제는 당신이 대통령이야!" 하며 힘을 실어 주었다는 이야기는 유명한 일화이다. 이렇게 재량권을 부여하고, 충분히 실력을 발휘할 수 있도록 밀어주어야 한다. 카페에서 점장은 '사장'이 되어야 하고, 군대에서 보초는 '부대장'이 되어야 하는 것이다.

말로는 점장이 사장이라고 하면서 본사에서 일일이 간섭하거나 본사에서 점장을 무시하고 직원들에게 직접 지시를 하면 점장의 권위가 떨어질 뿐만 아니라 점장 스스로 위축되어 일을 할 수 없게 된다. 경우에 따라서는 점장이 다소 미흡한 점이 있더라고 지켜보고 기다릴 줄 알아야 한다. 기다리는 것이 매우 중요하다. 시행착오를 겪고 좀 지체된다고 해서 리더가 기다리지 못한다면 임파워먼트는 불가능해진다.

일을 맡기고 재량권을 준다고 했을 때에는 어떤 일을 어느 정도 맡기느냐 하는 것이 현실적으로 고민이 된다. 몰입(flow) 연구의 대가 칙센트미하이

(Csikszentmihalyi)가 제시한 바와 같이 재량권 부여는 구성원의 실력에 맞추는 것이 좋을 것이다. 사람들은 일반적으로 자신의 실력보다 조금 어려운 과제를 수행할 때 몰입을 하게 되고 보람을 느낀다. 자기 실력보다 쉬운 과제를 하게 되면 권태를 느끼고, 반대로 실력에 비해 너무 벅찬 일을 하게 되면 불안을 느껴 일을 못하게 된다. 그러나 자신의 실력 수준보다 조금 높은 일을 하게 될 때는 다소 벅차기는 하지만, 그리 큰 불안을 느끼지 않으면서도 도전감을 느끼고 일에 몰두하게 된다. 그래서 다음 그림에서 보는 것처럼 처음 A라는 일을 맡아서 했는데 실력이 B 수준으로 늘면, 그에 맞추어 A보다 어려운 과제 C를 주어야 한다. 그런데 C를 수행하는 과정에서 실력이 늘어 D 수준에 오게 되었는데 계속 C를 하게 되면 지루함을 느끼게 될 것이다. 그때는 과제를 E 수준으로 올려야 한다.

일반적으로 과제의 수준은 〈표 6-2〉에서 보는 것처럼 5단계로 나누어 볼 수 있다. 이는 곧 임파워먼트 수준이라고 할 수 있다. 담당자의 실력에 따라

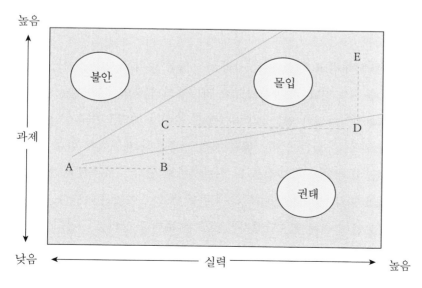

[그림 6-1] 칙센트미하이의 몰입을 이끄는 과제 영역[9]

적당한 수준으로 임파워하고 또 실력이 향상됨에 따라 그 수준을 올려 나갈 수 있다.

〈표 6-2〉임파워먼트 수준

임파워먼트 수준	업무 영역	의사결정의 수준
수준 1	개인 업무	주어진 규칙 내에서 스스로 집행
수준 2	소규모 집단 업무 책임	정해진 대안 중에서 지침을 받아 실무적인 선택을 할 수 있음
수준 3	기능 부서 업무 책임	주어진 문제에 대해 상황을 분석하고 대안을 설계하거나 제시하는 과정을 수행
수준 4	사업부 정도 업무 책임	문제 자체를 정의하거나 해결책 도출을 위해 자원을 분배할 수 있음
수준 5	총괄 업무의 책임	목표와 기본 방침을 재설정하는 일부터 수행

규칙 4: 지지와 격려를 충분히

재량권을 주라고 하면, 어떤 사람들은 일을 맡기고 '내팽개치는 것'으로 오해하는 경우가 있다. 임파워먼트도 리더십의 일종이다. 직원을 리드한다는 대원칙하에 임파워가 있는 것이다. 우선 리더가 가지고 있는 정보를 충분히 주고, 동원할 수 있는 인적·물적 자원도 충분히 제공해야 한다. 리더 중에서는 은근히 부하와 경쟁심을 느끼는 사람도 있다. "쟤가 얼마나 잘하나 보자." "네가 혼자 한다고 했는데, 그래 한번 해 봐." 이것은 아니다.

어떤 사안에 대해서는 담당자가 보고를 하거나 상의를 하겠다고 해도 "알아서 하라."면서 피해야 하지만, 어떤 때는 진행 상황을 묻고 "무엇을 도와 줄 까?" 하고 물어야 한다. "그래, 그 문제는 내가 알아봐 줄게."라고 하거나 필요한 사람을 소개해 주거나 소스를 알려 주는 것이 좋다. 경우에 따라 실패하고 좌절하는 경우 이를 격려하고, 또 다른 사람에게 방패가 되어 주기도 해야 한다.

규칙 5: 피드백과 성찰 유도

리더는 구성원들이 재량권을 가지고 한 일에 대해 가능한 스스로 결과를 알게 해야 한다. 학생들이 프로젝트 수업에서 결과물을 만들었으면 이를 전시·발표하고 동료 학생들과 교사에게 평가를 받게 해야 하고, 기획안을 만들었으면 되도록 그들이 직접 이해 당사자들 앞에서 발표하고 그들의 반응을 직접 듣고 느끼게 해야 한다. 만약 직접 피드백을 얻을 수 없는 경우에는 리더가 피드백을 전달해 주어야 한다. 리더 자신의 의견을 말할 수도 있겠지만 그 사안에 대해 이해 당사자로부터 의견을 듣고 이를 전달해 주는 것이 좋다. "이번에 김 선생이 만든 운동회 유니폼은 학생들도 좋아하지만, 학부형들의 호응도 아주 좋더군요." 하고 말하는 것이다.

나아가서 일을 맡으면서 느낀 점을 이야기하고 잘된 점, 미흡했던 점을 점검하고 향후 어떻게 하는 것이 좋을지 의견을 내게 하는 것이 좋다.

"김 선생이 이번에 좋은 결과를 내셨는데, 소감이 어떠세요? 다음 일을 하실 때 개선하고 싶은 것은 무엇인가요?"

"네, 교장선생님. 저는 재미있게 했습니다만, 학생들의 의견수렴을 충분히 하지 못한 것이 좀 아쉽습니다. 앞으로는 이를 더 보완하는 것이 좋겠습니다."

바로 이런 대화가 필요하다.

임파워먼트는 조직의 창의성을 높이고, 개인의 능력을 향상시키는 것이며, 나아가 구성원들을 인생의 주인으로 만드는 것이다.

♣ **체크리스트**

1. 당신은 직원들이 스스로 일을 잘할 것이라고 믿는가?
2. 당신은 규정에서 정한 것 이상으로 직원들에게 재량권을 부여하는가?
3. 일을 맡길 때는 사전에 배경과 목적에 대해 충분히 이야기하는가?
4. 직원들이 시행착오를 겪으면서 스스로 배워 나가도록 참고 기다리는가?
5. 직원들이 일을 하는 동안 걸림돌을 제거해 주고 적절한 자원을 제공하는가?

제7장
스마트하게 네트워킹하라
Networking

네트워킹은 리더의 역량과 조직의 역량을 동시에 확장한다. 학부모, 지역사회, 유관단체를 잘 활용하고, 학교의 비전을 위해 그들의 관심과 노력을 끌어들일 수만 있다면 얼마나 좋겠는가. 그런데 많은 사람을 만난다고 해서 좋은 것이 아니고, 또 깊은 유대를 갖는다고 해서 좋은 것이 아니다. 창의적인 리더는 외부 활동도 스마트하게 창의적으로 해야 한다.

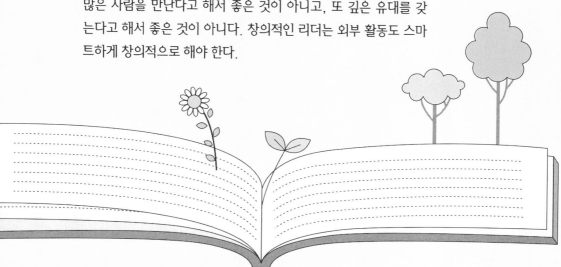

1. 왜 네트워킹인가

우리 교장선생님은 마당발

다양한 프로그램 제공

덕양중학교 3학년 장다인 학생은 반크 활동을 통해 우리 역사의 왜곡이 심각하다는 것을 깨달았다. 반크(Voluntary Agency Network of Korea: VANK) 는 외국 친구들과 펜팔을 통해 교류하면서 동시에 외국인들에게 한국을 알리는 역할을 하는 사이버 외교사절단이다. 장다인 학생을 포함해 덕양중학교 학생들이 반크 활동에 참여하게 된 것은 김삼진 교장선생님 덕분이다. 김교장선생님은 공모제 교장으로 덕양중학교에 임용되기 전부터 반크와 접촉하고 있었다. 그는 반크에 덕양중학교를 도와줄 것을 요청했고, 반크의 박기태 단장이 직접 2년 동안 덕양중학교 반크반을 운영했다. 덕양중학교 학생들은 창의적 체험활동 시간을 통해 외국의 홈페이지에 잘못 소개된 우리나라 정보를 바로잡는 활동을 했고, 외국 친구들과 펜팔도 하였다. 반크 활동을 하면서 학생들은 자연스럽게 한국의 역사에 대해 관심을 갖게 되었을 뿐만 아니라 영어공부도 열심히 하게 되었다. 반크는 이미 다양한 프로그램이 있었기 때문에 학생들이 이런 프로그램을 통해 얻는 것이 많았다. 반크 덕분에 학교의 콘텐츠가 더욱 풍성해졌다.[1]

김삼진 교장선생님은 반크뿐만 아니라 '깨끗한 미디어를 위한 교사운동' '놀이미디어교육센터'와도 네크워크를 형성하고 있었다. 두 단체는 모두 미디어의 역기능을 막는 활동을 하고 있었다. 김 교장선생님은 이들 단체도 설득하여 덕양중학교 학생들과 함께하게 하였다.

'깨끗한 미디어를 위한 교사운동'에서 활동하고 있는 강미화 강사는 덕양중학교 학생들을 만나 본 후, 이들이 게임이나 음란물 등에 중독될 가능성이 높기 때문에 이를 고려하여 학생들의 수준에 맞춘 수업을 준비하고 운영하기 위해 노력했다. 강미화 강사는 집에서 덕양중까지의 거리가 멀어 힘들었지만 아이들이 즐거워하고 미디어를 통해서 창의적으로 표현을 하는 모습을 보니 즐거웠다. "아이들이 광고를 분석하고 발표하는 과정에 적극적으로 참여하는 모습을 보면서 보람을 느꼈어요. 학교에 오면 아이들에게 하나라도 더 가르쳐 주고 싶은 마음이 듭니다." 강미화 강사는 교사들이 미디어교육에 관심을 가지고 있지만 자신의 교과를 가르치는 것도 버거운 상황에서 그 내용을 체계적으로 배워서 적용하는 것은 쉽지 않은 일이라고 말했다. 교사들이 아이들에게 충분히 해 줄 수 없는 교육을 전문성을 가진 외부 강사나 단체와 함께 실시하는 것은 의미가 크다. 일반적으로 학교는 외부 자원을 활용하는 것에 대해 거부감을 가진다. 그러나 외부 자원과 연계될 때 학생들에게 더 많은 기회와 배움을 줄 수 있다. 김 교장선생님이 가지고 있는 네트워크는 덕양중학교 학생들에게 의미 있는 기회를 제공하였다.

지역주민과 함께 하는 STEM

미국 메릴랜드 주 앤 아룬델 카운티의 사우스리버(South River) 고등학교와 올드밀(Old Meal) 중학교에서는 STEM(Science, Technology, Engineering, & Mathematics) 교육을 한다. STEM 교육에서는 학생들이 다양한 주제에 대한 프로젝트를 수행하도록 하는데, 이때 학생들은 자신의 프로젝트를 수행하는 과정에서 외부 전문가의 도움을 받는다. 외부 전문가들은 그 지역의 주민과 학부모들이다. 학교장은 학부모 위원회에서 학교의 STEM 프로그램을 소개하면서 학부모와 주민들이 학생들의 학습과정에 큰 도움을 줄 수 있다는 것을 강조한다.

많은 교사와 관리자는 훌륭한 능력을 가지고 있다. 그러나 그들이 가지고 있는 역량 내에서만 학생들에게 무언가를 줄 수 있다면 가지고 있는 밑천은 금세 동이 날 것이다. 이는 학교 밖의 다양한 사람이나 기관과 함께할 때 가능한 일이다.

네트워킹은 새로운 것을 창조한다

300개의 크리스말로윈

90년대 대표 아이콘인 서태지는 문화대통령이라 불릴 만큼 혁신적이고 창조적이었다. 그러나 그는 1996년에 은퇴를 발표하며 창작의 고통을 이야기하였다. 더는 창작을 할 수 없을 것 같고, 죽을 것 같다고 하였다. 그런 그가 다시 대중 앞에 섰고, 2015년 그는 9집 앨범 〈크리스말로윈〉의 음원을 스템 파일 형태로 대중에게 무료 공개하였다. 서태지가 공개한 스템 파일은 곡을 구성하는 보컬과 악기 각각의 음원 파일로, 이 음원 파일을 활용하여 많은 사람이 자신만의 새로운 '크리스말로윈'을 창작할 수 있다. 서태지는 한 TV 프로그램에 출연하여 2015년 2월 기준 300개 이상의 새로운 크리스말로윈이 만들어졌다고 이야기하였다. "스템 파일을 공개했기 때문에 다양하고 새로운 음악을 만날 수 있었습니다." 하나의 스템 파일을 다양한 사람이 각자 다르게 해석해서 새로운 것을 창조한 것이다. 닫힌 사고가 아니라 열린 사고에 의한 공유는 새로운 것을 창조하게 한다.

교사 공동체

학교 현장에는 매우 다양한 교사공동체가 있고, 많은 교사가 여기에 소속되어 있다. 일반적으로 교사공동체는 교사들이 자신의 수업행동 등에 대해 함께 성찰하고 수업 개선과 학생들의 학습을 위해 서로 협력하는 모임을 말하며, 개인주의적이며 고립화된 교직 문화에 대한 대안이라는 평가를 받고 있다.[2] 교사공동체는 학교 단위 또는 동일 교과나 협동학습과 같은 특정 주제를 중심으로 교내·외에서 형성되며, 이를 통해 교사들은 서로의 수업을 발전시킨다. 함께 연구하고 실천하고 성찰하는 교사공동체는 교사들의 성장뿐만 아니라 교육의 발전을 이끄는 중요한 힘이 되고 있다. 교사들은 교사공

◆ 수업연구

　수업연구(Lesson Study: LS)는 명확하고 차별화된 목적의 교사 네트워크 중 하나이다. 수업을 연구하는 교사학습공동체의 운영 방법의 하나인 LS는 일본 동경대학교의 사토 마나부 교수에 의해 시작된 것으로, 일본을 넘어 미국과 유럽 등에서 교사교육의 방법으로 연구·활용되고 있다.[3] 수업연구는 여타의 교사교육이나 교사공동체 운영방법과 구별되는 독특성을 갖는데, 그것은 '교사가 어떻게 가르치는가'가 아니라 '학생들이 어떻게 학습하고, 학습 경험으로부터 무엇을 가져 오는가'를 확인하는 것이다.[4] 이러한 목적을 달성하기 위한 수업연구의 운영 과정은 다음과 같다.

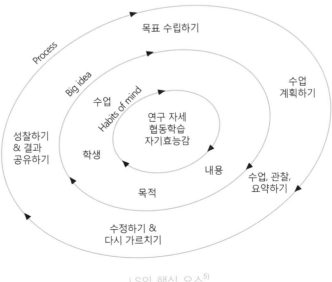

LS의 핵심 요소[5]

첫째, 연구 주제 결정이다. 수업연구는 수업 개선을 위해 기존의 수업을 무조건 관찰하는 것이 아니라 '학생들이 창의적 사고를 할 수 있도록 한다.'와 같은 목표를 수립하여 수업연구를 수행하는 것이다. 물론 연구 주제는 학생들의 학습에 초점을 둔다.

둘째, 수립된 목표에 도달할 수 있도록 연구 참가자들이 함께 수업을 개발한다. 이 단계에서 구체적인 수업의 목표를 확인하며, 수업 자료 조사, 자신의 경험 인출, 간접 경험, 독서, 아이디어 제시 등을 통해 수업을 구체적으로 개발한다.

셋째, 한 명의 교사가 자신의 학생들을 대상으로 수업한다. 이때 다른 팀 구성원들은 수업에서 이루어지는 다양한 현상(교사와 학생들이 한 행동과 말, 학생 사고의 증거)에 대한 자료를 수집한다. 자료 수집의 목적은 수업의 효과성에 대한 것이지 교사를 평가하는 것은 아니며, 수집한 자료는 공유한다. 이때 다른 사람(knowledge-able others)을 초대해서 수업의 관찰자가 되어도 된다.

넷째, 수집한 자료를 토대로 팀 구성원 전원이 수업을 수정하고 수정된 안에 따라 다른 교사가 다른 학생들을 대상으로 다시 가르친다. 수업 수정의 초점은 학생이 잘못 이해한 부분을 확인하는 데 있으며, 재수업에서도 동일하게 관찰 및 자료수집이 이루어진다.

다섯째, 성찰과 자료공유이다. 수업 중 한 일, 성찰, 그룹 토의 내용 등이 공유되며, 한 개의 수업연구에 대한 보고서는 다음 수업연구를 위한 자료로 활용한다.

10여 년간 일본 교사들의 수업연구를 탐구한 루이스(Lewis)는 수업연구의 효과로 교과에 대한 지식 향상, 수업에 대한 지식 향상, 학생들의 학습을 관찰하고 이해하는 능력 향상, 교사들 간의 협력 관계 강화를 들면서 수업연구가 교사들의 수업 전문성 신장에 매우 긍정적인 영향을 준다고 강조하였다.[6] 페르난데스(Fernandez)와 요시다(Yoshida)는 수업연구가 수업연구팀에 참여하는 교사들뿐만 아니라 다른 교사들의 수업 전문성 신장에도 도움이 된다고 하였다.[7] 즉, 수업연구팀이 개발한 교수·학습 지도안이 현장의 많은 교사에게 유용하게 이용되기 때문에 수업 경험이 짧은 신임교사들에게는 특히 유용한 자료가 된다는 것이다. 수업연구는 이러한 많은 효과가 증명되었기 때문에 유럽 및 미국으로 확산되어 활발히 이루어지고 있다. 그러나 우리나라에서는 아직 이러한 방식의 수업연구가 활성화되어 있지는 않다.

동체에서 자신의 전문성을 신장시킨다. 교사들은 본인의 실제 경험 외의 다양한 외부 자료원 중에서는 동료교사가 가장 유용하다고 생각하는데, 이는 동료교사들이 교육현장을 잘 이해하고 실제에 적용 가능한 구체적인 지침을 주며, 이들로부터 도출한 자료나 전략을 쉽게 활용할 수 있기 때문이다.[8] 예를 들어, 덕양중학교 교사들은 일본의 사토 마나부 교수가 주창한 배움의 공동체 운동에서 영향을 받아 교과별 교사공동체를 운영하였고, 열심히 탐구하고 적용하는 과정에서 국어과, 수학과, 도덕과에서 혁신교육의 성과를 이끌어 냈다.[9] 시·도 단위의 교육청에 소속된 교사들은 거꾸로교실 연구회, 배움의 공동체 연구회, 하브루타(chavruta) 연구회, PBL 연구회 등을 조직하여 각기 다른 학교에 근무하는 교사들이 함께 모여 연구하고 이를 다른 교사들에게 전파하고 있다.

서태지는 스템 파일을 공개하여 대중과 네트워크를 형성하였다. 교사들은 교사공동체에 자신이 가지고 있는 경험과 고민을 공개하고, 서로 피드백하면서 학교 내·외의 여러 교사들과 네트워크를 형성하였다. 네트워킹은 새로운 것을 창조하고 자신을 발전시킬 수 있는 기회가 되는데, 이때 중요한 것은 공개와 함께 '명확한 목적'이다. 서태지는 수많은 대중에 의해 창조될 새로운 '크리스말로윈'을 기대하였고, 교사들은 자신의 성장과 발전을 기대하였다. 목적이 있는 네트워킹을 통해 의미 있는 결과물을 창조한 것이다.

네트워킹은 사회적 자본

마당발의 힘

네트워킹이란 사람들 간의 유대관계 그 이상의 의미를 갖는다. 그것은 곧 사회적 자본(social capital)이다. 사회적 자본은 한 사람이 다른 사람과 관계를 맺는 네트워킹에서 취득하거나 동원할 수 있는 모든 자원을 말한다. 개인이 많은 것을 가지고 있으면 부자라고 하는데, 비록 개인이 가진 것은 없어도 다른 사람을 통해 필요한 것을 구할 수 있으면 그 또한 부자인 것이다. 사회적 자본은 개인적 또는 인적 자본(human capital)에 대응되는 말로서 인간관계 속에서 발생되는 유·무형의 가치를 말하며, 돈과 같은 유형적 가치보다 정보, 신뢰, 협력과 같은 무형적 가치에서 더욱 빛을 발휘한다. 이런 점에서 교수와 기자가 많이 비교되는데, 교수는 자신이 지식을 많이 가지고 있지만 대체로 기자는 자신이 지식을 가지고 있기 보다는 지식을 가지고 있는 사람을 많이 안다. 그래서 기자는 필요하면 언제나 지식이 있는 사람을 연결하여 기사도 쓰고 책도 쓰고 하는 것이다. 기자가 알고 있는 많은 사람들이 사회적 자본인 것이다.

사회적 자본은 새로운 직장을 찾을 때도 매우 유용하다. 소위 '마당발'이거나 관계망이 넓은 사람은 그렇지 않는 사람들과 비교할 때 보다 많은 정보와 선택지를 가질 수 있다.[10] 이것이 자본이 아니고 무엇이겠는가?

◆ 네트워킹과 정보

명군현장이 움직여 적을 물리치고 남들보다 성공하는 까닭은 적보다 먼저 정보를 파악하기 때문이다. – 손자

손자는 정보활동의 중요성에 대해 이렇게 말했다. "10만 대군을 동원해 천 리 밖으로 원정을 떠나면 정부와 백성은 하루에 천금의 전쟁 비용을 부담해야 한다. 게다가 최후의 승리는 단 하루면 결정된다. 그런데도 관직과 녹봉과 금전이 아까워 적의 정보를 수집하는 노력을 게을리한다면 이 얼마나 어리석은 일인가? 게다가 뛰어난 군주와 현명한 장수는 신에게 기도를 하거나 경험에 의지하거나 별을 보고 점을 쳐서 정보를 얻으려 하지 않는다. 어디까지나 사람을 이용해 정보를 얻어 낸다."

현대는 과잉정보의 시대이다. 그러나 창의적 차이를 만들어 내는 소중한 정보는 쉽게 얻기 어렵다. 가치 있는 정보를 어디서 얻을 수 있을까? 평소 다양한 분야에 걸쳐 인맥을 형성해 두면 상당한 비용과 시간을 절약하면서 창의적 차이를 만들어 내는 데 큰 도움이 될 정보에 접할 수 있다.

나 혼자는 할 수 없는 일도 주변 사람들의 지혜와 경험을 통해 멋지게 해결할 수 있다.

사회적 자본

사회적 자본은 다양한 차원에서 정의되는데, 개인이나 집단의 수준에서 정의될 수도 있고, 지역공동체, 전체 사회나 국가 수준에서도 정의될 수 있다. 즉, 네트워킹은 개인이라는 미시적 차원에서는 사유재의 성격이 강조되고, 중시적·거시적 차원에서는 공공재의 성격이 강조되는 개념이다. 따라서 학교경영자의 네트워킹은 학교장 개인의 개인적 자산이기도 하지만, 동시에 이들이 속한 학교나 교육지원청 등 조직의 자산, 즉 사회적 자본이 된다.[11]

그렇기 때문에 사회적 자본은 공식적인 면과 비공식적인 면 그리고 의도적인 면과 우연적인 면이 모두 중요하다.[12] 교장으로 발령을 받고 교장들의 모임에 가는 것은 공식적이고 계획적인 것이다. 그런데 그 모임에서 특별한 사람하고 친밀한 관계를 맺어 유용한 정보를 교류하는 것은 개인적이며 비공식적인 것이다. 또한 여행이나 등산을 하다가 우연히 만난 사람을 다른 공적인 회의 장소에서 만나면 더욱 가깝게 느껴지고 또 깊은 교류를 하게 된다. 네트워킹에 대한 연구를 수행한 시카고대학교의 버트(Burt) 교수는 사회적 자본을 친구나 동료와 같이 다른 사람과의 관계를 통해 얻게 되는 기회라고 정의하며, 사회적 자본이 사람들 사이의 관계에서 존재하는 것임을 강조하였다.[13] 결국 한 사람 한 사람과의 네트워크가 개인적 차원뿐만 아니라 조

◆ 네트워크의 이점

첫째, 정보를 획득할 수 있다. 네트워크라는 관계망에 속하면서 이전에 가질 수 없었던 정보를 얻게 되는 효과를 말한다. 정보를 얻는 효과를 구체적으로 살펴보면 정보탐색을 수행하는 데 필요한 비용을 절감하는 효과와 수집한 정보의 질이 높아지는 효과로 구분할 수 있다. 즉, 네트워크를 활용하면 원하는 정보를 얻는 데 드는 비용과 시간을 줄일 수 있고, 얻은 정보의 질도 향상된다. 만약 이전에 알지 못했던 익명의 사람에게 정보를 얻고자 한다면, 정보탐색을 위한 시간과 비용을 들여야 한다. 또한 얻은 정보에 대해서도 질적인 점검이 필요하다. 그러나 그동안 관계했던 사람들로부터 정보를 얻을 때는 정보탐색 시간과 비용이 축소될 뿐만 아니라 정보에 대한 평가도 불필요해진다.[14]

둘째, 사회적 네트워크는 정보의 흐름을 촉진시킨다. 사회적 네트워크는 사회적 연결을 통하지 않았다면 얻을 수 없는 특별한 기회에 대한 정보를 얻을 수 있게 한다.[15] 미국의 직장인 중 85%는 직장을 구할 때 일 년에 한두 번 정도 만나는 사람들로부터 구직 정보를 얻어 취업에 성공하였다. 자주 만나는 사람들은 나와 비슷한 정보를 갖고 있지만, 어쩌다 한 번 만난 사람들은 나와 다른 종류의 정보를 갖고 있다. 어쩌다 한 번 만났을 때 그 정보가 나에게로 전해지는 것이다.

셋째, 사회적 네트워크는 의사결정 시 중요한 역할을 하는 사람들에게 영향력을 발휘한다. 많은 경우에 의사결정권자와의 사회적 연결은 선발이나 승진, 가치 있는 자원의 배분 등에서 개인을 유리한 위치에 있게 만든다. 개인에 관한 '특별한 언급'은 의사결정 과정에서 큰 비중을 차지한다.[16]

넷째, 사회적 네트워크는 개인의 사회적 신분을 보증한다. 특정 인사를 알고 있다는 것은 그 관계를 통해 특정한 자원으로의 접근이 가능하다는 것을 반영하며, 때로는 그 사람과 관계를 맺고 있다는 것 자체가 개인에게 유리하게 작용하기도 한다. 어떤 사람을 처음 만났을 때, 그 사람이 내가 신뢰하는 사람과 매우 친하다면 그 사실만으로도 새로 만난 사람에 대한 신뢰가 생성될 수 있다.

직 차원에서도 사회적 자본의 양과 질을 결정한다는 것이다.

2. 스마트 네트워킹

누가 더 창의적인가

제임스 vs. 로버트

진화인류학자인 던바(Dunbar)는 우리 인간이 가깝게 사귀는 사람의 숫자는 최대 150명을 넘기 힘들다는 주장을 하였다. 던바는 집단의 크기는 인간 이외 영장류에서 신피질의 부피와 함수 관계를 이루는데, 여기에서 추론해보면 수렵 채집과 전통원예 사회의 집단 규모와 매우 비슷하게 현대인의 집단 크기를 예측해 산출할 수 있으며, 그 근거로 인간 뇌의 인지 능력에는 한계가 있기에 150명 이상으로 절친한 인간관계를 늘 유지하는 것은 어렵다고 주장한다.[17] 그는 또한 '페이스북 친구 수가 수천 명이 된다 해도, 결국 신경 쓰면서 가까운 관계를 유지할 수 있는 사람의 수에는 한계가 있다.'며 기존 가설을 유지하였다.[18]

우리는 종종 지구촌이라는 이야기를 한다. 케빈 베이컨(Kevin Bacon)의 법칙에서는 이 세상의 모든 사람은 6단계(six degrees)만 거치면 모두 다 아는 사람이 된다고 설명한다. 그러나 우리에게는 그냥 아는 사람이 아니라 의미 있는 관계가 중요하다. 어떤 한 사람이 의미 있는 관계를 맺고 있는 타인과 조직은 그리 많지 않다. 다음 그림은 우리가 '작은 세상(small world)'에 살고 있음을 보여 준다. 작은 세상이란 어떤 조직에 속한 개인들이 단지 몇 단계만 거치면 서로 연결된다는 것을 의미한다. 버트(Burt)는 [그림 7-1]에서 작은 세상 속의 두 인물 '제임스'와 '로버트'를 비교하였다. 제임스는 주로 자신

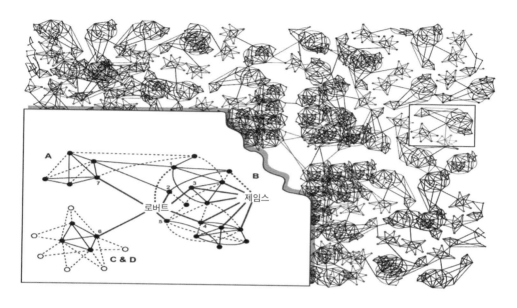

[그림 7-1] 사회연결망 분석에 나타난 중계와 폐쇄[19]

이 속한 사회의 구성원들과 관계를 맺고 있고, 로버트는 자신이 속한 사회의
구성원뿐만 아니라 다른 여러 사회와의 구성원들과도 관계를 맺고 있다. 두
사람 중 누가 더 창의적인 사람일까? 그렇다. 로버트가 더 창의적인 아이디
어도 많이 내고 창의적으로 사고할 가능성이 높은 사람이다.

　로버트와 같은 위치에 있는 사람이라 할지라도 네트워킹의 유형은 [그림
7-2]와 같이 세분화할 수 있다. A, B, C 세 유형 모두 다양한 집단의 사람들
과 네트워크를 형성하고 있다. 이러한 네트워크를 형성하고 있는 사람은 자
신이 갖고 있는 역량을 넘어 보다 다양한 활동과 사고를 할 것이다. 일반적
으로 우리의 네트워킹은 A 유형처럼 한 사람과의 관계에서 시작하지만, B와
C 유형으로 진화할 수 있다. A와 B 유형보다는 C 유형이 해당 집단과 보다
밀접한 관계를 형성하고 있다. 로버트의 네트워킹은 C 유형에 해당한다. 던
바의 주장처럼 우리가 상호작용할 수 있는 사람의 수가 제한되어 있다면, 네

트워킹이 어떠한 모습으로 형성되어 있는지 살피는 것은 매우 중요하다. 이제 자신이 어떤 유형에 속하는지 성찰해 보고, 가능하다면 C 유형의 네트워킹을 형성하도록 해야 할 것이다.

A 네트워크   B 네트워크   C 네트워크

[그림 7-2] 네트워크 유형[20]

미래사회에서의 네트워킹

미래사회에서는 네트워킹 능력이 중요하다. 네트워킹 능력은 창의적인 사람의 속성을 논의할 때 언급되는 '소통 능력'과 비슷한 속성이다. 소통 능력이 창의적인 사람이 가지고 있는 내재적 속성이라면, 네트워킹 능력은 그러한 속성과 관련되어 겉으로 드러나는 구체적인 행동능력이다. 따라서 소통의 속성을 가지고 있는 창의적인 사람이 네트워킹 능력을 보유하고 잘 활용할 가능성이 높다고 볼 수 있지만, 반드시 일치하는 것은 아닐 수도 있다.

네트워킹 능력이 중요시되는 것은 인간이 사회적 존재이기 때문이다. 가정, 조직, 직장, 지역사회, 혹은 일상 속에서 단편적인 만남을 통해서 인간은 자신의 정체성을 끊임없이 확장, 변형시켜 나가고, 지속적으로 원만한 삶을 추구하게 된다. 사회적 존재인 인간은 구조적으로 타인들과 연결된 '사회'라는 커다란 시스템 안에서 살고 있다. 인간 사회를 하나의 시스템으로 이해하는 것은 개별 구성원들의 활동으로 인하여 전체 사회가 변화할 가능성이 열려 있으며, 동시에 개별 구성원의 활동은 다른 구성원들과의 관계에 긴밀하게 연결되어 있다는 의미이다.

만약 어떤 사람이 기질적으로 소심하고 첨단통신매체 활용 능력이 떨어져서 타인과 충분히 의사소통하지 못한다면, 자신의 생각을 전달하고 검증하는 데 한계를 가질 수밖에 없다. 또한 이 사람이 독창적인 아이디어나 문제 해결 방안을 제시한다 하더라도 이를 현실적으로 실현하는 데 한계가 있을 수밖에 없다.

네트워킹과 창의성

네트워킹을 잘한다고 무조건 창의적이라고 할 수는 없지만 네트워킹이 창의성에 도움을 주는 것은 확실하다. 한국직업능력개발원에서 수행한 연구 결과는 창의적이지 않은 사람이 네트워킹 능력을 보유할 경우 그렇지 않은 사람보다 역량을 발휘할 수 있음을 보여 준다.[21] 창의적이면서도 네트워킹 능력을 보유하고 있는 사람은 어떻게 행동할까? 이들은 다양한 사람이 모이는 면대면 공간이나 페이스북과 같은 온라인 공간에서 적극적·지속적으로 자신의 아이디어를 표현하고, 타인들로부터 이를 검증받고 개선한다. 페이스북을 하고 있는 사람이라면 자신과 친구를 맺고 있는 사람 중 유독 다양한 글을 쓰고, 다양한 기사를 링크하는 사람을 떠올릴 수 있을 것이다. 이러한 활동을 통해 이들은 적극적으로 타인과 관계를 맺고, 관계의 질을 향상시킨다. 또한 잘 모르는 사람들이 주를 이루는 어떤 모임에 처음 참석한 경우라면, 처음에는 모임의 주제에 대한 명확한 이해도 부족하고 기존에 모임을 이끌던 사람들에 대해서도 잘 모를 것이다. 그러나 매우 빠르게 모임의 분위기 등을 파악하고, 적극적으로 모임에 참여하면서 논의의 주제, 사람들의 역할 등에 대해 파악한다. 그리고 적절한 방식으로 목소리를 내어 모임에서 점차 중심 역할을 할 수 있는 존재가 된다.

한편, 창의적이지 않지만 네트워킹 능력을 보유한 사람은 어떻게 행동할까? 이들은 자신의 독자적인 관점과 방식으로 어떠한 현상을 해석하기보다는 사회가 바람직하다고 제시하는 규범과 가치체계에 근거하여 사회 현상을 파악하고 문제점을 발견하며, 사회적 흐름에 잘 적응한다. 역시 이들도 페이스북과 같은 소셜 미디어(SNS)를 적극 활용하여, 다양한 정보를 수집, 분석하고, 이를 토대로 사회발전에 필요한 문제해결책을 제시하는 능력을 보인다. 앞서 소개한 창의적인 사람과 차이가 있다면 사회의 여러 현상에 대해 적극적으로 자신의 관점을 제시하기보다는 기존의 기사나 글을 이용하여 의견을 제시한다. 이들은 새롭고 미지의 것에 도전하기보다는 문제를 익숙한 방법과 기술로써 정확하게 해결하고 산출해 내는 것에 초점을 맞춘다.[22]

창의적이면서 네트워킹 능력도 갖고 있다면 매우 바람직하겠지만, 내가 가진 창의성이 부족하더라도 네트워킹을 통해 접할 수 있는 다른 사람들의 지식과 아이디어는 나에게 영감을 주고 문제해결에 도움을 줄 수 있다.

창의적 네트워킹의 선순환

창의성과 네트워크는 서로 상보적인 관계이다. 물론 많은 경우 네트워크가 창의성을 보완하지만, 개인과 조직의 창의성이 새로운 네트워크를 형성하기도 한다. 경기도 안산의 성포고등학교는 유네스코협동학교 활동으로 전국의 다른 협동학교 및 일본 협동학교와의 네트워크를 구축하여 다양한 활동을 하고 있다. 성포고등학교는 경기도교육청의 경기도유네스코협동학교 조직 시 중추적 역할을 수행하여 도 내 협동학교와 다양한 교류를 하고 있으며, 일본 협동학교와의 교류활동 일환으로 일본을 방문하는 등 다양한 경험을 하고 있다.

창의성과 네트워킹의 시너지 효과
성포고등학교 경혜영 교장선생님[23]은 이외에도 NTTP 교과교육연구회 회장으로 활동하면서 지역의 교사 및 전문가와 네트워크를 구축하여 교내의 교사들을 위한 창의적이고 새로운 연수를 계획·운영하였다. 국내 최초로 이루어진 긍정 탐색을 활용한 다문화교육 연수가 그 예이다. 경혜영 교장선생님이 열정적이고 창의적인 분이기도 하지만, 그녀가 가지고 있는 네트워크는 지경을 넓히게 한다. 개인의 창의성과 열정에 네트워킹이 더해졌을 때 보다 다양한 성과를 산출해 내는 것이다.

경상북도에 소재하는 초등학교는 2016년 기준 469개(분교 44개 미포함)인데, 그중 약 80%가 6학급 이하의 소규모 학교이다. 소규모 학교는 규모가 큰 일반 학교에 비해 예산이나 인력 규모가 작아 다양한 프로그램을 운영하는데 한계가 있고, 학교가 어려움에 직면했을 때 이를 해결하는 데 어려움이 있다. 이러한 상황을 인지한 경북교육연수원에서는 이들을 연결해 주는 워크숍을 기획하였는데, 2014년과 2015년에 운영된 '소규모학교 대상 학교경영직무연수'이다. 2014년 진행된 워크숍에는 6개 초등학교의 교장, 교감, 구성원들이 모두 참여하였다. 워크숍에서는 학생들을 창의인재로 키우는 데 도움이 되는 다양한 참여방법을 학습한 후 이 방법을 활용하여 6개 학교에서 해결해야 하는 과제를 도출하고 서로의 경험을 공유하여 그 과제의 해결안을 모색하고 실천 전략을 도출하였다. 또한 저녁에는 각 학교별로 친목 시간도 가졌다. 2014년과 2015년 8월에는 1차 워크숍에 참여했던 교원들 모두가 참여한 1박2일의 2차 워크숍이 진행되었다. 2차 워크숍은 경기도의 혁신 학교들을 방문하는 프로그램으로 진행되었다. 첫날 저녁 숙소에 모인 교원들은 방문 학교에서 보고 배운 점을 정리하고, 그 내용 중 자신의 학교에 적용할 사항을 도출하는 성찰의 시간을 가졌다.

경북교육연수원의 이 프로그램은 교내 구성원들 간의 관계망을 돈독하게 만들고, 도 내의 여러 학교가 네트워킹을 형성할 수 있도록 기회를 제공했으며, 경기도와 경상북도의 학교와 구성원들이 네트워킹할 수 있는 기회를 제공하고 의미 있는 학습이 이루어지는 좋은 기회가 되었다.

성포고등학교와 경북교육연수원의 사례는 리더의 창의성이 새로운 네트워크를 형성한 사례이다. 그리고 새롭게 형성된 네트워크는 다시 창의적인 아이디어 산출과 활동으로 연결된다. 창의성과 네트워크는 시작점이 중요하지 않다. 어디서 시작하든 순환 구조를 이루며 조직과 구성원의 창의성을 개발할 것이다.

네트워킹의 산출물: 융합

홍동중학교에서는 다양하고 새로운 교육 실험이 이루어지고 있다. 대표적으로 홍동중학교 교사들과 다른 학교 교사들이 공동으로 추진하고 있는 '홍동지역 범교과 교육과정 연구회' 활동이다.

기관협력이 이끌어 낸 융합

충청남도 홍성군 홍동면에는 유치원부터 대학까지 모든 교육기관이 있다. 이전에는 각 기관들이 각각의 필요에 따라 산발적으로 시설을 지어 활용하거나 프로그램을 운영해 왔다. 특히 홍동면 문당리에 있는 홍성환경농업 교육관은 자체적으로 체험학습 프로그램을 구성하여 주로 도시 학교 학생들을 대상으로 농촌 체험학습을 운영했다. 연간 이용 인원이 수천 명이지만, 지역 학교 학생들은 일 년에 한두 번 체험학습을 다녀가는 정도였다. 1993년부터는 홍동의 유기농업, 특히 오리를 활용한 유기농업이 전국적으로 유명해지고 주목받았지만 홍동면의 초·중·고 학생들은 이런 지역적 특성을 배울 기회가 없었다. 지역의 인프라를 활용한 체계적인 환경생태 교육도 받지 못했고 지역의 관련 시설조차 잘 활용하지 못했다. 그런데 2003년 지역의 환경농업 실천가들이 홍동초등학교에 유기농 오리쌀을 급식 재료로 제공하면서 학교와 지역사회의 관계에 변화가 시작되었다. 유기농쌀 공급은 홍동초등학교에서 홍동중학교로 확대되었고, 학생들은 환경농업교육관 체험활동에도 참여하였다. 그러나 대부분의 학생들이 체험활동 프로그램이 대부분 초등학교 시절 경험한 활동이어서 호기심이 떨어진다는 반응이었다. 환경농업교육관 실무자들과 홍동중학교 교사들은 아이들에게 지역의 다양한 인적·물적 자원을 활용한 단계별 프로그램이 필요하다는 의견을 모았고, 이러한 생각은 이후 범교과 교육과정 연구회 구성으로 발전하였다.

지역 학교들 간 연계가 필요하다고 생각한 교사들은 홍동초등학교, 금당초등학교, 홍동중학교, 풀무학교, 풀무 전공부, 홍성환경농업교육관 등에 소속된 14명의 회원이 참여한 홍동 지역 범교과 교육과정 연구회를 결성하고 2005년 4월 홍성교육청에 등록했다. 각 학교의 교장과 환경농업교육관 대표는 자문위원을 맡았다. 연구회는 지역 시설과 인적 자원을 활용하는 생태친화적 체험학습 프로그램을 구성하여 체험학습 프로그램을 소개하는 장학 자료집 '지역 인프라를 활용한 생태친화적 체험학습 프로그램'을 발간하였다. 2006년부터는 개발된 프로그램을 운영하기 시작하였다. 이때 교사 개인이나 학교별로 실행하기보다는 지역 학교 간 협력적 연계 체제를 갖추기 위해 노력하였다. 즉, 각 학교에서 교과별, 학급별, 학년별로 체험학습을 어떻게 할지 모색한 뒤 7월부터는 월 1회 홍동 지역 방과후학교 '햇살배움터'를 개설하였고, 면 지역 초·중·고등학교가 공동으로 방과후학교를 운영하였다. 연합 방과후학교는 지역의 교육 축제로 이어졌다. 당시 홍동중학교 교장이 면내 기관장 회의에 제안하고 범교과 연구회 민병성 교사가 사무국장을 맡아 추진한 '홍동거리축제'는 지역화 교육과정의 실천적 사례이다. 주 5일 수업제의 공백을 메우기 위한 연합 방과후학교가 '범교과 학습의 종합적 실천의 장'인 홍동거리축제로 거듭났다. 지역화 교육과정이 교과와 학교를 벗어나 지역 문화를 재생산하는 공간으로 발전한 것이다.

홍동의 교사들은 범교과교육과정연구회와 햇살배움터를 통해 '지역을 학교로' 가져왔다. 아니, 오히려 '학교가 지역으로 나갔다.' 모든 학교가 국가교육과정을 이행하는 데 몰두하고 있을 때 홍동중학교는 국가교육과정에 더해 지역화 교육과정을 기획하고 적용했다. 학교교육의 글로컬리제이션(glocalization)과 바람직한 교육과정 재구성이 무엇인지 보여 준 사례라 할 수 있다.[24]

새로운 학교네트워크

단위 학교 혁신을 위한 학교별 혹은 지역별 교사 모임이 자생적으로 조직되기는 어렵다. 따라서 개별 조직 간의 네트워크가 구성되고, 네트워크를 통해 학습내용과 실천 전략이 공유되어야 한다. 2009년 결성된 새로운 학교네트워크(cafe.daum.net/newschoolnet, 이하 새학교넷)는 이러한 문제의식에 공감하는 교사들이 모인 전국 조직이다. 새학교넷은 새로운 학교의 철학과 이념, 학교상과 실천 전략 등을 연구하는 한편, 거점학교를 세우는 것에 주력하였다. 거점학교는 그 자체로서 새학교넷의 실천적 성과이자 새로운 학교개혁 운동의 실질적 주체가 될 것으로 기대받고 있다. 새로운 교육을 꿈꾸는 교사와 학부모들은 거점학교를 방문하는 것만으로도 무한한 상상력과 실천의 동력을 얻을 수 있다. 남한산초등학교의 성공 사례가 거산초등학교, 상주남부초등학교, 삼우초등학교 등으로 확산된 것은 모범 사례이다.

경기도 혁신학교 역시 마찬가지이다. 2009년 가을, 경기도의 4개 지역에서 진행된 '학교 혁신을 위한 교사 리더십 연수'에 수백 명의 교사가 참여했다. 그들은 남한산초등학교, 조현초등학교, 거산초등학교, 덕양중학교, 홍동중학교, 이우학교 등을 방문하여 새로운 학교개혁 사례와 가능성을 공유했다. 그리고 지역별 학습모임을 결성하여 해당 지역의 단위 학교를 혁신하기 위한 구체적인 학습과 실천을 위해 노력하였다.

그중 일부는 2010년 3월에 교장 공모와 교사 초빙을 통해 단위 학교에 결집하여 '새로운 학교 만들기'를 시작했다. 새로운 학교 만들기는 교사들의 노력만으로는 불가능하다. 학부모, 지역사회와의 소통, 학교개혁 철학에 대한 공유와 조직적 연대가 필요하다. 새로운 학교 만들기는 각 지역의 학부모 조직, 혹은 풀뿌리 교육운동단체와의 연대와 협력을 토대로 이루어지고 있다.[25]

3. 스마트 네트워킹 속의 '아날로그'

네트워킹의 시작: 선한 마음

사람들이 네트워킹에서 저지르는 가장 흔한 실수는 다른 사람을 위해 베풀고 나누고 가치를 더해 주는 방법을 찾기보다 오로지 자신의 필요에 집중한다는 것이다. 대부분의 사람에게 네트워킹은 '이 관계를 통해 무언가를 얻어내야지'와 같은 약속이다.[26] 그러나 이는 스마트 네트워킹과는 거리가 멀다. 스마트 네트워킹의 시작은 '이 관계를 통해 무엇을 제공할 것인가'에서부터 시작된다. 내 것을 내어놓지 않는다면 네트워킹이 주는 이점을 충분히 누릴 수 없을 것이다. 아무리 다양한 사람을 만나고 디지털 기기를 이용하여 소셜네트워크서비스(SNS)를 한다고 하더라도 인간관계에서 여전히 중요한 것은 아날로그적인 휴먼 터치이다.

One Month Festival

호야지리박물관에서는 2014년부터 1년에 한 번씩 '수주사랑작은음악회'라는 하우스음악회를 개최하고 있다. 이 음악회는 한 달 동안 전 세계 6개 대륙의 여러 국가에서 참여하는 대규모 페스티벌인 One Month Festival로 진행

[그림 7-3] 호야지리박물관에서 열린 음악회

되었다.[27]

One Month Festival은 말 그대로 한 달 동안, 전 세계 여러 국가에서 공연이 개최되는 프로젝트이다. 2016년에는 7월 1일부터 31일까지 세계 26개국 130개 도시에서 323개의 공연이 이루어졌다. 한 달간 매일 공연이 열리는 One Month Festival은 한 달간 매일의 일상에서 만날 수 있는 지속적인 문화환경을 만들자는 취지로 이루어졌으며, 다양한 장르와 성격의 공연이 공존한다. 페스티벌은 공연장은 물론 하우스콘서트와 같은 작은 살롱 음악회 공간을 포함해 학교, 박물관, 카페, 공원과 같은 일상의 소소한 공간에서도 이루어진다.

강원도 영월에 위치한 이 박물관은 어떠한 계기로 이 페스티벌에 참여하게 되었을까? 호야지리박물관은 퇴임한 교장선생님 부부가 설립, 운영하는 박물관이다. 관장님 부부는 박물관이 지역주민들을 위한 교류의 장이 되길 바라셨고, 이를 실천할 방법을 찾던 중 One Month Festival을 알고 회원으로 가입하여 음악회를 추진하였다.

[그림 7-4] 2016년 One Month Festival 안내문

지역사회와 함께하는 직장체험학습

아일랜드의 직장체험학습 프로그램은 학교와 지역의 네트워크가 주는 산물을 잘 보여 준다. 아일랜드에는 전환학년제(Transition Year: TY)가 있다. [28] 전환학년제는 중학교를 마친 고교과정 1학년 학생 대상의 프로그램으로 학생들은 1년간 다양한 체험활동을 통해 자신의 역량을 발전시킬 기회를 갖는다. 이 기간 중 특히 직장체험학습을 하면서 장래의 진로를 고민하고 직업기술 및 능력을 획득하는 기회를 얻게 된다. 학생들은 평균 15일 동안 직업체험을 하는데, 모든 조직에서 최소 5일 정도의 직업체험을 제공하고 있다. 일부 학생들은 졸업 후 추구하고자 하는 일자리를 얻기 위해 '커리어 샘플링(career sampling)'이라는 현장실습에 참여하기도 한다. 이러한 직장체험학습이 이루어지기 위해서는 지역사회의 협조가 필요하다. 지역의 중소기업 및 기관에서는 학생들에게 체험의 기회를 제공하는 것이 학생들을 위해 기꺼이 해야 할 일이라고 이야기한다.

직장체험학습을 허락한 아일랜드 GC건축사무소 소장은 다음과 같이 이야기하였다.

사실 우리 입장에서는 직장체험학습을 위해 회사를 방문한 학생들에게 일을 제공하는 것이 소모적인 일이긴 합니다. 뭘 해야 할지 모르는 학생이 주위에 서 있으면 신경을 써야 하고, 일을 설명해 주느라 많은 시간을 소비 해야 합니다. 고용주 입장에서는 까다로운 일이죠. 그러나 이 일을 하는 것 은 우리나라 교육시스템에 보답하는 일이라 생각하기 때문입니다. 제 아이 들도 이러한 방식의 직업체험 프로그램을 거쳤습니다. 그리고 저는 기본적 으로 학생들을 위해 좋은 일이라고 생각합니다.

무엇을 얻기 위한 것이 아니라 내가 무엇을 줄 수 있을 것인가를 생각할 때 네트워킹이 스마트해진다.

네트워킹과 교감(交感)

파워네트워킹 컨퍼런스(Power networking Conference)의 설립자인 프레이 저(Fraser)는 다른 사람과 소통하고 교감하기 위한 인적네트워킹의 기술 열 가지를 제시하였다.[29] 그중 실천으로 옮길 수 있는 기술을 몇 가지 추려 보 면 다음과 같다.

〈표 7-1〉 인적 네트워킹의 기술

1. 내가 먼저 상대방을 믿고 진심으로 대한다.
2. 상대방 입장에서 생각할 수 있도록 마음을 연다.
3. 나에게 돌아올 이익을 살피기 전에 먼저 베풀고 봉사한다.
4. 섬세하고 창의적인 동료를 찾아 팀을 만든다.
5. 타인과의 관계에서 불이익을 받았다면, 교훈을 얻고 다시 시작한다.

프레이저가 제시한 기술은 다른 사람과 교감하고 의기투합할 수 있도록 하는 기술이기도 한다. 프레이저는 교감과 의기투합이 이루어지는 네트워킹과 일반적으로 사람들이 생각하는 네트워킹을 구분하였다. 프레이저가 네트워킹을 구분한 것은 무엇을 얻기 위한 거래나 이익에 집착한 네트워킹이 아니라 서로 신뢰하고 돕고 생산적이며 지속적인 관계가 될 때 의미 있는 네트워킹이 이루어진다는 것을 강조하기 위한 것이다.

〈표 7-2〉 교감이 이루어지는 네트워킹의 특징

겉으로 도는 네트워킹	교감이 이루어지는 네트워킹
• 피상적인 것: 이런 관계는 유사점을 찾거나 친구들과의 수다 이상의 더 깊은 관계로 발전하지 못한다.	• 공통의 기반 공유: 사람, 장소, 사물에 대한 경험과 기호가 비슷한 사람들과 어울리는 경향이 있다.
• 목표를 토대로 함: 주도하고, 거래하고, 직업을 얻으려는 목표로 다른 사람과 소통한다.	• 가치를 토대로 함: 자신의 가치와 원칙을 공유하는 사람과 팀을 이룬다. 목표를 진행하기 전에 마음의 문제에 초점을 맞춘다.
• 얻는 것을 우선시함: 사람들이 스스로 가치가 있다는 것을 증명할 때까지 적대적이다.	• 신뢰를 우선시함: 사람들의 선함을 먼저 믿는다.
• 타협: 두 사람이 함께한다. 내가 이것을 줄 테니 넌 이것을 달라고 한다. 그러면 합쳐서 둘이 아닌 하나 반이 된다.	• 공동 작용: 상호 간에 서로 도우려고 한다. 그것은 둘이 아니라 열한 가지 효과를 낳는다.
• 거래: 거래, 명함 교환, 즉각적인 판매로 이루어진 관계이다.	• 관계: 상대방을 높이고 돕기 위해 신뢰를 구축하는 관계이다.
• 일방의 이익: 상대방이 직업을 알선해 주거나 판매해 주기를 희망한다.	• 상호 이익: 두 당사자가 관계에 열정적으로 참여해 함께 창조해 내는 프로젝트와 수익에 즐거워한다.
• 무계획적인 과정: 도와줄 사람을 포착할 '기회'를 잡으려고 아무나 만난다.	• 지각과 전략적인 과정: 마음이 끌리는 상대를 찾고 소통하려는 자세로 사람을 선택한다.
• 주로 물질적인 만남: 겉모습을 보고 관계를 생성한다.	• 숭고한 만남: 다른 사람을 도우려는 목표가 일치하는 사람과 교류한다.

• 일차원적: 당신에게서 무엇을 얻을 수 있을지에만 집중한다.	• 다각적: 나도, 당신도, 타인도 모두 함께 이기길 바란다. 많은 사람을 돕기 위한 생각과 자원을 공유한다.
• 일시적 헌신: 거래가 끝나면 관계도 끝난다.	• 장기간의 헌신: 씨를 뿌려 오랫동안 자랄 수 있는 의미 있는 관계를 맺으려고 한다.

출처: Fraser, G. C. (2010). 소통과 교감을 위한 인적 네트워킹 기술(공민희 역). 서울: 푸른물고기.

네트워킹은 한 개인이나 조직이 할 수 없는 많은 것을 할 수 있도록 기회, 정보, 아이디어를 제공한다. 그래서 이왕이면 더 많은 것을 얻을 수 있도록 여러 집단과 의미 있는 네트워크를 형성하는 것이 필요하다. 이때 중요한 것은 모든 네트워크의 중심은 '나'라는 것이다. 내가 어떠한 태도를 가지고 다른 사람과 조직을 대하느냐에 따라, 그리고 그들로부터 얻는 기회, 정보, 아이디어를 어떻게 활용할 것이냐에 따라 네트워킹은 나와 조직 모두에게 스마트할 수도 있고 그렇지 않을 수도 있다. 진정성과 돕고 싶은 선한 마음, 이것이 스마트 네트워킹의 핵심이다.

♣ 체크리스트

1. 당신은 정기적으로 참여하는 대외 활동이 얼마나 되는가?
2. 당신이 만나는 외부인들 중에는 당신과 전혀 다른 분야의 사람이 얼마나 있는가?
3. 당신은 공적인 회의나 학술모임에서 우연히 만난 사람과도 교류를 이어 가고 있는가?
4. 당신은 정보를 적극적으로 주는 입장인가? 수동적으로 받는 입장인가?
5. 당신은 타인을 만날 때 진심으로 교감을 나누고 있는가?

제8장
교실을 바꾸는 창의적 리더십
Classroom Leadership

모델링, 비저닝, 코칭, 임파워링, 네트워킹은 학교경영자만 수행해야 하는 역할이 아니다. 오히려 학생들과 가장 자주 가까이에서 만나고 생활하는 교사들이 이러한 역할을 할 때 학생들의 창의성과 인성을 키울 수 있을 것이다.

1. 우리 아이들의 새학기 소원

고등학생 지원이는 새 학년을 맞이하면서 좋은 담임 선생님 만나기를 간절히 소망하였다. 담임 선생님의 영향력은 매우 크기 때문이다. 좋은 담임 선생님이란 어떤 분일까? 아마도 학생들은 자신의 입장을 이해해 주는 분을, 학부모들은 강제로라도 학생들이 공부하도록 하는 분을 좋은 선생님이라 생각할 것이다. 물론 생각이 다른 학생과 학부모도 있을 것이다.

교실 속 선생님은 수업, 학급경영, 그리고 생활지도의 맥락에서 학생들을 만나게 된다. 그렇다면 이러한 맥락에 창의인재 양성이라는 과제를 더했을 때 어떤 선생님이 좋은 선생님일까?

선생님이 먼저 변하다(모델링)

신성중학교 정유진 선생님은 다른 국어 교사와 다르지 않았다. 교과서와 교사용 지도서를 중심으로 내용을 설명하고, 판서하며, 중요한 것은 시험에 나온다고 강조하면서 몇 번이고 반복해서 학생들에게 이야기하였다. 선생님의 국어수업 시간에 몇몇 학생은 선생님의 이야기를 듣고 열심히 필기하였지만, 몇몇 학생들은 졸음을 참지 못해 책상에 엎드려 자곤 했다. 여느 교실과 다르지 않은 평범한 모습이었다.

그러던 어느 날 정 선생님은 변하고 싶었다. 수업도 재미있게 하고, 보다 즐겁고 에너지 넘치는 교사로서의 삶을 살고 싶었다. 정 선생님은 다양한 교수법 및 리더십 연수와 교육 프로그램에 대해 알아보았고, 방학 동안 열심히 교육에 참여하였다. 새로운 교수법을 익힌 정 선생님은 배우는 것에서 그치지 않고 이를 수업에서 실천하기로 하였다.

포스트잇과 네임펜의 힘

방학이 끝나고 새 학기가 시작되었다. 교실 문을 여는 마음이 이전과는 다르게 콩콩 뛰었다. 정 선생님은 학생들에게 포스트잇과 네임펜을 나눠 주었다. 그리고 한 학기 동안 수업에 대한 기대사항이 무엇인지 질문하였다. 몇몇 학생만 대답하던 이전과 달리 모든 학생이 자신의 의견과 생각을 포스트잇에 적었다. 의아해하는 학생들에게 명목집단법(Nominal Group Technique: NGT)을 알려 주었다. 명목집단법이란 집단 구성원으로부터 아이디어나 정보를 모으는 구조화된 절차로, 집단에 속한 모든 구성원이 다른 구성원의 영향을 받지 않고 자신의 생각을 표현하는 방법이다. 일반적인 토의나 회의에서는 일부 몇 명의 구성원이 토의를 주도하고 대부분의 참가자들은 침묵을 지키는 상황이 종종 발생한다. 명목집단법을 실시할 경우 구성원 모두가 아이디어를 제시하면서 토의에 참가할 수 있으며, 이들이 제시한 아이디어를 쉽게 정

교사가 모범을 보이면 학생들은 시키지 않아도 잘한다.

리할 수 있다. 정 선생님은 학생들이 각자 자신의 의견을 포스트잇에 적을 수 있도록 기다렸다. 그리고 학생들이 작성한 의견을 모아 분류하거나 선택하여 전체 의견을 정리하였다. 처음에는 학생들이 자신의 의견 적는 것을 귀찮아했지만, 자신의 의견이 전체 의견에 반영되는 것을 보면서 이러한 활동에 적극적으로 참여하였다. 이후에도 정 선생님은 수업시간에 학생들이 의견을 제시할 수 있도록 다양한 질문을 하고 명목집단법을 종종 사용하였다.

그러던 어느 날 정 선생님은 학생들 몇몇이 둘러앉아 팀 과제를 위해 논의하는 모습을 보게 되었다. 누가 시키지 않았지만, 학생들은 명목집단법을 이용하여 각자 자신의 의견을 정성껏 제시하고, 모여진 전체 의견을 토대로 팀 의견을 조율하였다.

창의인성을 갖춘 인재는 새로운 아이디어를 제시하는 능력과 다른 사람들의 의견을 존중하는 태도를 함께 갖춘 인재이다. 만약 정 선생님이 학생들에게 창의인성을 갖춘 인재가 되어야 된다는 것을 강조만 했다면 팀과제를 위해 열심히 논의하는 학생들의 모습을 보지 못했을 수도 있다. 잔소리가 아니라 선생님이 먼저 이러한 방법을 사용하는 모습을 보였기 때문에 학생들은 자연스럽게 선생님이 사용한 방법을 자신들의 방법으로 수용하여 사용하게 된 것이다.

◆ 명목집단법

정 선생님이 사용한 명목집단법은 다음의 순서로 활용할 수 있다.[1]

① 사회자가 토의 주제가 무엇인지 명확히 안내하고, 해당 주제에 대한 각자의 생각을 메모하도록 안내한다. 작성할 아이디어의 개수는 개인이 정할 수도 있고 사회자가 한정할 수도 있다. 일반적으로 토의 또는 프로그램을 원활하게 진행하고자 할 때는 작성할 아이디어 개수를 3~5개 정도로 정해 주는 것이 효율적이다. 이때 아이디

어를 생각해서 적을 수 있도록 3~5분 정도의 시간을 주며, 이 시간에는 서로 상의하거나 떠들지 않도록 안내한다.

② 구성원들은 사회자가 안내한 주제에 대한 자신의 의견이나 아이디어를 각자 포스트잇에 적는다. 아이디어를 작성할 때는 옆 사람과 상의하지 않고 조용히 자신의 의견을 표현하며, 가독성과 이동성을 높일 수 있도록 다음의 사항을 따른다.
- 포스트잇 한 장에 한 가지의 개념, 단어, 아이디어만 적는다.
- 모두가 볼 수 있도록 네임펜, 컬러펜 등을 사용하여 굵은 글씨로 적는다.
- 모두가 잘 읽을 수 있도록 인쇄체로 크게 적는다.
- 팀별, 주제별로 색깔을 구분할 필요가 있을 때는 포스트잇의 색깔을 구분하여 사용한다.

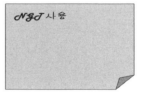

바람직한 작성과 바람직하지 않은 작성의 예시

③ 각각의 의견이 적힌 포스트잇을 직접 벽이나 큰 종이에 붙인다. 이때 특정 의견이 누구의 것인지 밝히지 않는다.

④ 비슷한 내용끼리 합치면서 내용별로 분류한다. 이때, 사회자 또는 팀 리더는 나열된 아이디어 중 뜻을 이해하기 어려운 것은 의견 제안자가 설명하도록 하여 모두가 명료하게 이해할 수 있도록 한다. 기록된 모든 의견을 공유하며 논의한다.

⑤ 필요한 경우, 제안된 아이디어들에 우선순위를 묻는 투표를 하여, 최종적으로 가장 많은 표를 얻은 것을 선택한다. 투표 시 다음의 사항을 따른다.
- 팀원들은 가장 바람직한 아이디어가 적힌 포스트잇에 스티커를 붙이거나 도형을 그려 투표를 한다.
- 1인당 가능한 적정 투표수는 상황에 따라 적절하게 정하지만, 일반적으로 (전체 아이디어 수/2)−1개 또는 전체 아이디어 수/3개를 적정 투표수로 제안하기도 한다.

명목집단법 실시 후 의견을 붙이고 다른 사람의 의견을 읽어 보는 모습

이 방법을 명목집단법이라 부르는 이유는 다른 사람과 이야기하지 않고 각자 작업하는 동안은 명목상으로는 집단이지만 실제로는 개인적으로 작업하기 때문이다. 1975년 명목집단법이 처음 제안되었을 때는 3×5cm 정도의 크기로 종이를 잘라 사용했지만, 현재는 포스트잇을 활용한다.

예쁜 별명 부르기

D초등학교 이륜 선생님은 학생들이 평소에 욕을 많이 하는 것이 속상했다. 학생들에게 고운 말을 써야 한다고 이야기했지만, 학생들의 언어습관은 고쳐지지 않았다. 고민하던 이 선생님은 어느 날 학생들에게 서로에게 예쁜 별명을 붙여 주자고 제안하였다. 학생들은 각자 자신이 불리기 원하는 별명을 이야기했다. 각자 원하는 별명을 이야기하는 동안 이 선생님과 학생들은 서로가 무엇을 좋아하고 원하는지 알게 되었다. 이 선생님은 학생들이 원하는 별명을 열심히 불러 주었다. 수업 시간과 쉬는 시간에도 예쁜 별명으로 학생을 불러 주었고, 학생들의 학습노트에 피드백을 제시할 때도 예쁜 별명을 불러 주었다. 학생들과 이 선생님이 서로 예쁜 별명을 부르는 사이 한 학기가 지났고, 학생들은 더 이상 예쁜 별명 뒤에 욕을 붙이지 않았다. 어느새

바른말과 상대방을 배려하는 말을 하는 아이들로 변화되어 있었다. 만약 아이들에게만 예쁜 별명 부르기를 하도록 하고 선생님은 참여하지 않았다면 어땠을까? 선생님의 진정성 있는 행동이 학생들을 변화시켰다. 교사의 작은 행동 하나하나가 학생들에게 감동을 주며, 이러한 감동은 학생들의 행동을 변화시킨다.

도자기 머그컵을 든 교수

N대학교 지리학과의 김장우 교수님은 늘 도자기 머그컵을 가지고 다니셨다. 지금은 텀블러를 가지고 다니는 사람들을 흔하게 볼 수 있지만, 10여 년 전에는 텀블러를 가지고 다니는 사람이 많지 않았고, 도자기로 된 머그컵을 가지고 다니는 사람은 더욱 흔치 않았다. 김장우 교수님은 자신이 도자기 머그컵을 가지고 다니는 이유를 다음과 같이 이야기하였다. "나는 수업 시간에 환경 보호를 위해 일회용품을 쓰지 말라고 이야기합니다. 그런 내가 단 한 번이라도 일회용품을 사용하는 모습을 학생들에게 보인다면 내가 학생들에게 하는 이야기는 의미 없는 잔소리가 됩니다. 학생들에게 일회용품을 쓰지 말라는 이야기를 하려면 내가 먼저 일회용품을 쓰지 않아야 합니다. 그래서 난 늘 머그컵을 가지고 다닙니다." 어찌 보면 융통성 없고 고집스러운 교수로 보일 수 있지만, 이러한 노력이 있어야 20대 대학생들의 행동을 변화시킬 수 있을 것이다.

제자에게 배운 마인드맵을 다른 제자에게 전수

일월초등학교 서준일 선생님은 학생들이 학급회의를 하는 동안 자리에 앉아 회의 내용을 마인드맵으로 정리하였다. 선생님이 작성하는 마인드맵을 보고 학생 한 명이 질문하였다. "선생님, 그게 뭐예요?" "아, 이거 마인드맵이야. 선생님도 그냥 알고만 있었는데, 작년에 담임을 맡았던 6학년 누나가 수업 내용을 항상 마인드맵으로 정리하길래, 그 누나에게 배운 거야. 너희들이 이야기한 내용을 이렇게 정리해 보니 어떤 내용이 중요한지 빠진 건 어떤 건지 한눈에 볼 수 있어서 참 좋다." "선생님, 우리도 가르쳐 주세요." "그럴까? 좋아, 그럼 가르쳐 줄게, 너희들도 마인드맵으로 노트 정리를 해 보렴." 서준일 선생님은 학생들에게 마인드맵 작성방법을 알려 주었다. 선생님도 학생들도 수업 중 중요한 내용은 마인드맵을 그리면서 정리하였다.

팀 활동을 할 때는 명목집단법을 사용해라. 고운 말을 써라. 일회용품을 사용해라. 수업시간에는 노트필기를 해라. 이러한 잔소리보다는 먼저 선생님의 행동으로 보여 주는 것이 학생들이 창의적으로 사고하고 바르게 행동하도록 하는 지름길이다.

2. 우리가 만들어 갈게요

학생들이 급훈을 정하다(비저닝)

새 학기가 되면 모든 반은 급훈을 만든다. 급훈은 형식적인 것으로 보일 수 있지만, 한 학급의 구성원인 교사와 학생들이 일 년을 어떻게 살 것인지 큰 그림을 그리는 작업이다. 급훈을 정하는 방법은 여러 가지인데, 그중 하나는 선생님께서 정하는 것이다. 선생님들 중에는 자신이 맡는 반마다 같은 급훈을 사용하는 경우가 있다. 선생님 본인에게 매우 의미 있을 것이다. 그러나 그 급훈의 의미를 학생들이 충분히 이해하지 못한다면 매우 형식적인 일이 된다. 학생들에게 급훈의 의미를 충분히 설명해야 한다. 가능하다면 학생들의 의견을 수렴하여 약간의 수정·보완하는 것이 바람직하다. 학생들이 스스로 만든 급훈과 교사가 제시한 급훈은 다를 것이다.

그러나 급훈을 정하는 가장 바람직한 방법은 학생들이 참여하는 것이다. 앞서 제시한 명목집단법을 활용한다면 수월하고 재미있게 학생들의 의견을 반영한 급훈을 만들 수 있을 것이다.

사례에 제시된 것처럼 급훈을 만드는 것도 중요하지만, 이를 기억하고 실천하는 것이 중요하다. 따라서 단순히 급훈만 만드는 데서 그치지 않고, 구체적으로 무엇을 할 것인지 함께 논의하여 정하고 실천하는 것이 바람직하다.

◆ 급훈 만들기

> 이 학급은 총 36명으로, 6명이 한 모둠으로 구성되어 모두 6모둠이다. 36명의 의견을 한꺼번에 정리하려면 시간이 많이 소요되므로, 각자 의견을 제시한 후 팀별로 의견을 한 번 정리하고, 전체 의견을 정리하는 방식으로 명목집단법을 활용하였다.

선생님: 여러분, 오늘은 일 년 동안 우리 반의 비전이 될 '급훈'을 함께 만들겠습니다. 자, 그럼 여러분에게 질문할게요. 여러분이 원하는 우리 반은 어떤 모습일까요? 또는 여러분이 일 년 동안 함께 지키도록 노력하면 좋은 가치나 덕목은 무엇일까요? 어떤 의견도 좋습니다. 여러분이 원하는 학급의 특성이나 모습을 각자 가지고 있는 포스트잇에 자유롭게 적어 보겠습니다. 각자 세 가지를 적어 주세요. 그리고 작성할 때는 한 장에 한 개의 아이디어를 적는 겁니다.

학생들: (어떤 것을 적을지 생각해 본 후 네임펜을 이용하여 포스트잇 한 장에 한 개의 아이디어를 적는 방식으로 모두 세 개의 아이디어를 적는다.)

선생님: (학생들이 자신의 생각을 작성하는 동안 학생들 사이로 이동하며 질문을 이해하지 못했거나 자신의 생각을 적지 못하는 학생들이 있는지 살펴본다. 그런 학생이 있을 때는 찾아가서 질문과 작성방법을 다시 안내한다.)

선생님: 자, 다들 작성한 것 같습니다. 이제 우리 반 전체의 의견을 모아서 정리할 텐데요. 우리 인원이 많으니, 우선 모둠별로 의견을 정리해 보겠습니다. 각자 작성한 포스트잇을 모둠별로 책상위에 모아 보세요.

학생들: (모둠별로 자신이 작성한 포스트잇을 가운데에 모아 놓는다.)

선생님: 여섯 명이니까 모두 18개의 포스트잇이 모였지요? 100% 똑같이 쓰인 것은

겹쳐 놓아도 좋아요.

학생들: (동일한 내용이 적힌 포스트잇을 겹쳐 놓는다.)

선생님: 겹치지 않은 포스트잇을 보면서 적혀진 내용이 어떤 의미인지 서로 질문해 주세요. 질문과 답변이 끝나면 책상 위에 있는 스티커를 이용해서 보다 좋은 내용이라 생각되는 것에 투표하겠습니다. 스티커를 각자 5개씩 붙여 주세요.

학생들: (포스트잇에 작성된 내용을 읽어 본 후 서로 질문하고 답변한다. 그리고 좋은 의견이라 생각되는 것에 투표한다.)

선생님: 자, 투표가 끝났나요? 잘했어요. 그럼 이제 모둠별로 표를 많이 받은 포스트잇을 5개씩 선생님에게 제출해 주세요.

학생들: 네. (답변 후 표를 많이 받은 것을 5개 골라 선생님에게 제출한다.)

학생들: 선생님, 동점표를 받는 것은 어떻게 해야 하나요?

선생님: 동점표 받는 것만 재투표를 해도 좋고, 4개 혹은 6개를 제출해도 좋습니다.

학생들: 네.

선생님: (모둠별로 제출한 포스트잇을 모두 걷는다.)

선생님: (미리 칠판에 큰 종이를 붙여 놓는다.) 자, 이제 여러분이 제출한 의견을 정리해 보겠습니다. 비슷한 내용끼리 분류해 보면 여러분이 중요하게 생각하는 것이 무엇인지 보다 명확하게 알 수 있을 거예요.

학생들: 네.

선생님: (학생들이 제출한 포스트잇들을 보여 주며) 이 포스트잇들을 정리할 거예요. 유사한 내용은 아래쪽으로 붙이고, 다른 내용은 옆쪽에 붙일게요. 그러면 자연스럽게 정리가 되겠죠?

명목집단법으로 작성한 의견 정리하기

학생들: 네.

선생님: 첫 번째 의견은 '서로 이해한다'입니다. 처음 나온 의견이니 먼저 여기에 붙일 게요. (상위단계의 핵심어를 도출하여 붙일 수 있는 공간을 고려하여 그림과 같이 위치에 붙인다.)

선생님: 이번 내용은 ①입니다. 이건 어디에 붙일까요?

학생들: '서로 이해한다' 아래에요.

선생님: 네, 그게 좋겠어요. 그럼 ②는요?

학생들: 다른 내용이니까 옆에다 붙이는 게 좋겠어요.

선생님: 네, 그렇군요. (이러한 방식으로 학생들이 제출한 포스트잇을 유사한 내용끼리 분류한다.)

선생님: 여러분이 작성한 내용을 다 정리했습니다. 이번에는 우리가 분류한 내용의 핵심어(키워드)를 정해 볼게요. 먼저, 왼쪽 첫 번째 줄의 내용을 대표할 수 있는 키워드는 무엇일까요?

학생들: ○○○라고 하면 좋겠어요.

선생님: 네, 좋은 의견이에요. (학생의 의견에 따라 포스트잇에 주요어를 써서 붙인다.)

중략(학생들의 의견을 수렴하여 필요한 주요어들을 도출한다. 이때 분류된 내용 중 합치거나 나눌 필요가 있는 경우에는 추가 작업을 한다.)

선생님: 자, 여러분이 제출한 의견을 분류하고, 각각의 주요어를 모두 정했습니다. 그런데 우리의 급훈으로 사용하기에는 너무 많네요. 3~4개 정도로 줄이면 좋겠어요. 주요어들을 중심으로 다시 유사한 것끼리 모이도록 자리를 바꾸면 좋겠어요. 무엇과 무엇을 바꿀까요?

학생들: 다섯 번째 있는 내용이 첫 번째 다음으로 오면 좋겠어요.

선생님: 네, 좋은 의견이에요. (학생의 의견에 따라 주요어 및 해당 내용이 적힌 포스트잇의 위치를 옮겨 정리한다.)

중략(학생들의 의견을 수렴하여 주요어들의 위치를 재정리한다.)

선생님: 모두 잘했어요. 그럼 이제 주요어들을 2~3개씩 합쳐서 핵심어를 선정해 보도록 해요. 먼저 어떤 주요어들을 합쳐 볼까요?

학생들: 처음 세 가지를 합쳐서 '핵심어 1'이라고 하면 좋을 것 같아요.

선생님: 네, 좋은 의견이에요. (학생의 의견에 따라 '핵심어 1'이라고 써서 붙인다.)

학생들: 네 번째와 다섯 번째 주요어를 합쳐서 '핵심어 2'라고 하면 좋을 것 같아요.

선생님: 네, 그렇군요. (학생의 의견에 따라 '핵심어 2'를 써서 붙인다.)

학생들: 여섯 번째부터 여덟 번째의 주요어는 '핵심어 3'으로 하면 좋을 것 같아요.

선생님: 네, 좋아요. (학생의 의견에 따라 '핵심어 3'을 써서 붙인다.)

선생님: 자, 이제 우리 반 급훈에 담을 주요 핵심어를 모두 도출했습니다. 이제 이 핵심어를 그대로 사용하거나 문장을 만들어 우리 반의 급훈을 만들어 봅시다. 문장을 어떻게 만들면 좋을까요?

학생 1: (뿌듯한 표정으로 자신들의 의견이 정리된 것을 바라보며) '○○○과 ○○○이 있는 즐거운 교실'이요.

학생 2: 그냥 '○○○, ○○○, ○○○'이라고 해도 좋을 것 같아요.

선생님: 두 명이 의견을 제시했어요. 또 다른 의견은요? (10초 정도 기다려 준다.) 좋아요. 그럼 이 두 의견 중에서 우리반 급훈을 정해 볼게요. (칠판에 두 개의 급훈 후보를 적는다.) 간단하게 거수로 정해 봅시다. 첫 번째 의견이 좋은 사람 손들어 주세요. (손든 학생 수를 헤아린다.) 두 번째 의견이 좋은 사람 손들어 주세요. (손든 학생 수를 헤아린다.) 결정되었습니다. 우리 반 급훈은 '○○○과 ○○○이 있는 즐거운 교실'입니다. 한 학기 동안 여러분이 함께 이 급훈을 잘 지켜 주면 좋겠습니다. 다음 학급회의 때는 조금 더 구체적으로 급훈대로 생활하기 위해 우리가 무엇을 할 것인지 논의하겠습니다.

학생들: 네.

질문만 하면 답은 스스로 찾는다(코칭)

A대학교 봉사동아리 오아시스의 회장인 이선재와 부회장인 이서영은 동아리 운영 문제로 매일 싸웠다. 서영이는 이 문제를 해결하고 싶었지만, 복학생인 선재가 자기 방식으로 동아리 운영을 고집했기 때문에 문제를 해결하는 것은 쉽지 않았다. 봉사동아리는 겉으로 보기에는 평화로웠지만, 갈등의 골은 점점 깊어 가고 있었다. 어느 날 동아리 MT를 가게 되었고, MT 회비를

걷고 먹거리를 사는 과정에서 두 사람은 크게 충돌하였다. 이후 두 사람은 학교 교정에서 만나도 서로 아는 체도 하지 않았다. 고민하던 서영이는 교수님께 상의드리고 싶었다. 그래서 어느 날 나질문(가명) 교수를 찾아갔다.

이서영 학생: 교수님, 안녕하세요. 교수님께 상담받고 싶어서 찾아왔습니다.

나질문 교수: 그래, 잘 왔다. 어떤 이야기를 하고 싶니?

이서영 학생: 제가 봉사동아리 오아시스 부회장인데요. 회장 오빠랑 너무 사이가 안 좋아요. 그러다 보니 동아리 분위기도 안 좋고, 저도 너무 괴로워요.

나질문 교수: 그렇구나. 그럼 우선 네가 해결하고 싶은 문제가 뭔지 한번 정의를 내려 보자. (포스트잇과 네임펜을 주며) 자! 네가 해결하고 싶은 문제가 무엇인지 간단하게 적어 볼래?

이서영 학생: 네. (포스트잇에 회장 오빠와의 관계 개선이라고 적는다.)

나질문 교수: (포스트잇에 적힌 내용을 보며) 그렇구나. 그럼 네가 생각하기에 회장 오빠와의 관계를 개선하기 위해서 어떤 것이 필요하다고 생각하는지 필요한 것을 한번 써 볼까?

이서영 학생: 네. ('배려' '내가 오빠를 존중하고 있다는 느낌이 들도록 하기'라고 쓴다.)

나질문 교수: 그래, 좋아. 그럼 이제 네가 어떻게 행동하면 오빠가 지금과는 달리 너의 의견을 좀 존중해 줄까?

이서영 학생: 교수님, 존중을 다른 말로 표현하면 상대방에게 관심을 갖는 것이라고도 할 수 있나요?

나질문 교수: 그렇지.

이서영 학생: (외모나 행동 칭찬하기, 봉사 팀끼리 친목 다지기, 하루에 한 통 안부 문자 보내기, "제가 지금 동아리에서 할 일은 없나요?"라고 질문하기 등 구체적으로 실천할 수 있는 내용으로 다시 작성한다.)

나질문 교수: 그래, 잘했어. 이제 어떻게 할 거니?

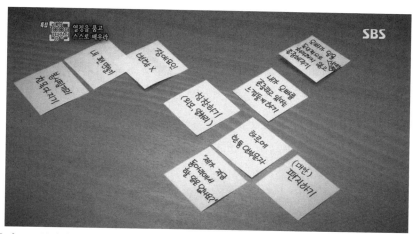

* 출처: SBS 특별기획 〈대학 100대 명강의: 열정을 품고 스스로 배우라〉

이서영 학생: 우선 제가 작성한 내용을 실천해 볼래요. 교수님, 지켜봐 주세요.
나질문 교수: 그래, 잘할 거라 믿는다.

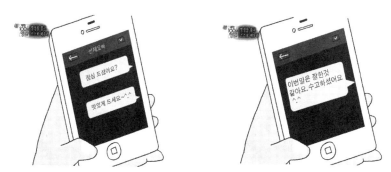

* 출처: SBS 특별기획 〈대학 100대 명강의: 열정을 품고 스스로 배우라〉

　서영이가 가장 많이 한 일은 회장 오빠에게 안부를 묻고 조금이라도 잘한 일에 대해서 칭찬한 일이다. 서영이의 문자를 받은 선재는 처음에는 서영이가 자신에게 뭔가 부탁할 것이 있는 것 같다고 생각하였다. 그러나 어느새 서영이가 자신에게 살갑게 다가오고 있다는 것을 느꼈다. 시간이 지난 후

선재는 서영이의 문자에 대해 '고마워, 수고해 줘.'라고 답장을 하였다. 용기를 얻은 서영이는 동아리 회원들에게 동아리 운영과 관련된 의견을 수렴한 후 이를 회장인 선재에게 제시하였다. 이미 어느 정도 마음이 풀린 선재는 서영이와 동아리 회원들의 의견을 기꺼이 받아들였다. 동아리의 독선적 운영은 사라졌고, 동아리 분위기도 매우 좋아졌다. 서영이는 학기 말 성찰보고서에 다음과 같이 작성하였다. "누군가가 잘못을 했을 때 그 사람 자체를 비난하면 그것은 상처가 되어 대화와 관계가 단절된다. 배려를 통해 타인의 입장에서 생각할 때 남과 내가 다 같이 변화할 수 있었다. 배려를 통한 긍정적 변화!"[2]

무엇을 하면 여름방학을 잘 보낼 수 있을까

여름방학이 다가오자 김다영 선생님은 학생들이 방학을 의미 있게 보낼 수 있도록 도움을 주고 싶었다. 여름방학을 앞둔 자치회 시간 김다영 선생님은 칠판에 '계획하고 실천하는 나'라고 쓴 후 학생들에게 몇 개의 질문이 담긴 종이를 나누어 주었다.

그리고 두 명이 짝을 지어 종이에 쓰인 질문을 이용해서 서로에게 질문하도록 하였다. 질문에 대한 답을 기록한 후에는 해당 내용을 가지고 네 명이 한 팀이 되어 서로 조사한 친구의 경험을 이야기하였다. 그리고 각자 이번 여름방학을 어떻게 보낼 것인지 구체적으로 다섯 가지씩 적어 보도록 하였다. 학생들은 자신과 친구들의 경험을 통해 알게 된 내용을 토대로 멋지게 여름 방학 계획을 세웠다.

◆ 계획하고 실천하는 나[3]

여러분의 초등학교, 중학교, 그리고 고등학생이 되어 지금까지 보낸 시간들 중 다음의 내용과 관련된 기분 좋은 추억과 경험을 떠올려 보세요.

1. 목표
지금까지 공부 혹은 어떠한 활동을 하면서 목표를 세우고 노력했던 경험을 떠올려 보세요.
1) 당신의 목표는 무엇이었나요?
2) 그 목표를 세울 때 가장 중요하게 생각했던 것은 무엇이었나요?
3) 그 목표를 달성하기 위해 어떤 노력을 기울였나요? 목표와 당신이 했던 노력은 어떤 가치를 가지고 있나요?

2. 몰입
지금까지 공부 혹은 어떠한 활동을 하면서 가장 몰입했던 경험을 떠올려 보시기 바랍니다.
1) 가장 몰입했던 것은 무엇이었나요?
2) 그때 몰입이 잘 이루어질 수 있었던 것은 무엇 때문이었나요?

3. 성실(인내)
지금까지 공부 혹은 어떠한 활동을 하면서 가장 성실하게 수행했던 경험을 떠올려 보세요.
1) 가장 성실하게 참여했거나 수행했던 활동은 무엇이었나요?
2) 그때 인내하며 성실하게 참여한 것은 무엇 때문이었나요?

4. 자신감
지금까지 공부 혹은 어떠한 활동을 하면서 가장 자신감을 경험한 순간을 떠올려 보세요.
1) 자신감이 생겼거나 성공을 경험했던 활동은 무엇이었나요?
2) 자신감이 생겼거나 성공을 경험하게 한 것은 무엇 때문이었나요?

"방학에 놀기만 하면 대학은 영영 멀어질 거야." "방학을 어떻게 보내느냐가 여러분의 인생을 결정할 거야. 알아서 해." 이런 공포와 협박의 이야기로 학생들이 방학 계획을 수립하고 실천하게 할 수는 없다. 기분 좋았던 경험, 성공했던 경험을 묻는 긍정질문은 학생들로 하여금 스스로 계획하고 실천하게 하는 첫걸음이 된다.

저자는 수업 중 학생들이 팀 단위로 과제를 해결하는 액션러닝 방법을 활용한다. 학기 초에 학생들에게 팀 별로 과제를 정하게 하는데, 학생들이 정한 주제는 매우 크다. 교육과정 수업을 예로 들면, 창의인성을 높이는 교육과정 재구성 전략, 창의융합을 위한 교육과정 재구성, 서술형·논술형 평가와 연계한 교육과정 재구성 등이다. 학부 수업의 주제로 다루기에는 너무나 크고 막연한 주제들이다. 이때 나의 역할은 학생들에게 질문하는 것이다. "여러분이 정한 주제 중에서 가장 중요한 부분이 무엇인가요?" "가장 관심이 가는 분야는 무엇인가요?" "우리가 살펴볼 수 있는 또 다른 측면은 무엇인가요?" 이런 질문에 답하는 과정에서 학생들이 정한 주제는 다듬어진다.

◆ '액션러닝' 방법으로 운영된 수업 사례

학생들: 저희 팀은 '창의융합을 위한 교육과정 재구성'을 하기로 했습니다.
교수자: 그렇군요. 요즘 학교현장에서 관심이 많은 주제네요. 그럼, 이 과제를 통해 여러분이 정말 하고 싶은 건 무엇인가요?
학생들: 수업을 통해 창의융합 능력을 길렀으면 좋겠어요.
교수자: 저도 그렇게 생각해요. 그럼 그것이 가능하기 위해 가장 중요하고 필요한 것은 무엇일까요?
학생들: 우선, 현재 교육과정에서 다루는 주제들 중에서 창의융합 역량과 관련된 부분을 찾는 것, 그리고 구체적으로 어떤 방법으로 창의융합 역량을 키울 것인지 방법을 알아보는 것이 중요할 것 같아요.

교수자: 그래요. 학교 현장에서 할 수 있는 방법을 찾아보는 게 좋겠네요. 그런데 우리가 과제를 수행하는 기간이 그리 길지 않으니, 이 기간을 고려한다면 모든 과목을 다 다루는 건 어려울 것 같아요. 여러분 생각은 어때요?

학생들: 저희도 그렇게 생각합니다. 과목을 정해야 할 것 같아요.

교수자: 좋은 생각이에요. 어떤 과목이 좋을까요?

학생들: 왠지 과학은 이미 많이 하고 있을 것 같아서요. 저희는 국어과로 해 보면 어떨까 해요.

교수자: 재미있겠네요. 그런데 국어과도 역시 영역이 많을 것 같아요. 국어과 중 가장 관심 있는 분야가 있다면 무엇인가요?

학생들: '시' 영역이요. '시'에는 다양한 것이 함축되어 있으니, 시를 다루면 뭔가 재미있을 것 같아요.

교수자: 좋아요. 그럼 지금까지 한 이야기를 종합해서 여러분의 주제를 다시 정리해 보겠어요?

학생들: 정리하면 '창의융합 역량 개발을 위한 중학교 시 단원 교육과정 재구성 전략'이겠네요.

교수자: 잘했어요. 시에서 시작해서 다른 단원과 교과목으로 조금씩 확대한다면 여러분의 과제를 통해 우리 모두 많은 걸 배울 수 있겠어요. 열심히 해 주세요.

학생들: 네, 열심히 하겠습니다.

질문은 모르는 것을 알기 위해 하는 것이기도 하지만, 질문을 통해 관점을 변화시키고 답을 찾는 데 도움을 줄 수 있다. 교사가 학생에게 제시하는 질문들은 학생들의 생각을 자극하고 관점을 변화시키고 실천을 이끄는 중요한 도구인 것이다.

◆ 학생의 질문에 정성껏 답변하기

학생을 성장시키기 위해 교사의 질문은 매우 중요하다. 그리고 학생의 질문을 잘 들어 주고, 정성껏 답변해 주는 것 또한 중요하다. 히가시노 게이고의 소설 『나미야 잡화점의 기적』에 소개된 한 에피소드는 정성껏 답변하는 것의 가치를 잘 보여 준다. 『나미야 잡화점의 기적』은 잡화점을 운영하는 나미야 씨가 우연한 기회에 사람들의 고민 편지에 상담해 주면서 벌어지는 이야기를 담은 판타지 소설이다. 이 소설에 등장하는 여러 사연 중 엉뚱한 질문을 했던 꼬마가 후에 교사가 되어 나미야 씨에게 감사 편지를 보낸 내용이 있다.

　　나미야 잡화점 님께

　　벌써 사십여 년 전의 일이군요. 저는 다음과 같은 질문을 보냈었습니다. '공부하지 않고도 시험에서 백 점을 맞으려면 어떻게 해야 할까요?'

　　초등학생 때의 일이지만 참으로 어리석은 질문이었어요. 그래도 이 질문에 대해 나미야 씨는 훌륭한 답을 주셨습니다. '선생님께 부탁해서 당신에 대한 시험을 치게 해 달라고 하세요. 당신에 관한 문제니까 당신이 쓴 답이 반드시 정답입니다. 그러면 백 점 만점을 받을 수 있어요.'

　　이 답장을 읽었을 때는 단순한 말장난이라고 생각했었죠. 국어나 산수 과목에서 백 점 맞는 방법을 알고 싶었으니까요. 하지만 나미야 씨의 답장은 제 기억 속에 오래도록 남았습니다. 중·고등학생이 되어서도 시험을 볼 때마다 생각났어요. 그만큼 인상 깊었다는 얘기입니다. 어린아이의 짓궂은 질문을 진지하게 대해 주신 게 기뻤던 것이겠지요. 하지만 그 대답이 정말 훌륭했구나 하고 실감한 것은 학교에서 아이들을 가르치게 된 다음입니다. 그렇습니다, 저는 교사가 되었습니다.

　　교단에 선 지 얼마 안 되었을 때, 저는 벽에 부딪혔습니다. 반 아이들이 제게 마음을 열지 않고 좀처럼 제 말을 듣지 않았습니다. 아이들끼리도 별로 사이가 좋지 않아서 뭔가를 시도해 봐도 전혀 진척되지 않았습니다. 아이들은 제각각 따로따로 놀고 몇몇 친한 친구 외에는 서로가 데면데면한 분위기였습니다. 나름대로 다양한 방법을 써 봤습니다. 모두 함께 운동이나 게임도 해보고 토론회를 갖기도 했습니다. 하지만 하는 족족 실패였습니다. 다들 그리 내키는 얼굴이 아니었어요.

그러던 중에 한 아이가 말하더군요. "이런 건 하고 싶지 않다. 시험에서 백 점이나 맞게 해 주면 좋겠다."고요. 그 말을 듣고 아하 싶었습니다. 괜찮은 생각이 떠오른 것입니다.

이미 짐작하셨겠지만, 약간 특이한 필기시험을 실시한 것이에요. 명칭은 '친구시험'입니다. 우리 반 아이들 중 한 명을 무작위로 선정해서 그 아이에 관해 다양한 문제를 풀어 보는 것입니다. 생년월일, 주소, 형제 관계, 보호자의 직업 같은 것에서부터 취미, 특기, 좋아하는 탤런트 같은 것도 문제로 만들었습니다. 시험이 끝나면 해당 학생이 나서서 정답을 말합니다. 채점을 각자가 합니다.

처음에는 아이들이 당황하는 기색이었지만 2~3번 하는 사이에 점점 흥미를 보였습니다. 이 시험에서 높은 점수를 얻는 비결은 딱 한 가지, 반 친구에 대해 잘 알아 두는 것입니다. 그러니 갈수록 서로서로 긴밀하게 커뮤니케이션을 하게 되었지요.

햇병아리 교사였던 저에게는 정말 큰 경험이었습니다. 괜찮은 선생님이 될 수 있겠다는 자신감이 붙었고, 실제로 지금까지 잘 헤쳐 나왔습니다. 모두 나미야 씨 덕분입니다. 항상 감사드리고 싶은 마음은 있었는데 그 방법을 알 수 없었어요. 이번에 이런 기회를 얻어서 참으로 기쁘게 생각합니다.

백 점짜리 꼬마 드림.

* 출처: 히가시노 게이고(2012). 나미야 잡화점의 기적(양윤옥 역). 서울: 현대문학. pp. 196-198.

3. 역량이 높아지고 있어요

학생자치회가 선생님을 대신한다(임파워링)

일인 일역할

일월초등학교 서준일 선생님은 학생들이 작은 일이라도 자신의 목소리를 낼 수 있기를 소망했다. 이러한 바람은 자연스럽게 학생들 하나하나의 행동을 관찰하게 했고, 조금 더 체계적으로 분석하고 싶어 사회관계망 분석프로그램을 활용하여 학생들의 관계를 분석하였다. 분석 결과를 살펴보니, 평소에 인기 있는 남학생이 모든 활동의 중심이 되고 있다는 것, 몇몇 학생은 수업시간뿐만 아니라 일생생활에서도 소외되고 있다는 것 등을 확인할 수 있었다. 고민하던 서준일 선생님은 학생들에게 각자 해야 할 역할과 권한을 주었다. 반장에게는 반 전체의 의견을 수렴하는 일, 여학생 부반장에게는 여학생들의 의견을 수렴하고 어려움을 살피는 일, 남학생 부반장에게는 남학생들의 의견을 수렴하고 어려움을 살피는 일, 체육부장에게는 체육활동과 관련하여 학생들의 요구사항 수렴 및 준비물을 점검하는 일 등을 맡겼다. 학생들은 어떻게 행동했을까? 선생님의 기대대로 학생들은 자신에게 맡겨진 일을 수행하면서 개인의 개성, 학급의 구성원으로서의 자신의 모습을 잘 찾아나갔다.

떠드는 학생이 학습부를 맡아

A중학교 2학년 5반 담임인 김정은 선생님은 다른 교과 교사들로부터 5반의 수업 태도가 매우 좋지 않다는 이야기를 들었다. 처음에는 학생들에게 잔소리를 했지만 변화가 없었다. 수업 중 많이 떠드는 3명의 남학생이 수업 분위기를 주도하고 있어서 여전히 어수선하였다. 고민하던 김정은 선생님은 학생자치회 시간에 이를 안건으로 제시하고 학생들 스스로 문제를 해결하도록 하였다. 학급의 학생들은 이 문제를 해결하기 위해 다양한 의견을 제시하였고, 가장 많이 떠드는 3명의 남학생이 학습부를 맡아, 직접 떠드는 학생들을 관리하도록 하였다. 학생들의 회의 결과를 보고 김정은 선생님은 조금 어이없었다. 가장 떠드는 학생들에게 학습부를 맡기다니…… 괜히 자치회에 이 안건을 제시했다는 자책을 하였다. 그런데 그날 이후 2학년 5반은 변하였다. 그렇게 열심히 떠들던 3명의 남학생은 학습 분위기를 담당할 요일을 정하고 역할을 나누더니, 본인들이 떠들지 않을 뿐더러 학습 분위기를 잘 만들

어 갔다. 학생들이 스스로 결정할 수 있도록 권한을 주었을 때 학생들은 결정하고 자신의 역할에 책임을 다하려고 노력한다. 자리가 사람을 만든다는 말은 학급에서도 진리였다.

교실(학급)은 작지만 다양한 구성원이 모인 하나의 사회이자 조직이다. 학급 내에서 각자 해야 할 일이 있고, 그 일에 대한 권한과 책임이 주어진다면 어린 학생들도 자기 몫을 수행하기 위해 열심히 노력하는 모습을 보인다. 아이들의 이러한 모습은 어른인 교사와 학교경영자에게 잔잔한 가르침을 준다.

외부활동은 교사를 성장시킨다(네트워킹)

서울특별시 양재동에 위치한 사단법인 행복교육실천모임은 행복한 교육을 원하는 선생님들이 하나둘 모여서 만든 단체이다. 선생님들은 퇴근 후 지친 몸을 이끌고 이곳에 모여 학생들에게 좋은 수업, 행복한 수업을 하기 위해 열심히 공부하고 경험을 공유한다. 그리고 몇 년 전부터는 자신이 공유하고 연구한 결과를 다른 선생님들에게도 나누기 위해 교사연수도 진행하고 있다.

신성중학교 정유진 선생님은 이 모임의 창립 멤버이다. 누구보다 열정적으로 학생들을 잘 가르치는 데 관심이 있고, 자신의 아이디어를 선생님들과 공유하고 많은 것을 배운다. 그리고 그러한 배움을 당연히 학생들을 위해 사용한다.

정유진 선생님의 Wee클래스

국어 교사였던 정 선생님은 현재 신성중학교의 전문상담교사로 전직, 근무 중이다. 정 선생님이 운영하고 있는 Wee클래스는 그동안 선생님이 배운 다양한 노하우가 고스란히 묻어 있는 공간이 되었고, 학생들은 이곳에서 상한 마음을 치유하고 학습을 위한 다양한 전략을 습득하고 있다. 학생들을 위해 정 선생님 혼자가 아니라 행복교육실천모임을 함께 하시는 많은 선생님이 교육 기부 등의 형태로 학생들을 위해 노력한다. 교사의 풍부한 네트워킹은 학생들을 다양한 세상으로 연결하는 기회를 제공한다.

[그림 8-1]   정유진 선생님의 Wee클래스

김진수 선생님은 협동학습 연구회 회원이다. 협동학습을 실천하고자 하는 마음이 있는 여러 선생님과 함께 연구회를 만들었다. 연구회 모임은 한 달에 한 번이다. 이 모임에서는 다양한 협동학습 방법을 연구하고, 주제별로 교수학습과정을 계획한다. 그리고 자신의 수업에서 이를 실천해 본 후 연구회 회원들에게 발표하고 피드백을 받는다. 각자 다른 학교에 근무하고 있어서 서로의 수업을 직접 보고 이야기할 수 없기 때문에 작년 가을부터는 수업 촬영을 한다. 수업 영상을 보면서 잘한 점과 개선이 필요한 점을 이야기하는 과정에서 김진수 선생님은 스스로 많이 성장했다고 생각한다. 혼자였다면 좋은 수업을 위한 노력도 오래가지 못했을 것이고 지금처럼 성장하지도 못했을 것이다. 함께해 준 여러 선생님의 존재가 소중하고 감사하다.

모두의 리더십

모델링, 비저닝, 코칭, 임파워링, 네트워킹은 학교경영자가 학교 단위에서만 발휘할 수 있는 역량은 아니다. 오히려 학생들과 자주 가장 가까이에서 만나고 생활하는 교사들이 이러한 역량을 갖출 때 학생들의 창의인성을 키울 수 있을 것이다. 앞서 소개한 사례들에서 보듯이 모든 일은 학생들과 함께 학생들 속에서 이루어진다. 다른 학교에 근무하고 계신 선생님들과의 네트워킹 역시 학생들과 함께하는 수업과 생활이 대화와 연구의 주제가 되었기 때문에 의미 있는 활동이 된 것이다. 학교경영자가 권위보다는 교사들과 함께하는 리더십을 발휘할 때 구성원의 역량이 개발될 수 있는 것처럼, 교사들도 학생들과 함께하는 리더십을 보일 때 학생들이 변화하고 성장할 것이다.

좋은 선생님과 함께 1년을 보낸 지원이는 다른 사람을 배려하고 자신의 일을 성실하게 하며 창의적으로 사고하는 멋진 사람으로 성장할 것이다.

♣ 체크리스트

학교에 비해 학급은 작은 조직이고 집단이다. 학급처럼 작은 조직, 즉 동호회, 연구회, 부서 등을 염두에 두고 다음 체크리스트를 활용해 보자.

1. 당신은 당신이 속한 집단에서 솔선수범하고 있는가?
2. 당신이 속한 집단은 비전을 가지고 있는가?
3. 당신은 집단의 비전을 구성원들과 충분히 공유하고 있는가?
4. 당신은 당신이 속한 집단에서 다른 사람을 코칭하고 임파워시키고 있는가?
5. 당신은 여러 분야의 사람들과 네트워킹하고 있는가?

미주

제1장 학교가 바뀌고 있다

1) 파란학기란 알을 깨고(破卵) 나온다는 뜻으로서 고정관념을 깨고 도전적인 학습을 하자는 상징적인 표현이다(조선일보, 2016. 6. 11.).

2) 토머스 프레이는 Ted 토크에서 현 4년제 대학교의 절반이 2030년에 소멸하고 소형 대학이 급부상할 것을 예측하였으며, 이미 소형 대학 미국협회를 조직하고 있다.

3) KBS의 〈KBS 파노라마〉 프로그램에서 2014년 3월 20일 이 실험학습이 방영되었으며, 그 후 방송에서 많이 소개되었다.

4) 2013년 스마트교육 모델학교 운영. 동평중학교 자체 보고서. p. 10.

5) Tofler, A. (1970). *Future Shock*. New York, NY: Random House.

6) Rushkoff, D. (2013). *Present Shock*. New York, NY: Penguin Group.

7) 우버는 처음 사명을 UberCab이라고 했다 나중에 Uber로 변경했다.

8) 테슬러에서 개발한 무인자동차 '모델S'가 오류를 일으켜 타고 있던 운전자가 사망하는 사고가 2016년 5월 7일 미국 플로리다 주 윌리스턴의 고속도로 교차로에서 발생했다. 이는 무인자동차에서 운전자가 사망하는 첫 번째 사고로서 아직 무인자동차가 갈 길이 멀다는 것을 보여 주는 사건이었다. 그러나 테슬러는 2018년을 목표로 기술적 결함을 보완하는 데 최선을 다하고 있다고 밝혔다.

9) 한양대학교 미래자동차학과 선우명훈 교수의 강연에서 인용하였다.

10) 박영숙, Jerome, C. G. (2016). 유엔미래보고서 2050(이영래 역). 경기: 교보문고. p. 98.

11) 1997년 체스 세계 챔피언인 러시아인 게리 카스파로프(Garry Kasparov)를 이긴 인공지능은 IBM의 Deep Blue이고, 2016년 이세돌 9단을 이긴 인공지능은 구글의 Alpha Go이다.

12) 세계경제포럼(WEF)을 창립한 클라우스 슈밥은 2015년 9월 7일 한국과학기술원(KAIST)으로부터 명예박사학위를 받는 자리에서 '제4의 산업혁명'을 규정하고 이에

대한 대비책을 역설했다. 그 후 2016년 1월 열린 제46차 다보스 포럼의 핵심 주제를 '제4차 산업의 이해(Mastering the Fourth Industrial Revolution)'로 잡았다. 4차 산업혁명에 대한 슈밥의 견해는 2016에 발간된 그의 책『클라우스 슈밥의 제4차 산업혁명』에 자세히 나와 있다.

13) 박영숙, Jerome, C. G. (2016). 유엔미래보고서 2050(이영래 역). 경기: 교보문고. p. 37.

14) 박영숙, Jerome, C. G. (2016). 유엔미래보고서 2050(이영래 역). 경기: 교보문고. p. 42.

15) 2017 행정자치부 주민등록인구 조사 통계에 의하면 우리나라가 고령사회로 진입하는 해가 1년 앞당겨져 2017년이라고 한다.

16) 조선일보(2016. 2. 12.).

17) 2015년 PISA 성적이 2012년에 비해 한국은 1~6계단 순위가 떨어졌다. 표면적인 원인은 하위권의 증가다. 최하인 1 수준 이하 학생 비율이 PISA 2012에 비해 읽기는 7.6%에서 13.6%로, 수학은 9.1%에서 15.4%로, 과학은 6.7%에서 14.4%로 늘었다.

18) 권재원(2015). 그 많은 똑똑한 아이들은 어디로 갔을까. 서울: 지식프레임.

19) Robinson, K., & Aronica, L. (2015). 아이의 미래를 바꾸는 학교혁명(정미나 역). 경기: 21세기북스. p. 54.

20) Levitt, S. D., & Dubner, S. J. (2007). 괴짜경제학 플러스(안진환 역). 서울: 웅진씽크빅.

21) Robinson, K., & Aronica, L. (2015). 아이의 미래를 바꾸는 학교혁명(정미나 역). 경기: 21세기북스.

22) 박하식(2013). 글로벌 인재 만들기: 학교가 답이다. 서울: 글로세움. p. 132.

23) Robinson, K., & Aronica, L. (2015). 아이의 미래를 바꾸는 학교혁명(정미나 역). 경기: 21세기북스. pp. 113-114.

24) Schwab, K. (2016). 클라우스 슈밥의 제4차 산업혁명(송경진 역). 서울: 새로운현재. p. 74.

25) Hoffman, R., & Casnocha, B. (2012). *The Start-up of You*. New York, NY: Crown Business.

26) Brooks, D. (2015). 인간의 품격(김희정 역). 서울: 부키.

27) Gruenert, S., & Whitaker, T. (2015). *School Culture Rewires*. Alexandria, VA: ASCD.

28) 2016년 3월 남한산초등학교의 학생은 166명, 교사는 11명, 비교직 직원은 6명이다.

29) 남한산초등학교 홈페이지. 2015년 자체평가 보고서.

30) 저자는 2015년 9월 충남삼성고등학교를 1차 방문하고, 2016년 2월에는 2박 3일 그 학교 기숙사에 체류하면서 학교를 자세히 관찰하는 기회를 가졌다.

제2장 리더십, 학교변화의 핵심

1) 강호경(2016). 내천 단상. 서울: 책과나무.

2) Cotton, K. (2003). *Principals and Student Achievement: What the Research Says.* Alexandria, VA: Association for Supervision and Curriculum Development.

3) 파욜의『Administration Industrielle et Générale』은 1916년에 최초 발표되었다.

4) 앞의 표현은 프랑스어이다.

5) Bennis, W., & Nanus, B. (1985). *Leadership: The strategies for taking charge.* New York, NY: Harper & Row.

6) Bennis, W., & Nanus, B. (1985). *Leadership: The strategies for taking charge.* New York, NY: Harper & Row. p. 21.

7) 나폴레옹은 키가 왜소한 것으로 알려져 있으나, 실제로 사망 당시 그의 키는 약 168cm로 당시 프랑스군의 평균 신장 164cm보다 오히려 컸다. 다만 키가 190cm 정도였던 나폴레옹 근위병들에 비해 나폴레옹의 키가 작아 보였을 수 있다.

8) Northwest Regional Educational Laboratory(2002). *Learning by example, story 3: Highland Elementary School.* Portland, OR: Northwest Regional Educational Laboratory.

9) 프라이스 교장은 1997년부터 2001년까지 재임했다.

10) 하버드대학교의 엘리어트 총장 이야기는 Burns, J. M. (2006). 역사를 바꾸는 리더십 (조종빈 역). 서울: 한국방송대학교출판부. pp. 96-98와 위키피디아에서 발췌한 것이다.

11) Collins, J., & Porras, J. I. (1994). *Built to Last: Successful Habits of Visionary Companies.* New York, NY: Harper Business.

12) Collins, J. (2001). *Good to Great: Why Some Companies Make the Leap……. And Others Don't.* New York, NY: Harper Business.

13) Level 1: Highly Competent Individual, Level 2: Contributing Team Member, Level 3: Competent Manager, Level 4: Effective Leader, Level 5: Level 5 Executive.

14) 太上 不知有之, 其次 親而譽之, 其次 畏之, 其次 侮之 (『도덕경』17장)

15) Kotter, J. P., & Heskett, J. L. (1992). *Corporate Culture and Performance.* New York, NY: The free Press, p. 84.

16) Firestien, R. (1996). *Leading on the Creative Edge: Gaining Competitive Advantage Through the Power of Creative Problem Solving.* Colorado Springs,

CO: Pinon Press.

17) 고수일(2007). 프레임리더십. 서울: 명경사.

18) 장경원, 고수일, 장선영(2015). 창의인재 양성을 위한 학교경영자의 창의적 리더십 모형 및 교육프로그램 개발. 교육공학연구, 31(2), 253-281.

제3장 작은 행동으로 신뢰를 얻으라

1) 해당 내용은 이범희 교장선생님과의 인터뷰 및 관찰 그리고 그가 집필한 책과 신문 기사를 토대로 작성된 것이다. 이 교장선생님은 2010년 홍덕고등학교 개교 시 공모 교장으로 부임하여 4년의 임기를 채운 후 학생과 학부형의 강한 요청으로 4년을 연임하기로 하였으나, 2015년 2월 경기도 교육청 교원정책과장으로 자리를 옮기게 되었다.

2) 이범희(2014). 나는 교문 앞 스토커입니다. 서울: 에듀니티.

3) 포스코 스토리는 조영호, 서형도(2008). 가슴을 뛰게 하는 비즈니스 명장면 23. 서울: 명진출판. pp. 51-58을 추린 것이다.

4) Bandura, A. (1977). *Social learning theory*. NJ: Englewood Cliffs.

5) 김성오(2007). 육일약국 갑시다. 경기: 21세기북스.

6) 김남국(2012). 창조가 쉬워지는 모방의 힘. 경기: 위즈덤하우스.

7) 김정운(2014). 에디톨로지: 창조는 편집이다. 경기: 21세기북스.

8) LG의 전자산업 진출 이야기는 조영호, 서형도(2008). 가슴을 뛰게 하는 비즈니스 명장면 23. 서울: 명진출판. pp. 36-50을 추린 것이다.

9) 원서는 1994년 Harper Business에서 발행. 우리나라 번역본은 2000년 김영사에서 『성공하는 기업들의 8가지 습관』이라는 제목으로 발간되었다.

10) Collins, J. (2002). 좋은 기업을 넘어 위대한 기업으로(이무열 역). 서울: 김영사. p. 18.

11) Collins, J. (2001). *Good to Great: Why Some Companies Make the Leap……. And Others Don't*. New York, NY: Harper Business.

12) 마이다스아이티 이형우 사장의 강연회와 인터뷰에서 직접 들은 이야기이다.

13) 전혜성(2009). 엘리트보다는 사람이 되어라. 서울: 중앙북스.

14) 전혜성(2009). 엘리트보다는 사람이 되어라. 서울: 중앙북스. p. 7.

15) 전혜성(2009). 엘리트보다는 사람이 되어라. 서울: 중앙북스. p. 16.

16) Kouzes, J., & Posner, B. Z.(2012). *Leadership Challenge*(5th ed.). San Francisco,

CA: Jossey-Bass.

제4장 비전, 제시가 아니라 공유이다

1) 조영호(2001). 청개구리 기업문화. 서울: 크리에티즌.

2) 조영호(2001). 청개구리 기업문화. 서울: 크리에티즌.

3) 다음 문헌들을 참고하여 정리하였다.

- Lévy, P. (1994). *L'intelligence collective: Pour une anthropologie de cyberspace*. Paris: Les editions de la découverte.

- Lévy, P. (2002). 집단지성: 사이버공간의 인류학을 위하여(권수경 역). 서울: 문학과 지성사.

- Leadbeater, C. (1997). Education and training: New technologies and collective intelligence. *Prospects, 27*(2), 249-263.

- 양미경(2010). 집단지성의 특성 및 기제와 교육적 시사점의 탐색. 열린교육연구, 18(4), 1-30.

4) 조영호(2001). 청개구리 기업문화. 서울: 크리에티즌.

5) 대구광역시교육연수원에서는 2016년 단위 학교에서 자발적으로 학교의 비전을 수립할 수 있는 프로그램을 기획·지원하였다. 2016년 3월 개교한 새론중학교는 이 프로그램에 참여하였고, 발령 받은 교사들이 새학기를 준비하기 위해 모인 첫날 학교의 비전 수립을 위한 논의를 하였다.

6) 2107년 1월 새론중학교의 한 선생님을 만났다. 선생님은 개교 전 선생님들이 함께 모여 학교의 비전을 수립한 것이 학교생활을 즐겁고 행복하게 만들었으며, 협력이 원천이 되었다고 이야기하셨다.

7) Higgins, E. T. (1997). Beyond Pleasure and Pain. *American Psychologist, 52*(12), 1-46.

8) Pennington, G. L., & Roese, N. J. (2003). Regulatory focus and temporal distance. *Journal of Experimental Social Psychology, 39,* 563-576.

9) 김영주 외(2013). 남한산초등학교 이야기. 경기: 문학동네.

10) 다음 문헌들을 참고하여 작성하였다.

- Whitney, D. D., & Trosten-Bloom, A. (2010). *The power of appreciative inquiry: A practical guide to positive change*. CA: Berrett-Koehler Publishers.

• Cooperrider, D. L., & Whitney, D. (2005). *Appreciative Inquiry: A Positive revolution in change.* CA: Berrett-Koehler Publishers, Inc.

• 장경원(2012). AI(Appreciative Inquiry) 기반 수업 역량 향상 프로그램 개발 연구. 열린교육연구, 20(2), 157-186.

• 신재은, 박금주(2011). 핵심가치 과정개발 보고서. 경기복지재단.

11) Watkins, W. (2003). *The First 90 Days.* MA: Harvard Business School Press.

12) 이상훈(2011). 간디대안학교 비전수립 워크숍. available at http://facilitationcase. springnote.com/pages/8945266?print=1.

13) Welch, J., & Welch, S. (2006). 잭 웰치 · 위대한 승리(김주현 역). 서울: 청림출판. p. 88.

14) 김희정, 장경원(2015). 강점 탐구 이론 기반 학교 변화 사례 연구. 교육학연구, 53(1), 137-165.

15) 장훈, 김명수(2011). 경기 혁신학교 운영 사례 분석: 초등학교 사례를 중심으로. 학습자중심교과교육연구, 11(1), 311-333.

16) Welch, J., & Welch, S. (2006). 잭 웰치 · 위대한 승리(김주현 역). 서울: 청림출판. p. 89.

17) 김성천(2009). 학교 혁신의 핵심 원리: 교장공모제를 실시한 D중학교를 중심으로. 교육사회학연구, 19(2), 59-89.

18) 충남삼성고에서는 이를 MSMP(Miracle of Sixty-six days Melting Pot)라고 부른다.

19) Gerstner, L. V. (2003). 코끼리를 춤추게 하라(이무열 역). 서울: 북@북스. p. 283.

제5장 지시가 아니라 질문이다

1) Amabile, T. M., & Kramer, S. J. (2011). 전진의 법칙(윤제원 역). 서울: 정혜.

2) 장경원, 고수일(2014). 액션러닝으로 수업하기(2판). 서울: 학지사.
   액션러닝은 과제를 해결하는 과정에서 학습이 이루어지는 조직개발 또는 교수학습 방법론이다. 저자들은 이 책에서 질문과 과제 수행 과정에 대해 기술하였는데, 이 부분은 창의적 리더십의 주요한 부분이기에 일정 부분을 이 책에서 발췌하였다.

3) 장경원, 고수일(2014). 액션러닝으로 수업하기(2판). 서울: 학지사에서 발췌하였다.

4) Kelly, T., & Littman, J. (2001). *Art of Innovation.* New York. NY: Bantam Books.

제6장 힘을 실어 주어야 한다

1) Peters, P. (1994). *The Pursuit of Wow!* New York, NY: VintageBooks. pp. 17-18.

2) 조선일보 위클리비즈(2008. 9. 6.).

3) 이부영(2013). 서울형 혁신학교 이야기. 서울: 살림터.

4) 고어사 이야기는 Hamel, G., & Breen, B. (2009). 경영의 미래(권영설, 신희철, 김종식 공역). 서울: 세종서적. pp. 100-120을 참고하였다.

5) Bill은 Wilbert의 애칭이고 Vieve는 Genevieve의 애칭이다.

6) 폴리테라플루오르에틸렌(Polyterrafluoroethylene). 고어사에서는 이를 '테프론 (Teflon)'이라는 브랜드로 상품화했고, 프랑스의 테팔(Tefal)은 이를 이용해 눌어붙지 않는 프라이팬을 만들었다.

7) Hamel, G., & Breen, B. (2009). 경영의 미래(권영설, 신희철, 김종식 공역). 서울: 세종서적. p. 104.

8) Gallup(2013. 10. 8.).

9) Csikszentmihalyi, M. (2006). 칙센트미하이 몰입의 경영(심현식 역). 서울: 황금가지. p. 117의 그림을 다소 변형하였다.

제7장 스마트하게 네트워킹하라

1) 덕양중학교 김삼진 교장선생님 이야기는 김성천, 박성만, 이광호, 이진철(2010). 학교를 바꾸다. 서울: 우리교육. pp. 151-155에서 정리한 것이다.

2) 김성천, 양정호(2007). 전문성을 지닌 교사리더로 성장하기: 협동학습연구회에 대한 문화기술적 연구. 교육사회학연구, 17(4), 1-33.

3) Lewis, C., Perry, R., & Hurd, J. (2004). A deeper look at lesson study. *Educational Leadership, 61*(5), 18-22.

4) Sato, M. (2006). 수업이 바뀌면 학교가 바뀐다(손우정 역). 서울: 에듀케어.

5) Stepanek, J., Appel, G., Leong, M., Mangan, M. T., & Mitchell, M. (2007). *Leading lesson study: a practical guide for teachers and facilitators.* Thousand Oaks, CA: Corwin Press.

6) Lewis, C. (2002). *Lesson Study: A handbook of teacher-led instructional change.* Philadelphia, PA: Research for Better Schools.

7) Fernandez, C., & Yoshida, M. (2012). *Lesson study: A Japanese approach to*

improving mathematics teaching and learning. New York, NY: Routledge.

8) 윤석주(2016). 혁신학교 교사들의 교사공동체를 통한 수업혁신 경험에 대한 질적 연구. 한구교원교육연구, 33(1), 217-241.

9) 김삼진 외(2012). 덕양중학교 혁신학교 도전기: 우리는 대화한다. 고로 우리는 점프한다. 서울: 맘에드림.

10) Raider, H. J., & Burt, R. S. (1996). The boundaryless career. *A new employment principle for a new organizational era, 42*(2), 187-200.

11) 이영찬. (2007). 사회적 자본, 지식경영, 그리고 조직성과 간의 인과관계. 정보시스템 연구, 16(4), 223-242.

12) Cohen, D., & Prusak, L. (2001). *In good company: How social capital makes organizations work.* Boston, MA: Harvard Business Press.

13) Burt, R. S. (2007). *Brokerage and Closure-An Introduction to Social Capital.* Oxford: Oxford Univ Press.

14) 손동원(2002). 사회 네트워크 분석. 서울: 경문사.

15) Lin, N., Cook, K. S., & Burt, R. S. (Eds.). (2001). *Social capital: Theory and research.* Piscataway, NJ: Transaction Publishers.

16) Podolny, J. M., & Baron, J. N. (1997). Resources and relationships: Social networks and mobility in the workplace. *American sociological review,* 673-693.

17) Dunbar, R. I. (1993). Coevolution of neocortical size, group size and language in humans. *Behavioral and brain sciences, 16*(4), 681-694.

18) Pollet, T. V., Roberts, S. G., & Dunbar, R. I. (2011). Use of social network sites and instant messaging does not lead to increased offline social network size, or to emotionally closer relationships with offline network members. *Cyberpsychology, Behavior, and Social Networking, 14*(4), 253-258.

19) Burt, R. S. (2007). *Brokerage and Closure-An Introduction to Social Capital.* Oxford: Oxford Univ Press.

20) Goyal, S. (2007). *Connections: An Introduction to the Economics of Networks.* Princeton, NJ: Princeto University Press.

21) 박태준, 최철병, 김재춘, 김한별(2005). 지속발전을 위한 「인적자원확보국가시스템」의 혁신-창의성 제고를 중심으로. 경제·인문사회연구회 협동연구총서(05-07-08). 정보통신정책연구원.

22) 박태준, 최철병, 김재춘, 김한별(2005). 지속발전을 위한 「인적자원확보국가시스

텀」의 혁신-창의성 제고를 중심으로. 경제 · 인문사회연구회 협동연구총서(05-07-08). 정보통신정책연구원.

23) 경혜영 교장선생님은 2014년에 퇴임하셨다.

24) 김성천, 박성만, 이광호, 이진철(2010). 학교를 바꾸다. 서울: 우리교육. pp. 151-155.

25) 김성천, 박성만, 이광호, 이진철(2010). 학교를 바꾸다. 서울: 우리교육. pp. 44-46.

26) Fraser, G. C. (2010). 소통과 교감을 위한 인적 네트워킹 기술(공민희 역). 서울: 푸른 물고기.

27) One Month Festival은 처음에는 One Day Festival로 시작하였다. One Day Festival 은 2014년 7월 두 번째 토요일인 12일에 이루어졌고, 이듬해부터는 하루가 아닌 한 달간 이루어지는 One Month Festival로 운영하고 있다.

28) 전환학년제(transfer year)는 현재 중학교 1학년을 대상으로 실행되고 있는 자유학 기제의 모델이다.

29) Fraser, G. C. (2010). 소통과 교감을 위한 인적 네트워킹 기술(공민희 역). 서울: 푸른 물고기.

제8장 교실을 바꾸는 창의적 리더십

1) 최정임, 장경원(2015). PBL로 수업하기. 서울: 학지사.

2) 이 사례는 SBS 특별기획 〈대학 100대 명강의: 열정을 품고 스스로 배우라〉에 소개된 일화로 방영된 화면과 인터뷰 내용을 재구성하였다.

3) 장경원(2014). 초중고등학생을 위한 AI 프로그램 개발 및 운영 지침 개발 연구. 학습 자중심교과교육연구, 14(11), 119-148.

저자 소개

조영호(Cho, Yung-ho)

아주대학교와 KAIST를 졸업한 후, 프랑스 엑스 · 마르세이유III대학교에서 조직과 인간 연구로 경영학 박사학위를 받았다. 한국외국어대학교에서 잠시 근무한 후 모교인 아주 대학교로 옮겨 경영대학과 경영대학원에서 주로 리더십과 조직문화에 대해 교육하고 연구하고 있다. 삼성, LG, KT, POSCO, SK 등 국내 굴지의 기업과 인도네시아 과학기술 청에 자문을 하면서 조직 변화와 리더십 개발에 관여하였으며, IMF 외환위기를 전후로 한 한국 기업의 조직문화 변화에 대한 연구로 국내외 학계뿐 아니라 산업계에서 널리 알려져 있다. 대학에서도 기획처장, 경영대학장, 경영대학원장 등의 보직을 역임하면서 교육을 혁신하고 조직을 변화시키는 리더십을 발휘하고 있다.
주요 저서로는 『비즈니스 명장면 23』(공저, 명진출판, 2008), 『청개구리 기업문화』(크리 에이티즌, 2001), 『한국 대기업의 경영특성』(공저, 세경사, 1995), 『사람을 위한 조직관리』 (명진출판, 1993) 등이 있다.

장경원(Chang, Kyungwon)

홍익대학교를 졸업한 후, 서울대학교 대학원에서 교육공학 전공으로 석사학위와 박사 학위를 받았다. 경희대학교 교수학습센터 교수를 거쳐 현재는 경기대학교 인문사회대 학 교직학과 교수로 재직하고 있다. 문제중심학습(Problem Based Learning), 액션러닝 (Action Learning), 프로젝트학습(Project Based Learning), 토의와 토론 등 학습자 중심 교수학습방법과 긍정탐색(Appreciative Inquiry), Project Design Matrix, 학교컨설팅 등 학교와 조직의 문제해결 및 조직개발 분야에 대한 연구와 강연 등의 활동을 하고 있다.
주요 저서로는 『학습자 참여형 교수 · 학습방법 이해』(전북대학교 출판부, 2017), 『PBL 로 수업하기』(2판, 공저, 학지사, 2015), 『액션러닝으로 수업하기』(2판, 공저, 학지사, 2014), 『창의기초설계』(공저, 생능출판사, 2013), 『교육공학의 원리와 적용』(공저, 교육 과학사, 2012), 『자기관리와 미래준비』(공저, 경문사, 2011) 등이 있다.

고수일(Ko, Sooil)

한국외국어대학교를 졸업한 후, 프랑스 파리 IX-도핀대학교에서 D.E.A.(박사기초학위)를 받고 파리 I-소르본느대학교에서 인적자원관리 박사학위를 받았다. 현대경제연구원 연구위원을 거쳐 현재는 전북대학교 경영학부 교수로 재직하고 있다. 액션러닝의 러닝코치로 활동하면서 리더십과 액션러닝 교수법을 강의하고 있으며, 2012년에 전북대학교 최우수 수업상을 수상하였고, 같은 해에 SBS 대학 100대 명강의로 선정되었다. 주요 저서로는 『성공적인 조직생활 전략』(소리내, 2015), 『액션러닝으로 수업하기』(2판, 공저, 학지사, 2014), 『멀티프레임』(공저, 지필미디어, 2012), 『프레임 리더십』(2판, 명경사, 2009) 등이 있다.

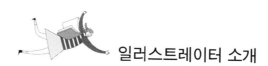 일러스트레이터 소개

김정희

한성대학교에서 시각 · 영상디자인을 전공하고 있다.

정답이 없는 4차 산업혁명 시대

창의적 리더십이 교육과 세상을 바꾼다
Creative Leadership: Changing Education and the World

2017년 10월 20일 1판 1쇄 인쇄
2017년 10월 30일 1판 1쇄 발행

지은이 • 조영호 · 장경원 · 고수일
펴낸이 • 김진환
펴낸곳 • (주) **학지사**

　　　　04031 서울특별시 마포구 양화로 15길 20 마인드월드빌딩
대표전화 • 02)330-5114　　　팩스 • 02)324-2345
등록번호 • 제313-2006-000265호

홈페이지 • http://www.hakjisa.co.kr
페이스북 • https://www.facebook.com/hakjisabook

ISBN 978-89-997-1395-8　03370

정가 16,000원

이 도서의 국립중앙도서관 출판시도서목록(CIP)은 서지정보유통지
원시스템 홈페이지(http://seoji.nl.go.kr)와 국가자료공동목록시스템
(http://www.nl.go.kr/kolisnet)에서 이용하실 수 있습니다.
(CIP 제어번호: CIP2017025318)

교육문화출판미디어그룹 학지사

심리검사연구소 **인싸이트** www.inpsyt.co.kr
원격교육연수원 **카운피아** www.counpia.com
학술논문서비스 **뉴논문** www.newnonmun.com
간호보건의학출판 **정담미디어** www.jdmpub.com